コスモポリタンの蓋棺録《がいかんろく》

フェノロサと二人の妻

平岡ひさよ

宮帯出版社

はじめに

「フェノロサの墓は三井寺にある」、この言葉に導かれフェノロサを探して、十九世紀後半から二十世紀はじめにかけての、過去の時間をさまよい歩いた。

彼の人生が、尾形光琳《おがたこうりん》筆「松島図屛風《まつしまずびょうぶ》」に描かれる、海原より天空へと続く怒濤のような波乱に満ちたものだったとすれば、彼の生きた時代も、「建国百年のアメリカ」「明治期の日本」という、激動そして前進のエネルギーがみなぎる時代だった。

時間を越え、今ここに存在するもの＝墓に、過去の手がかりを見出せると考えた。ここでのキーワードは墓である。なぜ、フェノロサの墓が日本にあるのかを明らかにすれば、真実に近いフェノロサが見えてくるはずだ。

明治十一年（一八七八）、フェノロサは東京大学の御雇い外国人教師として日本へ来た。ハーバード大学を卒業しているものの、何の経歴もない二十五歳の青年であった。ところが偶然が重なりフェノロサは、滞日一年で前アメリカ大統領のグラント将軍や、やがて総理大臣になる伊藤博文と同席し言葉を交わすという僥倖《ぎょうこう》を得る。これが、若くして彼が権力を持ってしまう端緒の出来事であった。この後、フェノロサは日本の美術行政にかかわり、また、自らが集めた日本美術のコレクションを売却することにより、莫大なお金も手にすることになる。

若くして手にした権力とお金、これらによってフェノロサの人生の軸は徐々にぶれていく。鹿鳴館の舞踏会へ、貴族のように着飾った妻のリジーとともに出かけ、ランドーという二頭立ての馬車を使うような生活であった。フェノロサもリジーも、ボストン近郊のセーラム出身である。しかし、リジーは日本での華やかな生活になれてしまうと、セーラムのような退屈な場所には帰りたくないと、ニューヨークのような華やかな街で住みたいとまで言う。

フェノロサの御雇い時代は十二年の長きに及んだ。前出のグラント将軍、伊藤博文をはじめ、富豪の医師で、後にボストン美術館の理事となるビゲロー、岡倉天心《おかくらてんしん》、有賀長雄《ありがながお》、祖父と曽祖父がアメリカ大統領のヘンリー・アダムズ、画家のラファージなどがフェノロサの日本生活に華やかさを添えていた。

三井寺の塔頭《たっちゅう》、法明院《ほうみょういん》にフェノロサの墓は立つ。フェノロサが仏教に帰依する際、十善戒《じゅうぜんかい》を授けてくれたのは、法明院の桜井敬徳《さくらいけいとく》阿闍梨《あじゃり》であった。このように仏教に帰依したことが確かなフェノロサである。スペイン出身の父親が自死したことにより、キリスト教に齟齬《そご》の感を抱いていたはずの当時のフェノロサは、仏教の輪廻に、一度で裁かれるのではなく何度でも生き直せるというやさしさを感じ、仏教に寄り添ったように思われる。

ボストン美術館のキュレーターとしてアメリカへ帰国した後も、フェノロサの人生の軸は、元に戻ることはなく、一人目の妻リジーと離婚、自らが採用した美術館助手のメアリーと再婚する。『ニューヨーク・タイムズ』の記事に、フェノロサの妻たちの、「妻」というステータスに固執する前妻と自らの才能を頼み小説家として登場しようとする後妻の、鍔迫《つばぜ》り合いを見ることができる。記事はメアリー（筆名シドニー・マッコール）が書いた『トゥルース・デクスター』という小説についてである。リジーは、小説中の「男たちの絆」を描くホモソーシャルな出来事について、女性が知り得ないことだとしてフェノロサの小説への関与を主張していた。

小説が好評となった後、フェノロサとメアリーは、彼らがコビナタと名付ける邸宅をアラバマ州モービルで購入する。フェノロサの、セーラムでの生家は、父親がすでになく継母とその子どもたちの住む家であった。コビナタに居を定めるまでのフェノロサには、自らがつながる「家」がなかった。これは故郷のない離散の民、ディアスポラの象徴のようでもあった。

過去の時間を、さまよい歩き拾い集めた記録に残るフェノロサの事実と、脈絡なく並ぶ彼の人生の出来事を結びつけ、整合性を与える何かがあるはずだ。

それは「父親がスペイン移民」ということではなかったか。日本へ来る以前の出来事について、これを下敷きに書き換えてみると、フェノロサは移民二世であったために職が見つからず、ハーバード大学学部卒業後も大学に在籍、神学校、美術師範学校など定まらない学歴の時間を過ごし、御雇い外国人という人種を問われない場所で職を得ることができた、となる。この書き換えは事実から、そう遠くないものだと考える。一四〇年ほど前のアメリカの現実だった。

一九〇八年九月二十一日、フェノロサはロンドンで客死する。帰国予定の二日前であった。乗ることのなかった客船の乗客名簿が残っていた。もちろん、乗船できなかったのだから彼の名前は線で消されている。しかし、フェノロサという文字は、はっきりと読みとれた。名前に続けて国籍はアメリカ、そして、人種はスパニッシュと書かれていた。この一枚の乗客名簿——そしてそれは外国人乗客リストであった——を見つけたために、フェノロサがコスモポリタンでなければならなかった理由を知った。フェノロサはアメリカ人になりきれなかったのだ。フェノロサのハーバード大学学友であったN・H・ドールによる公式追悼文に「異なった国籍の両親から生まれた子どもは、特別な才能をもちやすい、とよく言われる」とあった。ここでもフェノロサは区別されていた。

アメリカ人になりきれなかったフェノロサは、コスモポリタンであるしかなかった。フェノロサの墓は自らが活躍した場所、日本にある。

目次

第三節　栄光の地は日本

第二章　異邦人、仏教に帰依する――89

第一節　セーラムのフェンネル

第二節　受け入れられたフェノロサ

第一章　フェノロサの墓は三井寺にある

第一節　静寂の中の法明院

墓からはじめる

明治十一年（一八七八）八月九日、横浜に到着した蒸気船、シティ・オブ・ペキン号（当時世界第二位の大きさ、全長約一二九メートル、五〇六九トン）から、アーネスト・フランシスコ・フェノロサ（一八五三〜一九〇八）というアメリカの青年が、妻のリジー・グッドヒュー・フェノロサ（一八五三〜一九二〇）とともに降り立った。この日を境に、フェノロサの人生は大きく変わる。欧米人にとって未開の地であった明治期の日本で、フェノロサは思いがけない経験をすることになる。

彼らに対する厚遇は、日本へ向かう二十日間の船旅ですでに始まっていた。サンフランシスコを七月二十日に出航したシティ・オブ・ペキン号が、横浜に到着した翌日の週刊英字新聞『ジャパン・ウィークリー・メイル』は、「Shipping Intelligence」欄で船舶入港状況を報じている。そこには乗船名簿の抜粋があり、シティ・オブ・ペキン号の外国人乗客として、フェノロサ夫妻を含め十二名の名前をあげている。それ以外は三等船室にヨーロッパ人三人、中国人一七七人、と人数だけの記載であった。この船の定員は一等一二〇名、二等二五〇名、三等一〇〇〇名の合計一三七〇人である。この定員数からして、名前で記される乗客十二人は他と区別される特別の客であり、フェノロサ夫妻は太平洋を横断する横浜経由香港行きの大型蒸気船、一等（または二等）船室の客であった。

フェノロサは、明治政府が招聘《しょうへい》した、ハーバード大学卒業の後、一度も教壇に立ったことのない二十五歳の御雇い外国人教師である。上等な船室にハーバード出の青年と若く美しい妻、彼らは航海の間、船員や給仕たちにかしずかれつつ日本へ向かったはずだ。シティ・オブ・ペキン号での船旅は、彼らにとって身に余るものであった。

『ジャパン・ウィークリー・メイル』の「Shipping Intelligence」欄に残された、小さいが誇らしい「Professor E.F. Fenollosa and wife」という活字。これが、おそらく日本で初めて、人々の目に触れることになったフェノロサの名前である。日本に上陸したその日、フェノロサは「フェノロサ教授」になった。

気温二六・一度、フェノロサの降り立った横浜は晴天であった。『横浜毎日新聞』（明治十一年八月十日付）の気象欄には「昨九日晴　寒暖計正午七十九度」と報じられている。華氏で表される七九度は摂氏二六・一度である。八月の、それも晴天の気温として、二十一世紀の現在では考えられない涼しさであった。

同日の『横浜毎日新聞』で気象欄以外の記事を見ると、「弁天通りより投書をそのまま」と付記される、区吏の対応の傲慢さに対する横浜弁天通りの商某の手代である若者よりの苦情があった。そこに書かれる公務員の様子は今と変わらずの感である。ただ違うのは、若者が書生あがりらしく、いきなり大声を出し、「口を極めて理由を吐露せば」区吏は、「物さえ言えず」になってしまったと。この若者が区吏に申し立てたのは、「芥溜箱より不潔の臭気四方に溢るるゆえ速に仕直すなり又は蓋をこしらえるなり」してほしいということであった。そして、申し立ての理由としては「コレラ病云々より不潔物掃除のことまで県の布達」を担ぎ出していた。この投書は「不潔の臭気四方に溢るる」場所が横浜にあったこと、そして、県の布達にコレラについての事項があったことを伝える。

さらに読み進めると、新聞の最後に「横浜毎日新聞第二千三百十号付録」の輸出品一覧が見つかる。そこには茶、鮑貝《あわびがい》、陶器、玩物などの品目が並んでいた。明治十一年、フェノロサの降り立った日本は、町の衛生状態が良好でなく、貿易では農水産品や、手工業製品等の輸出に甘んじている開発途上国とおぼしき国であった。

欧米人は、汚い町というだけでも途上国の衛生状態を危惧する。その危惧に追い打ちをかけるように、フェノロサが到着して四日後の同紙には、コレラに関する県の布達にたがわぬ、ゆゆしき記事が載る。

○東京南八丁掘二丁目十五番地金子清の家婢おりう（十五歳）は去る十五日より虎列刺類似に罹り治療中の旨を届出たり（『横浜毎日新聞』明治十一年八月十三日付　『復刻版　横浜毎日新聞』三五六頁）

前年の明治十年（一八七七）に、横浜で七二〇人、全国で一万人以上もの死者を出したコレラ、それが彼らの新居となる本郷、加賀屋敷一番館から、ほど遠くないところでくすぶっているという報道である。今におきかえると外務省の渡航情報でコレラの発生が報じられ、渡航を自粛すべき国が日本であった。そんな国にフェノロサはやって来た。

これから三十年、フェノロサは日本での御雇い外国人を振り出しに、彼の手を経てボストン美術館に所蔵されている尾形光琳の「松島図屏風」（**カバー図版**）に描かれる、天空へ続く怒濤のような人生を生き、ロンドンで客死する。

あまり知られてはいないが、フェノロサの墓は日本の三井寺法明院にある。生まれた国アメリカではなく、没した国イギリスでもなく、人生の一時期を過ごした日本に彼の墓があるのには何か理由があるはずだ。なぜフェノロサの墓が日本にあるのか知りたいと思った。

過去に遡り、その時間を訪ねることはできない。そして、それを知る当事者たちももういない。時間を越え、今ここに存在する「もの」にしか、過去の手がかりはない。時を越え存在し続ける「もの」、墓は、何かを語ってくれるはずだ。権力者以外、墓を自分で建てることはほとんどない。没した人の気持ち、周りの人々の気持ち、そして、死者を取り囲む状況が寄り集まり墓は建てられる。

なぜフェノロサの墓が日本にあるかの手がかりは、きっと墓にある。墓へ行こう。

春まだ浅い日、大阪からフェノロサの眠る法明院へ出かける。花を手向け、その人の前に立ちたいという思いでJR大津駅に着く。長等山へのなだらかな坂を登り、皇子が丘《おうじがおか》公園弓道場を左に見て、山懐に抱かれた塔頭へと向かう。

振り返れば、琵琶湖が見える。法明院境内の長い階段の先に、フェノロサの墓はある。玉垣に囲まれ古色漂う五輪塔は、木々の連なりに光が遮られ仄暗い中、静かに佇んでいる。墓の前に一隅を照らすような、小さな白い花が供えられている。フェノロサの没後百年を越え、それでも誰かがこの墓を気にかけ続けている。新参の墓参者も、雨水で満たされた花入れに花を挿し、「フェノロサさんの生きてきはった道、ほんまは、どんなんやったんやろ」、そんな思いでフェノロサの墓に手を合わせる。

フェノロサの遺灰がここに納められてから、長い時間が過ぎた。その間にアメリカと日本は太平洋戦争を戦い、日本は敗れた。そして、焦土の中から経済復興を果たし「経済大国」といわれるようになった。近年の翳《かげ》りはあるにしても、まだ日本は繁栄の中にある。だとしても、フェノロサがはじめて横浜に降り立った明治期の日のような、欧米に追いつけ追い越せと、なりふり構わず努める人々のエネルギーがみなぎる大地のその上に、あっけらかんとした清々しい青空が広がる日本は、もうない。

この国の移り変わりを、明治、大正、昭和、平成の長きにわたり、この墓から見てきたフェノロサがここにいる。若き日に、若き日本に教えたこと、それがどのような結末を持ったかも、フェノロサは見てきた。

フェノロサとは、一体どのような人物だったのだろう。

写真の中のフェノロサ

十九世紀後半を生きたニューイングランドのエリート、フェノロサには、同時代人と比べ多くの写真が大津市立図書館やハーバード大学ホートン・ライブラリーなどに残っている。法明院の墓に眠るフェノロサの具体的なイメージを摑むために、残された写真から彼の足跡をたどってみよう。

写真は、当然ながらモノクロームである。色彩の情報がない写真を少しでも活き活きさせる手がかりは、ニューヨーク州立大学バッファロー校の教授であったローレンス・チゾム（一九二八?～一九九八）著の『*Fenollosa : The Far East and American Culture*』の一節にあった。そこでは、口ひげの色、髪の色、目の色、加えて風貌までもが明らかにされている。

彼は胸を張って、顔を真っ直ぐあげ、勢いよく歩く。あたかも元気のよい大風に鼓舞されるかのように。逞しく胸板の厚い姿で、背丈は六フィートに二インチ足りない。彼のぎっしりと生えた黒い口ひげには、今すでに灰色の筋がはいっている。ほとんど白くなってしまった長い髪の毛は、こめかみから真っすぐ後ろへ櫛で撫で上げられている。そして額は、広く堂々と、ほお骨は高く、鼻は力強く一直線、（中略）すべては、ことのほか彫りの深い目に焦点が合わされている。目は驚くべきグリーン、それもとても明るい。彼が喋るにつれ、それらはクルクルと動き、きらめく。

（『*Fenollosa : The Far East and American Culture*』五～六頁　著者訳〈以後、英文文献の訳は著者による〉）

これは一九〇六年、フェノロサ五十三歳の風貌だという。そのために、髪の色は年齢相応にほとんど白くなってしまったと形容される。口ひげの色が黒（Dark）とされていることから、若かりし頃の頭髪はおそらく黒かったであろう。ここで注目すべきは、彼の目が緑色だったということ。緑の目は、北欧、中欧、南ヨーロッパ、また北アフリカでよく見られる。

緑の目は、本来イギリス人には多くないらしい。メイフラワー号で、イギリスからアメリカへやって来た先駆者につながる人々をアメリカの正統だとするならば、緑の目を持つことにより、フェノロサがアメリカの正統に属することに揺らぎがでてくる。ニューイングランドの旧家につながる者として生まれ、教養の高い特権階級であるボストン・ブラーミンとして育ち、ハーバード大学を旗標として順風満帆で生きてきたのが、日本へ来るまでのフェノロサではなかったのか。

アーネスト・フランシスコ・フェノロサは一八五三年二月十八日、マサチューセッツ州セーラムに生まれる。地中海に面するスペイン・アンダルシア地方のマラガを出身地とする音楽教師、マニュエル・フランシスコ・シリアコ・フェノロサ（一八二一～一八七八）を父と、セーラムの旧家シルスビー家の娘、メアリー（一八一六～一八六六）を母とする。そして同地の、幼くして移り住んだ高級住宅地チェスナッツ・ストリートの家で育つ。一八六五年の国勢調査によれば、四十歳代の父マニュエルと母メアリー、十二歳のフェノロサ、十一歳の弟ウィリアム、そしてブリジェットとハンナというアイルランド人サーバントの女性がいる暮らし向きであった。

（図1）ハーバード大学時代のフェノロサ
（大津市立図書館蔵・日本フェノロサ学会寄託資料）

ハーバード大学を一八七四年に卒業（**図1**）、パーカー奨学金を受け二年間レジデント・グラデュエイトとして大学に残る。そして、一八七六年にはハーバード・ディヴィニティ・スクール（ハーバードの神学校）へ。一八七七年には、ボストンのノーマル・アート・スクール（美術師範学校）で学んでいる。また、ボストン美術館に併設された絵画学校で油絵の技法も習う。一八七八年一月、父マニュエルが行方不明になる。そして四月、セーラムの海で発見される。この重苦しい時期にエドワード・シルベスター・モース（一八三八～一九二五）によってもたらされた日本での教職を、フェノロサは受諾する。

同年八月、新婚のリジー（**図2**）とともに来日し、御雇い外国人教師として、二十五歳の若さで東京大学の教壇に立つ。政治学、理財学（現在の経済学）、哲学、世態学（同じく社会学）、論理学などを東京大学で教える。来日前に、美術を研究対象にしようと志したこともあり、着任後、日本美術の研究と蒐集《しゅうしゅう》をはじめる。時を経て明治十七年（一八八四）には鑑画会の創設メンバーとなり、また、農商務省主催第二回内国絵画共進会にかかわり「桜下勇駒図《おうかゆうくず》」を出品していた狩野芳崖《かのうほうがい》（一八二八～一八八八）を見出す。

（図2）新婚のリジー夫人とフェノロサ
（大津市立図書館蔵・日本フェノロサ学会寄託資料）

そして、フェノロサは滞日八年目

の明治十八年（一八八五）、三井寺法明院の桜井敬徳阿闍梨（一八三四〜一八八九）により、東京小梅村の町田久成邸で梵網菩薩戒《ぼんもうぼさつかい》を受け仏教徒となる。フェノロサと、ある時期まで対のように行動していたウィリアム・スタージス・ビゲロー（一八五〇〜一九二六）（図3）もこのときに受戒し、ともに天台宗に帰依している。法名はフェノロサが諦信《たいしん》、ビゲローが月心《げっしん》である。

仏教徒になるというのは唐突ではある。しかし、来日まもなく、江木高遠《えぎたかとお》（一八四九〜一八八〇）の主催する江木学校講談会で、市民を啓蒙するためにフェノロサの行った講演が「宗教の原因及び沿革論」であったこと、また、ハーバード・ディヴィニティ・スクールに在籍していたことにより、フェノロサが宗教から離れたところにいたのではないことがうかがえる。

（図3）ウィリアム・スタージス・ビゲロー
（スタージス図書館蔵・ロジャー・ワーナー氏寄託資料）

明治十九年（一八八六）、フェノロサは宮内省兼任文部省美術事業幹部御雇として、四年間のお雇い契約を結ぶ。そして、契約の初年度、欧米美術取調のため岡倉覚三《かくぞう》（天心）（一八六三〜一九一三）とともにヨーロッパへ九ケ月間出張する。明治二十年（一八八七）には東京美術学校雇も兼務する。

そして、お雇いを終えアメリカへ帰国する明治二十三年（一八九〇）には、日本からの栄誉として、勲三等瑞宝章が明治天皇より授与されている。

アメリカへ帰国した後は、ボストン美術館の日本美術部キュレーターとして、美術館所蔵の日本美術品目録の作成を任される。また館内外でのレクチャーや様々な雑誌への寄稿による、日本美術の紹介活動も続ける。

一八九五年には、妻リジーと離婚。美術館の助手、メアリー・マクニール（一八六五～一九五四）と再婚。翌年、ボストン美術館を辞し、メアリーとともに日本での定住を打診することを視野に入れ、ヨーロッパ、アフリカ、アジアをめぐる世界一周の旅に出る。

そののち一時帰国を経て、明治三十年（一八九七）、メアリーとともに再び日本に落ち着いたフェノロサの日々は、以前のように美術行政に関わることもなく、明治三十三年（一九〇〇）皇太子（大正天皇）の成婚式に参列したことが（図4）、唯一、晴れやかな出来事であった。また、日本人との交流も、小林文七や山中商会など美術商との関わりが主だったものとなる。公職としては東京高等師範学校で教鞭《きょうべん》をとるにとどまる。

（図4）メアリー夫人とフェノロサ 1900年（大津市立図書館蔵・日本フェノロサ学会寄託資料）

一九〇一年、アメリカへ本帰国したフェノロサは、そのコレクションと基金により後にフリーア美術館を設立するチャールズ・ラング・フリーアの美術顧問や、アメリカ各地でレクチャラーとして活躍する。そのかたわらメアリーとともに執筆した小説『トゥルース・デクスター』が評判を得る。そして、翌年、メアリーの故郷であるアラバマ州モービルに、新居「コビナタ」（図5）を構える。しかし生活の拠点はニューヨークのコロンビア大学近くに置く。

（図5）コビナタのポーチ前でくつろぐフェノロサ一家
（大津市立図書館蔵・日本フェノロサ学会寄託資料）

その後も講演活動が活発に続く中、「ヨーロッパ美術研修旅行クラス」解説者として訪れたロンドンで、不帰の人となる。一九〇八年九月二十一日のことである。

そしてロンドン北部のハイゲート墓地に一旦は埋葬され、翌年、フェノロサゆかりの日本人たちによって改葬が行われる。遺灰はシベリア鉄道経由で日本へ届き、三井寺法明院の五大を象《かたど》る五輪塔の墓に葬られる。

主な著書に、詩集の『*East and West. The Discovery of America and Other Poems*』（一八九三）、浮世絵解説の『*An Outline of the History of Ukiyoe*』（一九〇一）、そして、二人目の妻メアリー編集の、遺著である美術史『*Epochs of Chinese and Japanese Art*』（一九一二）などがある。他に展覧会カタログとして、小林文七主催の『浮世絵展覧会目録』（一八九八）があり、またアメリカや日本の雑誌への寄稿も多数ある。

このような経歴を持つフェノロサである。その中に一カ所、先行研究で定説を見ないものがある。大学卒業後の学歴である。定まらない学歴を検討することによって、フェノロサが大学を終えたあと将来を模索した様子がうかがえる。

ハーバード大学のクラスメートN・H・ドール（一八五二～一九三五）の一九〇八年十一月二日付公式追悼文による経歴、チゾムの説[1]、そして山口静一氏の説[2]、三者とも、フェノロサが一八七四年にハーバード大学を卒業したことと、一八七七年春、ボストン美術館附属の美術にかかわる専門学校に通いはじめたことは共通している。だが、ハーバードのディヴィニティ・スクール在学と、ボストンの美術師範学校に通ったという学歴は定まっていない。

新しい史料が付け加えられて、定説は少しずつ変更されるのだろう。インターネット上で、個人に関する一次史料等を公開している ancestry.com の史料「一九〇九年、The New England Historical & Genealogical Register」によると、フェノロサの最終学位は「A.B.」であるという。「A.B.」とはラテン語の Artium Baccalaureus であり、現在の Bachelor of Arts ＝ BA（学士）である。定説によれば哲学の大学院課程を修了したことになっているが[3]、MA（修士）は取得していないようである。

このことをもう少し調べてみると、大学院在学中の時期にあたる一八七六年のマサチューセッツ州ケンブリッジの住民名簿（City Directories）で、フェノロサの職業として記されるのは、「Resident Graduate」という言葉であった。一八七三年、学部生のときには「student」という記載が同住民名簿にあるので、「Resident Graduate」という身分は「学生」と一線が画されたものである。

同サイトの他の史料「U.S., school Catalogs 1765-1935」の中で、ハーバード大学「学部生、専門職学生とResident Graduates一覧、一八七三－七四年度」を見ると、「Resident Graduate」とは、消去法にたよるしかないが、法律、医学、歯学、農学などの職業に直結したものを学ぶ学生ではなく、より高い学位のための候補生でもない、ということがわかる。この年度には、学部生も入れてハーバードの総学生数一一〇七人中、八人が「Resident Graduates」であった。この身分についてはは特別研究員や助手、研究生というものを考えてみたが定かではない。いずれにせよ、学位とは結びつかない身分であった。

筑波大学にフェノロサ自筆の履歴書が残されているという。それによれば大学卒業後、一八七七年まで大学院に在籍したと。(4)これを尊重するならば、フェノロサは「Resident Graduates」であったことと、ハーバード・ディヴィニティ・スクール（ハーバードの神学校）へ入ったことを、学内の移動なのでまとめて「大学院在籍」と記載したと考えられる。だとすれば、一八七六年まで哲学専攻コースの大学院生または「resident graduate」として在籍し、その後一八七七年のどこかの時点まで、ハーバードの神学校で学んだことになる。

ハーバード・ディヴィニティ・スクールでのフェノロサ在学は、「ハーバード大学在学生名簿一八七七年」（U.S., School Catalogs 一七六五—一九三五）により確認できる。また、この名簿にある寮の部屋番号は、フェノロサが一八七六年九月末、フィラデルフィア万博の日記を書いた手帖の所有者住所 18 Divinity Hall, Cambridge, Mass.[5]、にあると同じく「18」である。

また、その時期の美術師範学校在学については、それが現在のマサチューセッツ・カレッジ・オブ・アート・アンド・デザインの前身だとすれば、同校は一八七三年創立であるので、チゾムが『*Fenollosa : The Far East and American Culture*』の中で記すように、フェノロサが開校三年目の美術師範学校で学ぶためには[6]、一八七六年から美術師範学校と関わらねばならない。フェノロサはハーバードの神学校と並行して、美術教師になる学校にも通っていたのだろうか。このあたりの史料は少なく、これ以上特定することはできなかった。

フェノロサが一八七六年ハーバードの神学校に入学して、どのぐらいの期間在籍したのか、これも特定できないことの一つである。加えて、期間はともかく、なぜ神学校へ入学したのかは大いに気になるところである。もちろん、そこは牧師になる学校ではあったが、当時、神学校へ入学することは、必ず牧師になるということでもなかったようだ。モダンデザインの父といわれるウィリアム・モリス（一八三四〜一八九六）も、ラファエル前派の画家エドワード・バーン・ジョーンズ（一八三三〜

一八九八）も英国オックスフォード大学の神学校で学んだ人である。彼らは牧師にならず、それぞれ芸術の道へ進んでいる。フェノロサの場合も、神学校に入ったばかりのフィラデルフィア万博の日記に「今後、私の主な研究分野は美術でなければならない」と書いていることから、牧師を目指した進学であったかは定かでない。

この時期のことを説明する史料が、同じくancestry.comに見つかる。ハーバードの卒業生の略歴や近況をまとめた「ハーバード大学卒業生の紳士録　一八九九年」である。フェノロサの項には、次のように書かれている。

一八七六年、ヘブライ語と教会史の知識を身につける目的で、ハーバードの神学校に入る。特に、C・C・エバレット博士の哲学と神学の講義を受けようとしていた。しかしながらエバレット博士は、その年、ヨーロッパへ出かけたのであった。一八七七年のはじめ、フェノロサは哲学の自主学習をしながら、ボストン美術館でグルンドマン教授が新しく始めた絵画学校のコースをとった。

（U.S., School Catalogs 一七六五～一九三五 ancestry.com）

ヘブライ語と教会史の知識のために、神学校へ入学したフェノロサは、師事しようとしたエバレット博士の不在により、哲学の自主学習をはじめたという。そして、ボストン美術館での絵画学校のコースもとったと。

大学を終えた時点から、フェノロサは落ち着かない学歴をもつ。その理由は就職と無関係ではなかったようだ。大学卒業後、フェノロサは仕事に恵まれなかった。大学に残ったものの、二年過ぎても状況は変わらない。そこで、一生を託す職業を求め、まず海外布教を視野に入れた牧師への道を探ってみた。実際、前掲引用のものより二十年前の「ハーバード大学卒業生の紳士録　一八七七年」（ancestry.com）には、フェノロサについて「去年の秋、牧師になる勉強を、ハーバードのユニテリアン神学校ではじめた」と書かれている。

そしてまた、美術師範学校にも通ったというのである。しかし、そのどれも職業には結びつかなかった。やはり父親がスペイン出身であり、生粋のボストン・ブラーミンでないということが、フェノロサの就職に影を落としていたと考えられる。

一八七三年のアメリカ経済危機は、破産や失業率を増加させていたが、その頃のハーバード大学出身者に対する就職への影響は、さほどでもなかったようだ。厳格なピューリタンの家系に育ったクラスメートのＮ・Ｈ・ドールは、大学卒業後すぐに教職を得て、また、その後も転職して新聞社へ勤めていたのである。(7) それに引き換えフェノロサは、大学卒業後四年にわたり学業を続けたものの、職に恵まれなかった。

この時期のフェノロサが、仕事を探していたことに触れるインタビューが、一九九一年九月十二日放送、ＮＨＫドキュメンタリー『アーネスト・フェノロサ　日本美術再発見者の素顔』の中にある。セーラムにあるピーボディ博物館の、アジア輸出美術部長、Ｃ・フォーブス氏は、

モースのすばらしいところは、フェノロサの才能を理解していて、また野心があることや、率直で、新しい考えを直ちに受け入れることのできる性格であることを知っていて、そして、彼が結婚したい、ということも知っていたことです。

お金のことですが、教えるならば、こちらの都市よりも東京の方がいいわけで、そこで与えられる五〇〇ドルというサラリーは大変な額でした。フェノロサは、そこへ行けば結婚できる、と悟ったのです。（ＮＨＫドキュメンタリー『アーネスト・フェノロサ　日本美術再発見者の素顔』）

と語る。そして、ドキュメンタリーのナレーションは、このインタビューを総括して、

フォーブス氏は、モースの資料をもとに、当時のフェノロサは、仕事があれば、どこでもよかったのではないか、と推測しています。（同番組）

と締めくくる。

フェノロサのプロフィールを先行研究にそって整理すると、前記のようになる。だが、そこに見えるフェノロサは、あくまでも表層にすぎない。戦前から日本でなされ続けてきたフェノロサ研究は、戦後になりハーバード大学所蔵資料、フィラデルフィア美術館所蔵資料、ボストン美術館所蔵資料などアメリカにあるフェノロサ資料もその対象となされるようになった。ハーバード大学ホートン・ライブラリーを例にとると、（Ⅰ）bMS Am 1759 日本美術のレクチャー原稿、（Ⅱ）bMS Am 17591.1 ノート類、（Ⅲ）bMS Am 1759.2 書簡および草稿、（Ⅳ）bMS Am 1759.3 その他の書簡と原稿、（Ⅴ）pfMS Am 1759.4 写真類、と五項目に分類され、所蔵されている一五〇〇点以上の資料のほとんどが翻刻、翻訳されている。

今、それらの史料が俯瞰《ふかん》できる場所、また、インターネットという過去を可視化することができるミディアムの恩恵が受けられる時代の、実像としてフェノロサが見渡せるかもしれない場所に立つと、その眺めはプロフィールのフェノロサ像と、なにか違っている。

時間を越えて大きく広がる視界の様々な場所から、フェノロサについての新たな語りが聞こえてくる。

フェノロサは、どう語られてきたか

フェノロサは日本美術の再発見者として、良い評価がなされ続けてきたわけではない。お雇い時代にもてはやされた外国人という属性は、戦時にあっては忌避されるものとなり、またフェノロサが多く行動をともにした日本人、岡倉天心の過大評価により、フェノロサの評価は実像と違ったものとなった。そして、平時となり人心が落ち着いてからは、日本美術を海外へ流出させた人物という評価がなされてきた。

戦時にあっては、フェノロサを語り辛くなっていた日本があった。極端な例として、事実を曲げフェノロサを抹殺したものさえあった、と久富貢《ひさとみみつぐ》氏は、その著書『アーネスト・フランシスコ・フェノロサ』で指摘している。それによると、太平洋戦争中に放送された狩野芳崖が主人公のラジオドラマでは、岡倉天心が芳崖を発見して世に送り出したことになっていたという。だが、定説は明治十七年（一八八四）、農商務省主催第二回内国絵画共進会で狩野芳崖の「桜下勇駒図」などに感動したフェノロサが、狩野友信《かのうとものぶ》（一八四三～一九一二）とともに芳崖を訪ね対談の末、意気投合しフェノロサが狩野芳崖の協力者となった、というものであった。(8)

もちろん、ラジオドラマの中にフェノロサの名前がなかったとしても、ドラマなので事実に忠実であることは求められていない。国粋主義の立場からであろうか、語り辛い時期のあったフェノロサにひきかえ、毀誉褒貶《きよほうへん》はあったとはいえ、この時期厚遇されていたのは、フェノロサの教え子岡倉天心であった。明治三十六年（一九〇三）刊行の『東洋の理想』冒頭に「アジアは一つである」という言葉を掲げていた岡倉天心という存在は、太平洋戦争中の世相にかなっていた。

久富氏は、フェノロサと天心の評価の不均衡について、

フェノロサの過小評価、ひいては天心の過大評価からも来ているのではなかろうか。私が秘かに怖れているのは時代の影響よりも、怠慢よりも、実はこの点なのである。フェノロサは再評価されねばならぬ。

（『フェノロサ―日本美術に捧げた魂の記録―』八頁）

と書く。戦争による、敵国人の扱いという「時代の影響」がなくても、フェノロサは過小評価されていたという。

「時代の影響」を取り払っても、なお、天心が過大評価され、フェノロサが過小評価される理由というのは、ただ一つしか考えられない。それは、日本で大切に守らなければならない文化財である数多くの美術品を、外国人として海外へ（自国へ）流出させたという咎であろう。

戦争が終わり、再び自由に語られはじめたフェノロサにつきまとったのも、美術品海外流出の張本人という言葉だった。

フェノロサの研究者である山口静一氏が、前出のNHKドキュメンタリー『アーネスト・フェノロサ　日本美術再発見者の素顔』の冒頭部分で、フェノロサの評価について語っている。

幕府の崩壊で凋落した美術を復興した大変な偉い人、恩人であるという、そういう評価が一方に。ところがちょっと調べてみますと、日本の文化財を海外に持ち出した悪人であるという、非常な悪い評価があるわけですね。

（NHKドキュメンタリー『アーネスト・フェノロサ　日本美術再発見者の素顔』）

そして山口氏は、実像を明らかにしないと「フェノロサも、うかばれないのではないか」と続ける。

山口氏の、実像を明らかにして悪い評価を払拭したいという意図とは裏腹に、このドキュメンタリーは、その題名の示すとおり、善き「日本美術再発見者の素顔」は、悪しき日本美術海外流出の張本人であり、また、少なくない美術品がフェノロサ経由で行方不明になっている、とも描く。そして、それをバブル経済末期の一九九一年、いまだ金満であった日本人に伝えていた。

テレビ番組が国民の感情に沿うように作られるとすれば、この時期、日本美術の海外流出を問題にするのは正鵠《せいこく》を得ている。その頃の日本人は、いくらお金を出しても、流出してしまった日本美術を買い戻したかったのである。豊かな国に必要なものは、輝ける過去の文化遺産であった。いかによく国が栄え豊かに続いてきたかを、形にして見せるものが美術品など文化財である。それでフェノロサは、我が国の美術品を海外流出させてしまった、また行方不明にさせてしまったことにより半ば非難されたのだろう。

もちろん、ドキュメンタリーの中にはフェノロサ寄りのエピソードもあった。しかし、それは、おかしみを含んだ、番組に諧謔《かいぎゃく》味を加えるようなものであったことは否めない。

エピソードは一九九一年当時、フェノロサの生家、**5 Chestnut Street** に住んでいたミセスN・アンダーソンによって語られた。それによると、彼女の前の住人のもとへ日本人が来て、この家を日本に移築してフェノロサ神社を建てたいと、しかし、二軒続きの家であったので、日本人は移築をあきらめたという。アンダーソンさんは一九八八年からこの家に住んでいるので、それ以前の時点にバブル期の日本人がフェノロサの生家へ出向き頼みそうな話である。神社を建てたいというこのエピソードは、フェノロサに心酔し、彼は顕彰すべき存在であると評価する日本人がいたことを伝え、そして、同時に金満日本人の「無理難題」を考えつく滑稽さを感じさせる。

ドキュメンタリーによれば、フェノロサの実像は、日本美術海外流出の張本人という存在、また、日本美術を復興させてくれた人として顕彰されるべき存在という、悪しき面と善き面をもつアンビバレントなものであった。

フェノロサを長く研究してきた山口氏は、顕彰されるべきフェノロサに資したく、前述のインタビューに答えたはずが、一編の映像として出来上がったものは、悪しき面が半ばするものであった。そして、その中で、フェノロサに対する評価は下されてはいない。

ここで語るフェノロサたちのノンフィクションは、多くの研究者が積み上げてくれた尊い研究の成果に支えられる。それらの研究の、ごく一部を紹介してみると、まず、フェノロサ没後五十年を節目として、佐々木満子《みつこ》「E・F・フェノロサ」『近代文学研究叢書』（一九五八）や重久篤太郎《しげひさとくたろう》「フェノロサの遺灰と日本」『比較文学』（一九五九）が刊行され、昭和五十五年には久富貢『アーネスト・フランシスコ・フェノロサ』（一九八〇）が出版された。そして、山口静一『フェノロサ―日本文化の宣揚に捧げた一生―（上・下）』（一九八二）、村形明子《むらかたあきこ》『ハーバード大学ホートン・ライブラリー蔵アーネスト・F・フェノロサ資料　第Ⅰ・Ⅱ・Ⅲ巻』（一九八二―一九八七）、また『アーネスト・F・フェノロサ文書集成―翻刻・翻訳と研究（上・下）』（二〇〇〇、二〇〇一）へとその研究は受け継がれ、現在では、日本、そしてアメリカにあるフェノロサ資料は、残闕《ざんけつ》まで研究された感がある。

これらの諸研究で気になることは、研究のほとんどがフェノロサと日本美術の関わりを軸にしていることである。それ以外を軸として捉えたフェノロサが語られることは多くない。フェノロサの実像を探るためには、多面的に考える必要がある。まずは御雇い外国人として、日本へ知識を移植した功績について注目されるべきだろう。実際、東京大学における教え子の中に、その後、各界で指導的役

割を果たし歴史に名をのこした人物は多い。次にその一部をあげてみると、

岡倉角蔵（天心）（一八六三～一九一三）（図6）東京美術学校長となり、日本美術院を創設、またボストン美術館の中国・日本部長にもなった。

井上哲次郎（一八五六～一九四四）帝国大学で日本人として初めての哲学教授となり、欧米哲学の移入紹介につとめた。後年は国家主義を唱えた。

有賀長雄（一八六〇～一九二一）法学者、社会学者。枢密院、内閣などに勤め、陸軍大学校、海軍大学校、帝国大学などで憲法、国際法を講じた。

高田早苗（一八六〇～一九三八）大隈重信を助け早稲田大学創立に協力し、後に総長となった。また、政治家となり、文部大臣を務めた。

（図6）岡倉天心
（茨城県天心記念五浦美術館所蔵）

坪内勇蔵（逍遥）（一八五九～一九三五）小説家、劇作家で早稲田大学教授になった。小説『当世書生気質』を発表し、文学改良運動の中心となって活動。

嘉納《かのう》治五郎《じごろう》（一八六〇～一九三八）柔道家で教育家。講道館を創設する。そして東京高等師範学校の校長にもなった。

井上円了《いのうええんりょう》（一八五八～一九一九）哲学者で、西洋哲学をもとに

仏教の新解釈を試みた。哲学館（現在の東洋大学）を創立した。

金井延《かないのぶる》（一八六五〜一九三三）経済学者、社会学者。日露戦争開戦に主戦論を主張したことで知られ、「東大七博士」の一人。

徳永《とくなが》（清沢《きよざわ》）満之《まんし》（一八六三〜一九〇三）真宗大谷派の僧で、教団の改革運動を起こしたが挫折。精神主義を唱えて、雑誌『精神界』を発刊した。


このように教え子たちの業績は美術、哲学、法学、教育、文学、仏教、経済学と多岐にわたっている。また、フェノロサの二人の妻について、諸研究で取り上げられることが少ないのも気にかかる。男性の仕事や業績については比較的資料が残りやすいが、その男たちと一緒に時間を過ごした妻たちの資料はほとんど残らないのが通常である。フェノロサの場合、二人目の妻メアリーが小説家であったために、十分ではないにしても、その資料が新聞の中や筆まめな彼女の日記の中に残っている。二人の妻をフィルターにして見ると、フェノロサは人間臭いのである。

梵鐘の寺

三井寺は、滋賀県大津市琵琶湖西岸に位置する天台宗寺門派総本山の寺である。弥勒菩薩を本尊とする金堂を中心として、いくつもの伽藍《がらん》が建てられ、また塔頭も円満院、光浄院、本寿院、万徳院、法明院など多くあり、長等山《ながらやま》の山裾に寺院群が構成されている。

寺の正式名称を「長等山園城寺《ながらさんおんじょうじ》」といい、その縁起によれば、七世紀、大友皇子と大海人皇子が皇位継承などを巡って争った壬申の乱の後に、与多王《よたのおおきみ》が、争いに敗れた父、大友皇子のために建立したものだという。

由緒あるこの寺院を基とし、入唐求法の旅六年を経た円珍《えんちん》（智証大師《ちしょうだいし》、八一四〜八九一）により再興されたのが、現在に続く三井寺である。

塔頭の一つである法明院は三井寺唯一の律院（戒律を厳守する寺）として享保八年（一七二三）、義瑞律師性慶によって開かれている。琵琶湖を借景とする庭園は寺院内最大の規模であり、書院には円山応挙や池大雅による襖絵《ふすまえ》が設えられていた。

梵鐘で有名な三井寺である。フェノロサの二人目の妻、メアリーも一九四〇年、ボストン美術館長ジョージ・H・エゼル宛の書簡に、「巨人弁慶と大釣り鐘の話」として三井寺の伝説を書き伝えている。

全国の寺院の釣鐘で一番名の知られていたのが三井寺の鐘でした。ところが、何マイルも遠くにあったある寺では大層それを妬んで、頭の弱い大男弁慶を雇って夜その鐘を盗ませ（中略）三井寺の誇りでありましたあの深く殷々と響き渡る音色は聞こえて参りません。その代わりに鐘は慄え出し、しくしくと咽び始め、やがて大声で「三井寺に帰りたい」「三井寺に帰りたい」と泣き出したのです。（中略）遂に嫉妬深い坊さんも、再び弁慶を雇って鐘を三井寺に返さざるを得なくなった、とこういう話です。

（ジョージ・H・エゼル宛、メアリー書簡、一九四〇年八月二日付、『フェノロサ（下）』三三三頁）

現在に伝わる鐘の話は、メアリーのものと少し違っている。山門との争いで、弁慶は鐘を奪って比叡山へ引き摺りあげ、撞《つ》いてみると「イノー・イノー」（関西地方で「帰ろう」という意味の言葉）と響いた。それで弁慶は「そんなに三井寺に帰りたいのか」と鐘を谷底へ投げ捨ててしまったというものである。「イノー」という響きならば、鐘の音のような気もするが、メアリーの書く、「三井寺に帰りたい」と鐘が泣き出すというのには、少々無理がある。いずれにせよ、この梵鐘とされる鐘は今も三井寺にあり、金堂西方の霊鐘堂に置かれている。

メアリーが書簡の中で、梵鐘の話を出したのは、フェノロサの三井寺に対する思いを書くためであった。文面は以下のように続く。

そして私や他の人たちによくこう申していたのです。死が自分を襲った時はたといそれがどこであろうと、自分の遺骨はやはり三井寺に葬ってもらいたいものだと。はっきりと申しました、もし他の場所に葬られたら、きっと盗まれた釣鐘のように「三井寺に帰りたい」と泣き叫ぶであろうと。

（同書簡、『フェノロサ（下）』三二四頁）

これが「アーネスト・フェノロサの遺骨がロンドンから日本に移葬された背後の理由」または「動機」だと、メアリーはボストン美術館長へ伝えている。つまり、フェノロサが生前、三井寺へ葬られることを渇望していたことが、ロンドンから日本へフェノロサが改葬された理由であると。

たしかに、ここに書かれるような会話がフェノロサとメアリーの間でなかったとは言い切れない。しかしフェノロサが没したのは五十五歳、当時でもけっして老齢ではない。ならば、それ以前の時点で、自らが死して後の墓について、しばしば思い至るものなのだろうか。ことさらに病弱の人ではなかったフェノロサである。

小説家であったメアリーの手紙には、いくばくか誇張がある可能性はある。メアリーによる誇張について、フェノロサ研究の中で、フェノロサを思うがゆえの粉飾表現として論じられていることがある。例えば久富貢著『アーネスト・フランシスコ・フェノロサ』では、フェノロサの遺著『*Epochs of Chinese and Japanese Art*』の、メアリーによる序文をとりあげる。その中で、フェノロサが一八八六年に東京大学から、文部・宮内省兼任の美術委員に転じたことを述べた後に、「これは美術学校理事、帝国博物館美術部理事及び美術学校美学美術史教授の任務と肩書とを含んでいた」と書かれていることに久富氏は注目する。当時フェノロサはこれらに関係する仕事をしていたことは確かだが、理事や美術学校美学美術史教授に任命されてはいなかったというのである。(9)

メアリーの文章に、誇張や粉飾という事実からの乖離《かいり》に対する幾ばくかの吟味が必要だとすれば、フェノロサの墓が三井寺にある理由を、彼女の書くようにフェノロサの望みであった、としてもいいのだろうか。日本やアメリカの多くの名士と関わり、数奇な生涯を送ったフェノロサの墓である。それが、遺言めいたものを唯一の理由として、生まれた国でもなく没した国でもない日本に建てられたことに、どこか承服できないものを感じる。なにか他に納得のゆく理由があるはずだ。

繰り返しになるが、ほとんどの場合、墓は本人が建てるものではない。没した人の気持ち、周りの人々の気持ち、そして、死者を取り囲む状況が墓をつくる。

どのような理由で、また、どのような周りの人々の力添えを得て、フェノロサの墓は三井寺法明院にあるのだろう。

第二節　五輪塔という墓石

唯一、フェノロサの墓

ここに一枚の写真がある。法明院が保存するこの写真には、真新しい墓石だけが写しだされている。明治四十二年（一九〇九）、一周忌法要を待つフェノロサの墓である（図7）。

（図7）フェノロサの墓 1909年
（法明院蔵）

フェノロサは、ひとり日本に眠る。家族の誰とも場所を同じくしない。最初の妻であったリジーとも、再婚相手のメアリーとも、同じ墓地に眠っていない。彼の生まれたアメリカには、分骨という形でさえも痕跡を残していないのがフェノロサである。法明院の墓以外、フェノロサの墓は存在しない。

五輪塔と呼ばれるこの形の墓は、南禅寺などに武士の墓として多く残る。(10) 墓を構成する五個の石は、それぞれに意味があり、下から、方形は地、球形は水、三角形は火、半球形は風、宝珠形は空を意味して、全体で五大を表す。そして、フェノロサの墓では、五輪塔が載る蓮華台の下に、東京大学での教え子井上哲次郎撰によるフェノロサの略歴の刻まれた台座がある。

墓石の上部、五個の積み上げられた石に目を移すと、見慣れない梵字が、それぞれ四方に彫られている。特別に意味のある梵字が、フェノロサの五輪塔には刻まれているような気がして、法明院の現ご住職、滋野敬宣師にお尋ねしたところ、習わしとして五大を表す梵字をそれぞれに刻むと教えていただく。この五文字の梵字は、お盆などにお寺で立ててくれる板塔婆に書かれる文字であった。フェノロサの墓に刻まれた梵字は、特別に選ばれたものではなかったと知る。

墓には五輪塔の他に、自然石を使った板石塔婆、また現在もっとも一般的な三段墓、笠のついた笠塔婆などの形がある。これらの中で、フェノロサの墓は、どうして五輪塔という墓の形に決定されたのだろう。この理由を先行研究の中に探すと、重久篤太郎氏が「フェノロサの遺灰と日本」の中で「定家卿の墓の五輪の塔式を採ることに決定し」と書いた一文を見つける。これによれば、フェノロサの墓は、藤原定家《ふじわらのていか》（一一六二～一二四一）の墓をモデルに造られたとされる。

それを確かめるために、京都市上京区の相国寺にある定家の墓を訪ねた。なにげない墓地の一画にある藤原定家の墓は、たしかに五輪塔であった。しかし、藤原定家の墓とフェノロサの墓を比べ、ことさらに前者がモデルである、といえるだけの相似は見いだせなかった。

他の手がかりを求め、当時の史料にあたると、「乃ち工学博士伊東忠太《いとうちゅうた》氏に嘱して其の碑型を案せしめ」という記述が、フェノロサ一周忌の『勲三等フェノロサ博士追悼法会々記』「有賀長雄序文」の中にあった。そこには、現代でも「東洋＋西洋＝伊東忠太」という展覧会が開かれるほど、[11]存在が認められている伊東忠太（一八六七〜一九五四）東京帝国大学教授の名前が、墓のデザイン者として残っていた。しかし、平安神宮や明治神宮、また西本願寺「伝道院」の設計に関わった伊東忠太には、管見ではあるが、フェノロサの墓の設計をしたことも、その際、藤原定家の墓をモデルにしたという史料も見あたらない。

次に、フェノロサ本人と藤原定家の関わりを見てみよう。フェノロサの生前、どこかで藤原定家との接点はなかっただろうか。美術取調委員として、畿内古社寺宝物調査のためなどで、京都を訪れているフェノロサである。相国寺に赴き、藤原定家の墓に感銘を受けてはいないだろうか。フェノロサの足跡として、明治二十一年五月九〜十一日と七月十四〜十六日に調査した多くの寺の中に、たしかに相国寺の名前が入っている。だが、そのときにフェノロサが記した「京都社寺什宝調査メモ」の相国寺の部分には、[12]鳳凰図、鶴図、山水画のことが書かれるだけで、藤原定家の墓に気を留めた様子はない。

もう少し、フェノロサと定家が結びつく可能性を探してみよう。能楽の『定家』はどうだろう。フェノロサには、観世流能楽師で、明治期、能楽復興の功労者である梅若実《うめわかみのる》（一八二八〜一九〇九）から能を習っていた事実がある。また、能についての英文書も、アメリカの詩人であり音楽家でもあるエズラ・パウンドとの共著で、『*'Noh' or Accomplishment*』が出版されている。そこには十五編の英訳された謡曲が収められる。そして、補遺には、梗概《こうがい》だけではあるが、さらに四編採録されている。しかし残念ながら、これらの中に謡曲『定家』はなかった。ただ、フェノロサは、英文学者平《ひら》田禿木《たとくぼく》（一八七三〜一九四三）の助けを借り、さらに多くの謡曲を英訳していたようなので、『定家』について知り及んでいた可能性は残っている。

謡曲『定家』は、いかにもなまめいた物語である。そのあらすじは、

北国から上って来た旅の僧が夕映えの紅葉を見ていると俄かに時雨が降り始め、ある建物に雨宿りする。

するとそこに一人の若い女が現れ、ここは歌人、藤原定家が建てた時雨の亭《ちん》で、歌にも「偽りのなき世なりけり　神無月　誰が誠より　しぐれそめけん」と詠まれた所だと教える。

そして、若い女は僧を、今日が命日である式子内親王の、蔦《つた》の這い纏《まと》う墓に案内する。

賀茂の斎院だった式子内親王は、斎院を下りさせ給いし後、定家と思いあう仲であった。（式子内親王は、百人一首に収められている「玉の緒よ　絶えなば絶えね　ながらへば　忍ぶることの　弱りもぞする」という歌を詠んだ人である）

内親王が、この世を去り時が過ぎても、定家の恋心は葛となり内親王の墓に纏い付き、邪淫の

妄執の晴れることなく内親王の魂は安らかになることがなかったという。

どうか、この苦から救いたまえ——実は、自分こそが式子内親王だと言い、若い女はいなくなる。

その夜、僧が、ここに旅居して夜もすがら式子内親王を弔うと、内親王の霊が墓の中から現れ、読経の力によって成仏したことを喜び、お礼に華やかな法謝の舞を見せる。

やがて内親王はもとの墓にもどり、再び定家葛に纏い付かれて姿を消す。（『定家』一頁より）

定家の、死してまでも思い焦がれる内親王のそばに寄り添いたいという情熱にあやかりたく、定家と同じ五輪塔の墓を、なにかのおりにフェノロサが望んだのだろうか。

こんな想像をしてみたものの、フェノロサは相国寺へ出向いたおりに藤原定家の墓に気を留めたわけではなく、謡曲『定家』に心動かされたという史料もない。


定家の情熱は、まとわり付くほどのものであったが、現実のフェノロサの愛情や結婚はどうだったのだろう。フェノロサには心を留めたことのある二人の妻がいた。一人は、とびっきり美しいリジー、もう一人は才気溢れる上昇志向のメアリーである。

この二人の妻をフェノロサが愛していたのか、また、この二人からフェノロサは愛されていたのか、しばらく考えたことがあった。彼の伝記やメアリーの日記の中で、フェノロサは二人の妻それぞれに、ぎこちない愛を示していた。それらは多くの場合、物質的なものであったことは否めない。

一人目の妻リジーに対しては、御雇い外国人となり、それに付随する好待遇で（もちろん、この好待遇がなければ、フェノロサはリジーと結婚できたかどうか）、また、二人目の妻メアリーに対しては、一八九六年の世界一周という新婚旅行で愛情を示した。それに引き替え、フェノロサが、この二人より愛されていたとうかがえる出来事を、まだ見出せていないのである。いや、細やかな愛情の行き来は、ほとんどの場合、記録になじまない。だから、軽々しく結論を出してよい問題ではない。

しかし、ただ一つ動かしがたいネガティブな事実はある。フェノロサの墓と、二人の妻たちの墓は地球を半周するほど離れているということ。ひとたび契りを結んだ人なのに、また、生前のフェノロサに二人の妻たちは多大な利益を受けていたにもかかわらず、である。彼女たちのどちらかでも、フェノロサの墓を、分骨であっても身近な場所アメリカで作ろうとはしなかったのだろうか。日本とアメリカ、この距離では、いかにフェノロサが二人の妻に思いを残していたとしても、するする延びる定家葛の蔓のような思いは太平洋を越えなければならない。彼女らの墓は遠すぎる。

横道にそれてしまった。やはり謡曲『定家』も、フェノロサの墓が五輪塔に定まった理由を立証するものにはならなかった。

重久氏の「定家卿の墓の五輪の塔式」という言葉をたよりに、実際はどうだったのだろう、と史料を探したが、フェノロサの墓と藤原定家の墓を結ぶものは出てこなかった。

五輪塔は美しい墓である。そして、その意味するところも五大という壮大なものである。この五大について、法明院の現ご住職がおっしゃった「これら五つの要素から、我々は生まれ出て来て、今、いのちがある。そして、やがて、五大へ戻ってゆく」、こんな言葉が耳に残っている。五大とは宇宙なのだろう。

仏教の東漸《とうぜん》とともに五輪塔は日本へ届いたものと考えられ、その源流をたどるとインド・ネパールへとゆき着く。ネパールのチョルテンと呼ばれる仏塔も、五輪塔と同じ五大の構造を持つ。ブッダ生誕の地ルンビニがあるネパールに今も立つチョルテン。その流れを汲む正統性が、あるいはフェノロサの墓の形として決定される要因であったのかもしれない。

墓の形が定まった理由をコールドケースとして片付け、しばらく過ぎたある日、図書館で大判に製本された取扱いに注意を要する黄ばんだ明治の新聞をめくっていた。読んでいた少し先の頁が破れ、はみ出ていた。まるで見ることを指示するように。それを元に戻そうと開いたとき、偶然、一つの記事が目にとまる。明治四十二年（一九〇九）十月十三日の『大阪朝日新聞』は「三井寺に改葬したるフェノロサ氏の墓」という写真と、「形は聖護院開山塔に模したる也」というキャプションを掲載していた。

これまで検証してきた藤原定家説は、重久篤太郎氏が一九五三年に書いたものを根拠として、また、伊東忠太説は一九〇九年十一月十五日の『勲三等フェノロサ博士追悼法会々記』有賀長雄序文による。とすれば、この記事に報じられた時点は、伊東忠太説より約一ヶ月、また、一九五三年に書かれた藤原定家説と比べれば、半世紀近く墓の建立に近い。報じられた時期からも、また報じられた『大阪朝日新聞』というメディアから考えても、聖護院開山塔説の信憑性《しんぴょうせい》は高い。

さっそく聖護院さんにメールでお尋ねする。修験者の草分俊顕師より、聖護院を開山した増誉《ぞうよ》大僧正（一〇三二～一一一六）のものだと伝えられる墓の形は、五輪塔である、というお返事をいただく。

今度こそ、全く同じ形のものが眼前に現れることを期待して、聖護院へ出かける。結論からいうと、増誉の墓は聖護院にはなく、岩倉の飛騨池の近くにあって、実物を拝観することはできなかった。飛騨池へは、あまりに交通の便がなく、訪ねて行くかどうか迷った末に拝観を断念したのだった。

「似ている」と一言。フェノロサの墓の写真を見たとたん草分師がつぶやいた。そのときは、まだ増誉の墓の写真を見せていただいていなかったので、実感はなかった。しかし、草分師のコンピューターに保存されている画像（図8）を見

（図8）聖護院開山　増誉大僧正の墓（聖護院門跡蔵）

て納得する。五輪塔の「空」を表す宝珠と「風」を表す半球形のつながり具合、「火」を表す、屋根のように見える部分の反り具合、ずんぐりした「水」を表す球、増誉の墓は、七百年前に建てられたという経年の風化も気にならないほどフェノロサの墓に似ていた。むしろそっくりだった。

墓の建立直後、新聞に書かれていたとおり、増誉の墓がフェノロサの墓のモデルだと特定してもよいと考える。しかし、どうして聖護院の開山塔なのか、やはりわからない。聖護院は修験道の中心寺院の一つで、出家した皇族男子が入寺した格式のある門跡寺院である。そして天台宗、園城寺との関係が深く、開山した増誉は園城寺の僧であったという。このあたりのことが、増誉の墓の形を倣うことになった原因なのだろうか。

連なる擬宝珠《ぎぼし》

法明院墓地には、小さな擬宝珠型の墓石が三十基に近く並ぶ。これらの墓は石工によって「坊主墓」と呼ばれ、もっぱら僧侶の墓として建てられるという。擬宝珠の連なる様は、さながら、心静かに僧侶が肩を寄せ合い座しているように見える。

フェノロサ一周忌の『勲三等フェノロサ博士追悼法会々記』「有賀長雄序文」には、「法明院の塋域は、本専ら其の住僧を葬り、他人を容れず」とある。そして、これに続けて、有賀長雄が三井寺長吏直林敬円阿闍梨に、フェノロサの墓を建てることを請い、許された、と書いている。その許された理由としては「生前の縁故」という言葉が見えるのみで、具体的な内容はない。

住僧、つまり寺に住んでいる僧しか葬られないという法明院墓地に、どのような「生前の縁故」があって、フェノロサは葬られることになったのだろう。

法明院墓地にあるのは僧侶の墓だけなのか、現ご住職にうかがってみた。二〇一二年一月四日にいただいたメールによれば、法明院の墓所は、基本的に法明院の僧侶しか埋葬されていないと。しかし、例外的に昭和初期に法明院の茶室「時雨亭」の復興に大きな功績のあった家に関係するお墓があるという。

このようなお返事をいただき、フェノロサの法明院に対する功績を考えてみたが、墓を許されるまでの功績があるようではない。法明院墓地には、フェノロサを含め三基の外国人墓がある。あと二基はハーバード大学出身で、フランスの細菌学者パスツールのもとで学んだ経験もある医者であり、後にボストン美術館理事となったウィリアム・スタージス・ビゲローと、ハーバード大学のインド哲学教授、ジェイムズ・ホートン・ウッズ（一八六四〜一九三五）のものである。これら三基の外国人墓について、富豪のビゲローだけは、功績を考えることができるが、他の二人はそのようなことは考えられない学者であった。

フェノロサ、ビゲロー、ウッズ、この三人に共通する法明院との関わりとしては、同塔頭の阿闍梨による受戒があげられる。上野の博物館（現在の東京国立博物館）が、明治十五年に開館した際の博物局長であり、のちに三井寺光浄院《こうじょういん》の住職となった町田久成が書き記した『敬徳大和上略伝』によれば、明治十八年（一八八五）、東京小梅町の町田氏邸に留まった桜井敬徳阿闍梨のもとへ多くの人が受戒のために訪れ、フェノロサとビゲローも、そこで受戒し、諦信、月心という法名をそれぞれいただいたとある。また、ウッズは、墓地に立てられている「ジェイムズ　ホートン　ウッズ博士　供養塔」の碑文に、法明院の直林《なおばやし》敬範《けいはん》大阿闍梨より受戒したことが刻まれている。

これらのことを踏まえて、僧侶しか葬られない墓地になぜフェノロサたちの墓があるのかという問題に立ち返ってみると、受戒を僧侶になる儀式と捉え、彼らが僧侶であったから顕著な功績がなくとも法明院に墓があるという答えを用意したくなる。しかし、フェノロサたちが僧侶であるということは早計に言えることではない。

僧侶しか墓を許されない法明院に、フェノロサが葬られている理由は、今のところ、彼が桜井敬徳阿闍梨より受戒していた、ということにしか見出せない。これがフェノロサの墓を建てることを許可した直林敬円阿闍梨の言う、「生前の縁故」なのだろう。

フェノロサ、ビゲロウ墓碑見積書

ボストン美術館に「フェノロサ・ビゲロウ墓碑見積書」「設計図」というものが残されているという。[13]この見積書はフェノロサの墓を建てた明治四十二年（一九〇九）のものではなく、ビゲローの墓を建てた昭和三年（一九二八）のものである。フェノロサの名前が見積書に残るのは、ビゲローの墓を建てた美術商、山中商会の山中定次郎がフェノロサの墓を囲む玉垣も同時に増設したためである。見積書や設計図が見つかれば、見積りをした石材店の詳細がわかり、フェノロサの墓も同じ石工により造られた可能性があり、その資料が残っていれば墓の構造がわかると考えた。

フェノロサの遺灰は、周りの人々の気持ちのこもった美しい箱に納められ、ロンドンより日本へもたらされた。遺灰は、墓のいずれかの段かその地下に、箱のまま、または遺灰のみで納められているはずだ。墓の構造がわかれば、納骨の場所が明らかになる。

気になるのは、フェノロサが日本の土に還ったかどうかである。もし日本の土に還っている場合、フェノロサは、そのことをどのように了承したのだろうか。「異国の土となる」という言葉は、自国でない場所で没し、その地に葬られた人に使われる。この場合、帰るべき国にたどり着けなかったという無念さも加味されるような言葉である。フェノロサは五輪塔のもとで無念さを抱きつつ「異国の土」になっているのだろうか。

ここまで考えて、そもそもフェノロサに「異国」という感覚があったかどうか、ということに思い当たる。フェノロサの詩集『*East and West. The Discovery of America and Other Poems*』や雑誌投稿文に表れる東と西が結ばれるという考え、そして、世界を身軽に巡る行動において、フェノロサにはコスモポリタンの資質がうかがわれるのである。国を超え、より広い世界に属しているという積極的な理解が彼にはあり、日本に対して「異国」という感覚はなかったのではないか。むしろ「国」というものに属していなかった、とさえ感じられるフェノロサである。

ボストン美術館にあるという「フェノロサ・ビゲロウ墓碑見積書」「設計図」を探しはじめる。まず、美術館にメールでお尋ねした。

一般の「問い合わせ」に送ったメールは、アミダくじのように次々とスタッフの間をリレーされ、日本美術課長である主任キュレーター、アン・ニシムラ・モース氏に届く。彼女は東京国立博物館で二〇一二年に開かれた『ボストン美術館　日本美術の至宝展』で、「継続する歴史・ボストンの日本美術」という記念講演をなさった方である。

ニシムラ・モース氏のお返事は、

エッセイの準備のために、たびたびＭＦＡ（ボストン美術館）にあるフェノロサとビゲローの収蔵品を調べていますが、そのような資料に行き当たってはおりません。
しかしながら、私はあなたの情報をファイルに残し、なにかを探し当てたおりには、よろこんでお知らせします。

（アン・ニシムラ・モース氏　二〇一一年十二月二十三日付メール）

というものであった。ボストン美術館から、この資料の出てくる可能性は、ほとんどなくなった。
山口氏はビゲローの墓について、

彼の分骨もまた法明院に移葬することが認められた。墓石、灯籠、玉垣の築造は京都の石材商佐脇恒吉郎が請負った（以下略）

（『フェノロサ（下）』三七二頁）

と、今は見付からない墓見積書等の資料から書く。手がかりはまだ石材商の名前に残っていると思った。石材商佐脇恒吉郎。
なんとか石材店を探し出したい一心で、住所もわからぬままインターネットで検索する。京都には「石材商佐脇恒吉郎」という石材店はなかった。しかし「石恒」という屋号が見つかる。屋号の中の「恒」は「恒吉郎」のものではないかと、その一文字に望みをかけ、岡崎東天王町の石材店「石恒」

へ出かける。

「恒」の一文字に頼ったのは正しかった。佐脇恒吉郎氏は「石恒」の四代目であるという。墓石見本の並ぶ石材店で出迎えてくださったのは、六代目になられたばかりの、「石恒」佐脇石材店の粂島氏だった。

明治三十三年（一九〇〇）生まれの四代目佐脇恒吉郎氏は、大正十二年（一九二三）関東大震災の年に奉公先より京都へ帰り、それ以来、石材店を続けていたという。このことからすると、昭和三年（一九二八）の「フェノロサ、ビゲロウ墓碑見積書」等が佐脇恒吉郎名義で提出されたことは符合する。だが、「石恒」さんは、南禅寺のお墓を請け負う石材店で、他の寺にはほとんどお墓を建てないという。フェノロサの墓があるのは、滋賀県の三井寺である。ただ、どうしてもと頼まれれば、他のお寺に墓を建てることもあると。

いずれにせよ、フェノロサ及びビゲローの墓に関する資料は、この「石恒」さんに残されていなかった。

フェノロサの、墓の建立に多大な助力をした大阪の山中商会、山中定次郎氏の曽孫である山中潔氏に、墓の建立についてお尋ねする機会があった。それによれば、当時の山中商会には石工もいたはずなので、山中側でお墓を作ったかもしれないという。しかし、「石恒」さんのお話から推し測ると、石工と寺は暗黙のうちに結びついているものらしい。大阪の石工が三井寺法明院まで出張して、墓を建立できたのだろうか、という疑問はある。

ただ、この山中氏の説も棄てがたい。なぜかといえば、フェノロサの墓は和泉砂岩と覚しき石で作られている。和泉砂岩は大阪の石なのである。余談だが、明治期には現在において最高級の墓石とされる庵治石（花崗岩）よりも、和泉砂岩の方が高く評価されていたという。[14]

ボストン美術館所蔵とされる「見積書」および「設計図」については、その所在を知ることができなかった。納骨場所は、いぜん謎のままである。五輪塔への納骨について、「石恒」さんの粂島氏におうかがいすると、南禅寺にあったという古い五輪塔の多くを解体した氏いわく、一つの例外もなく五輪塔の中にはなにもなかったと。だとすれば、フェノロサの遺灰は箱のまま、または遺灰だけが、蓮華台の下の台座、または地中に埋められているのだろうか。

納骨について、関西では土に還すという風習がある。容れ物から出して直接、土の上に置くのである。普通の感覚からすると、大切なものだから容器に入れておきたいところだが、仏教関係者によって納骨の際に勧められるのは、このような流儀である。フェノロサの納骨について、法明院のご住職におうかがいすると、「納骨されている」「土に還るのが本来」と、禅問答のような言葉が返って来た。

仕方なく、フェノロサの墓（**図7**）を外から見て仮説をたてることにする。そこには五輪塔、蓮華台、そして、それを載せる台座がある。略歴が刻まれた台座、これだけの大きさがあれば中空にすることは可能なはず。ならば、中空になっている台座の中に遺灰を置くことができる。それにしても、遺灰箱のままか、遺灰だけか、という疑問は残ったままである。爾来《じらい》、百年が過ぎ、遺灰箱の材質によっては朽ち果て、遺灰ともども土に還っているのかもしれない。

フェノロサの納骨に立ち会った人々はすでになく、その墓の構造を示す史料も見つからない今、納骨場所、また、その方法などトリビアルな事実は、人々の記憶の中にも記録の中にも残されてはいない。

第三節　栄光の地は日本

華やかな日本滞在

日本人は、フェノロサの棺を蓋《おお》ったのち、格式の高い五輪塔という墓によって顕彰した。なぜ顕彰されたのかは、複雑に、そして、丹念に織りこまれた錦のようなフェノロサの人生を解きあかすことでしかわからない。彼が日本へ足を踏み入れた時を織りの糸口として、彼の人生の杼《ひ》の動きを見てみよう。

フェノロサの御雇い外国人時代は、華やかという言葉で彩られていた。

東京大学の法理文学部政治学教授として、フェノロサは日本へやって来た。着任する前年度の、「東京大学法理文学部第六年報」（自明治十年九月至同十一年八月）に数行の公式記録が残る。

八月十日を以て是より先き延招する所の米国人フェノロサ氏来航す仍て政治学教授の任を嘱す

（「東京大学法理文学部第六年報」三一頁、『東京大学年報　第一巻』八七頁）

フェノロサには、ハーバード大学ホートン・ライブラリーやフィラデルフィア美術館に多くの資料が残されている。しかし、東京大学と結んだ最初の契約書は見つかっていない。そこで、その契約内容を東京大学の「年報」という学校の規則や統計、また外国人教師について書かれたものから拾い出し再現すると、まず、前出の第六年報から、フェノロサが明治十一年（一八七八）八月十日に東京大学法理文学部に着任したことがわかり、第七年報の「外国教授表」によって、(15)支払われた月給が三〇〇円であったことを知る。また、外国人教授がその年度に教えたことを記した「申報」からは、初年度において哲学史、理財学、政治学を教えたことが明らかになる。(16)これらをつなぎあわせると、フェノロサは明治十一年八月十日より、東京大学法理文学部の政治学教授として、月給三〇〇円で雇い入れられ、年度が始まると、哲学史、理財学、政治学を教えた、ということになる。

この契約内容は、着任の半年ほど前、フェノロサを東京大学へ紹介しようとしていた大森貝塚発見で有名なエドワード・シルベスター・モースから、リクルートのためセーラムのフェノロサに届けられた、モースが思いつく限りの甘言と違わないものであった。

アーネストにとって日本政府の気前のよいサラリーは、ひと財産のように思われた。モースはフェノロサに、半分は残せる、それでもなお、王侯貴族の生活ができる。契約は二年間だが更新は可能だろう。それにひとたび合衆国へ帰ったら確実に講演の聴衆がいる。モース自身は公開講演で年間五千ドル以上の収入がある。そしてフェノロサの格好良さと良い声は――彼はハーバードのボイルストン弁論大会で賞を得ていた――きっと演壇の仕事に結びつくだろうと勧めた。

（『*Fenollosa: The Far East and American Culture*』三一頁）

王侯貴族の暮らしまでもが可能であるという好条件の記された御雇い契約書は、一八七八年四月、フェノロサのもとへ届く。経済的基盤を手に入れたフェノロサは、高校時代、彼女への失恋の想いを詩に書き綴るほど恋い焦れていた、[17]美しいリジー・グッドヒュー・ミレットと、聖職者C・F・ドールの司式により、セーラムで一八七八年六月十二日、結婚する。[18]

栄光の地、日本に迎え入れられたフェノロサとリジーの日常生活は、その経歴や業績と異なり注目されることが少ない。日常を垣間見る史料も多くは見つからない。そんな中、日本で生まれ七歳までこの地で暮らしたフェノロサの長女、ブレンダ・ビドル（一八八三〜一九五九）が一九五二年に記した「日本暮らしの回想」に彼らの日常が残されていた。[19]

避暑に出かけたことが、ブレンダの思い出の中にある。

夏はいつも、お山へ行っていました。日光では、ふすまで仕切られた畳敷きの部屋がある、ほんとうの日本家屋で私たちは暮らしました。

（MS Am1759.3（11）「Account of her childhood in Japan」三頁）

明治十九年（一八八六）、フェノロサ一家はブレンダ（当時三歳）を連れ日光へ避暑に出かけている。滞在したのは、輪王寺支院禅智院の別荘であった。

ここでにわかに理解しがたいことがある。習慣も違えば宗旨も違う外国人に、なぜ寺が別荘を貸していたのかということである。この理由を知る手がかりは、少し時期は後になるが、明治二十六年九月十三日の新聞『日本』に掲載の「日光に遊びて」という記事にあった。

土地の人に聞くに外人のこの地に寄宿するもの一年平均殆ど三百人。この収入は、実に土地を湿はすものなれば、この上もなき上客なり。故に僧徒は、山ふかき小屋に合宿して、争ひて外人にこの本寺を貸す也（以下略）

（新聞『日本』明治二十六年九月十三日号、復刻版『日本　第十五巻』六四頁）

明治二十年代の日光は、町を挙げて外国人を歓待していたのである。フェノロサたちには天台宗の誰かよりの紹介があったかもしれないが、この記事を読む限り仏教者からの紹介など必要なかったようだ。寺は、僧侶を山奥に合宿させ本坊を空けてまで、争って自坊を外国人に貸していた。フェノロサたちは「この上もなき上客」であった。

やっと普及し始めたばかりの乾板写真に、リジーが興味を持っていたことも、ブレンダは記憶に留めていた。

あの頃、母はたくさん写真を撮っていて、私たちの、日光の家の、廊下の外れに暗室を持っていました。

（MS Am1759.3（11）「Account of her childhood in Japan」五頁）

乾板写真とは、一八七一年にイギリス人のマドックスによって発明され、銀塩の乳剤をガラス板に塗ったものを、デジタルカメラが普及する前の写真フィルムのように使う写真である。リジーは高価であったはずの写真機を所有し、一八七八年に量産がはじまったばかりの、箱入りで保存できるガラス乾板を用い撮影をし、その現像は自分でしていたようだ。

明治の有閑女性フォトグラファー、リジーの撮った写真は残念なことに確認されていない。しかし彼女の撮った可能性があるものとして、日光東照宮陽明門での集合写真（図9）が考えられる。ここにリジーは写っていないのである。
ブレンダの回想に書き留められた、フェノロサ家最大の贅沢は、ランドーと呼ばれる二頭立て馬車を購入したことであった。

お父さんとお母さんは人力車をあきらめて、ランドーという馬車と、気取った美しい雄馬を二頭買い入れていました。（中略）それで私たちは、三人の人力車夫のかわりに、御者、馬車係の召使い、そして厩務員を見つけたのです。

（MS Am1759.3（11）「Account of her childhood in Japan」六頁）

（図9）日光東照宮 陽明門での記念写真（大津市立図書館蔵・日本フェノロサ学会寄託資料）

ランドーとは四輪で、幌《ほろ》の内部に二列の向き合う座席がある馬車である。それがいかに高級なものであるかは、大久保利通が暗殺される際に乗っていたものと同種であることからも推測できる。大久保のような政治の大立て者、参議兼内務卿の乗り物がランドーであった。御雇い外国人には過ぎたものであった。
ブレンダは日光から東京の家に帰り、たくさんの変わっていることに気づいたと書いている。これらの気づいたことの一つがランドーであった。このことからランドー購入の時期は、明治十九年（一八八六）、彼らが避暑に出かけていた間だということになる。だとすれば、このランドーはフェノロサが日本の美術界、政界、財界、またアメリカ側では、曽祖父と祖父がアメリカ大統領を務めたヘンリー・アダムズをはじめとするボストン社交界と関わりをもち、経済的、社会的に安定してきたことの証としてみることができる。もちろん、チャールズ・ゴダード・ウェルドに、日本美術コレクションを巨額で譲渡した時期とも重なっている。

また、この時期の購入だとすると、明治十九年九月、青山御所で行われた勲四等旭日小綬章の授与式に、フェノロサは二頭立ての馬車に乗って颯爽《さっそう》と参じたことになる。

フェノロサの御雇い最後の契約書は、令孫オーウェン・ビドル氏（一九一四〜弟ペイトン氏死去の一九九五年以前没）により、ハーバード大学ホートン・ライブラリーへ寄贈されている。

契約書を見てゆくと、通常より長い四年間という雇用期間、月給は銀貨五百円、そして契約の初年度は、ヨーロッパ、アメリカの美術視察が仕事。そして、再び日本へ帰国した後は、文部省の幹事という名で仕事をし、並行して学生を教える。さらに、学校での服務時間は一日五時間を超えないとある。なにをとっても、フェノロサに良い事づくしである。

良い事はこれだけではない。福利厚生面での厚遇は際立っている。この時期、一般の日本人に提示されるはずがない、病気による三ヶ月の休業補償が契約に盛り込まれている。そして雇い止めについては、契約書の第四条に「第一方の都合に依り条約期限前に前文フェノロサ氏の職を止めんとするときは残期給料の半額を同氏に交付し以て止むる事を得べし」、また、第六条に「第一条第三条若くは第四条の事由に依り条約消滅の際には亜米利加までの帰国旅費として銀貨五百円を受くる事を得べし」となっていて、(20)仮に二年の期間を残してフェノロサを雇い止める場合、文部省は二年分の給料の半額六千円と、帰国旅費五百円を支払うことが定められていたのである。

無一物で日本へ来て八年、栄光の時代を謳歌するフェノロサは、ランドーに乗って東京の町を見下ろす身分を手に入れていた。どのようにして、数多の御雇い外国人の中にあってフェノロサは頭角を現してきたのだろう。

避暑地にて

少し時間を前へ戻そう。

それが、すべての端緒だとはいわない。しかし、フェノロサの日本における立場を決定したと思われる大きな出来事が、明治十二年(一八七九)のフェノロサ日光日記に書かれている。フェノロサはある偶然の出来事をきっかけに、日本政府要人と関わりをもちはじめた。

その出来事とは、当時、日本訪問中だったアメリカ前大統領グラント将軍の日光旅行である。グラント将軍が日光を訪ねた明治十二年七月、時を同じくして、フェノロサもリジー夫人を伴い同地に滞在していた。グラント将軍一行は、京都、大阪、神戸などへの旅が予定されていたが、コレラ騒ぎのため計画が取りやめとなり、[21]日光へ出かけたのだった。フェノロサは「学術上研究の為去る七月一三日発程、千住駅より順路下野国宇都宮を経て日光山に至り」[22]、と文部省上申に書かれているように、出張の手続きを取り予定された旅行であった。フェノロサがグラント将軍の旅程に合わせた、などということはなく、偶然、時期が重なったのである。

ユリシーズ・シンプソン・グラント（一八二二〜一八八八）は、南北戦争時北軍の将軍で、陸軍士官としては初めてアメリカ大統領（第十八代）となった人である。しかし、汚職などで良くは言われない大統領でもあった。日本としては、岩倉使節団が訪れた際の大統領であり、国を挙げて彼を歓迎した。日光へは、内務卿伊藤博文（一八四一〜一九〇八）、陸軍卿西郷従道《さいごうつぐみち》（一八四三〜一九〇二）などが出向き、この合衆国前大統領と会談をしている。グラント将軍は、琉球問題について清からの伝言を預かっていて、日本政府にここで正式に伝えようとしていた。[23]

細長いスケッチブックに描かれた風景とともに記されるフェノロサの日光日記[24]、これは七月十四日に加賀屋敷一番館を出発したのに始まり、七月二十四日の復路、利根川の渡しで終わる。この日記をたよりに、フェノロサの身に起こった僥倖とも思えるグラント将軍との出会いにスポットライトをあててみよう。

それは明治十二年七月二十日のことである。午前中、フェノロサが、スペンサーをはじめダーウィンなど当時一流の思想家が寄稿していた学術雑誌『ポピュラー・サイエンス・マンスリー』を読んでいる間に、リジーは買い物に出かけ、「A point of no return」（そこから引き返すことのできない出来事、そしてその時点）に遭遇する。アカデミックな静けさを避暑地で満喫する夫と、買い物という現世の楽しみを求める妻。普通ならば妻の軽薄さが非難の対象にもなろう。だが、この外へ外へと向かうリジーの社交性が、フェノロサへ多くの社会的果実をもたらすことになる。

社交的なリジーは買い物先で、グラント将軍の随行員でジャーナリストのヤングに出会い、彼女がすでに買っていた、東照宮の修繕にあたる職人が、本業のかたわら日光土産として作った日光彫の盆（日光盆）などの買い物を手伝う。これを縁として、ヤングがフェノロサたちをグラント夫妻の元へ招いてくれたのである。前日、日光の村人たちに「グラント一行」として旗や提灯で迎えられ、駕籠《かご》で、あたかも雲上人のようにフェノロサの前を通り過ぎて行った国賓の前アメリカ大統領と、フェノロサは親しくまみえる機会を得たのである。

リジーの出会ったヤングとは、ジョン・ラッセル・ヤング（一八四〇〜一八九九）である。彼はアイルランドに生まれ、家族でアメリカへ移民した後、十五歳で校正の仕事から新聞業界へ入る。そして、犯罪記事を載せないとして出発した上品な大衆紙『ニューヨーク・トリビューン』編集長などを経て、ジャーナリストとしてグラント将軍の世界漫遊に同行した人物である。ヤングによる、グラント将軍世界漫遊の記録は、『*Around the World with General Grant*』（一八七九）として出版されている。

このヤングの計らいで、同日午後五時、フェノロサたちは正装してグラント将軍の元へと表敬訪問に出かける。

グラントとの短い会話だけで、フェノロサは暇ごいをしようとする。

そのとき転機が訪れる。日光の村人たちによる歓迎の余興が始まったのである。グラント夫妻は、異国で会う同国人のよしみであったのだろう、フェノロサたちにこの場に残り一緒に村人たちの余興を見るよう勧めてくれる。

招き入れられた仏殿の観客席で、グラント将軍に葉巻を勧められ、フェノロサは煙草をとったと日記は伝える。きっと前大統領を前にして、葉巻を取るには遠慮があったのだろう。葉巻をとらずに煙草をとるという、いかにも小市民のフェノロサである。

この時の観客席は、西郷従道、後に初代内閣総理大臣となる伊藤博文、県令であった鍋島貞幹（一八四四～一九一三）、また駐米公使の吉田清成《よしだきよなり》（一八四五～一八九一）が同席する、いわば貴賓席であった。しかし、そこでフェノロサが萎縮しっぱなしであったかといえばそうではない。駐米公使の吉田にフェノロサは、西郷を紹介してくれるよう頼んだりもしている。なぜフェノロサが陸軍卿の西郷に面識を持ちたかったのかは不明である。

フェノロサの日記には、このように詳しくその日のことが綴られている。しかし、ヤングの記した『グラント将軍日本訪問記』の七月二十日の頁に、フェノロサの名前は一度も出てこない。雷が鳴ったこと、夜、雨が降ったことなど、フェノロサとヤングの記述に一致が見られることから、同じ日の、同じ出来事を書いたものであるにもかかわらず。せっかく正装して出かけたフェノロサの姿は、グラント側の記録に残っていない。


日光盆、このなんでもない土産物が、フェノロサの人生を変えるきっかけになった、というのは大《おお》袈裟《げさ》だろうか。

前日に、リジーが日光盆を買っていなければ、ヤングにその購入を勧めるだけの知識もコメントも持ち合わせていなかったはずだ。いや、きっかけや知識があったとしても、リジーの社交性と美しさがなければ、ヤングは彼らをグラント将軍に引き合わせただろうか。前日買った日光盆と、リジーの社交性と美しさがあってこそ、彼らは光栄な機会に恵まれたのだろう。「グラントはリジーの腕をとって案内した」という何気ない一文を、フェノロサは日記に残している。前大統領の、女性一般に対する心遣い以上のものが、若く美しいリジーにかけられてはいなかったか。とにかくリジーは、若く美しかった。

この後、東京へ帰って、フェノロサ夫妻はグラント将軍も列席する流鏑馬《やぶさめ》、犬追物などの御前試合を観覧している。フェノロサたちの顔は、日本の高官と著名外国人が並ぶ天幕の中にあった(25)。これは、若年のフェノロサが著名外国人の仲間入りをしたことの表れであろう。遡って考えれば、日光で、前大統領、側近、そして日本高官しか同席していない貴賓席に、グラント将軍により迎え入れられたフェノロサは、居合わせた日本人たちにとってグラント将軍の知己であるかのように見えたのかもしれない。

御雇い外国人教師の娘で、後に勝海舟の三男、勝梅太郎に嫁ぐアメリカ人女性、クララ・ホイットニー（一八六〇〜一九三六）が書いた『クララの明治日記』一八七九年十二月二日に、フェノロサ夫人であるリジーが登場している。

夫人は話上手で、どこと言いようがないがアメリカ的な感じのする人だ。生まれ故郷のマサチューセッツのセーラムのことをすっかり話して下さったが、とても貴族的で文学の盛んな所で、日本での華やかな暮しに馴れた後、再びあの退屈な生活には戻れないと言われた。社交的な都会、たとえばニューヨークのような所の方がよいといわれる。

（『クララの明治日記（下）』一七五頁）

実際、アメリカへ帰国した後リジーとフェノロサは、ニューヨークほどではないが、セーラムよりは都会であるボストンの、ビゲロー邸宅（ビーコン・ストリート56）に近いチャールズゲートの家に住んでいる。

華やかなフェノロサたちの日本滞在、そのすべてがクララによって書き留められたリジーの言葉に尽きる。「再びあの退屈な生活に戻れない」というリジーは、プロフェッサーフェノロサ夫人として日本へ来て、むしろフェノロサ以上に栄光の時代を謳歌していた。

御雇い外国人

「やといに告ぐ」という葉書（図10）が、アメリカ合衆国ラトガース大学グリフィス・コレクションの中にある。この葉書は、日本から帰国した御雇い外国人の実態調査のために出されたものである。差出人は、ウィリアム・エリオット・グリフィス（一八四三～一九二八）。ラトガース大学出身の御雇い外国人で、日本では理科を教えた。そして帰国後は牧師となり、また、日本に関する書物である一八七六年出版の『*The Mikado's Empire*』を著した人物である。

フェノロサに葉書が届いたかどうか、現在知るべき史料はない。グリフィスが、調査対象とした

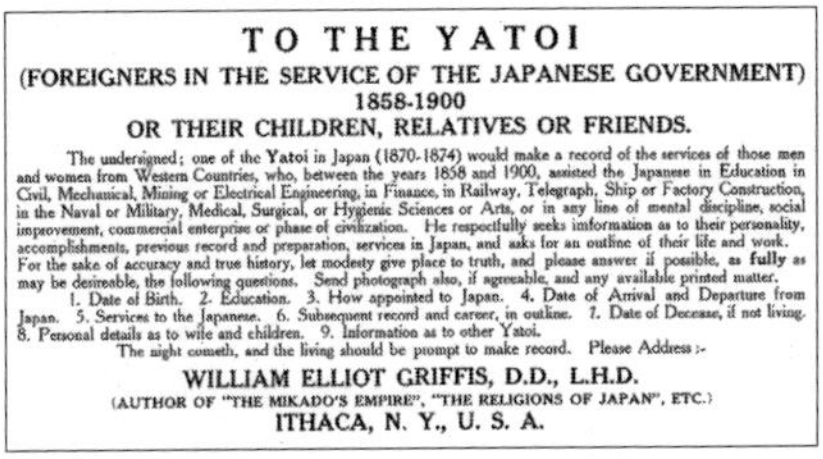
TO THE YATOI
(FOREIGNERS IN THE SERVICE OF THE JAPANESE GOVERNMENT)
1858-1900
OR THEIR CHILDREN, RELATIVES OR FRIENDS.

The undersigned; one of the **Yatoi** in Japan (1870-1874) would make a record of the services of those men and women from Western Countries, who, between the years 1858 and 1900, assisted the Japanese in Education in Civil, Mechanical, Mining or Electrical Engineering, in Finance, in Railway, Telegraph, Ship or Factory Construction, in the Naval or Military, Medical, Surgical, or Hygienic Sciences or Arts, or in any line of mental discipline, social improvement, commercial enterprise or phase of civilization. He respectfully seeks information as to their personality, accomplishments, previous record and preparation, services in Japan, and asks for an outline of their life and work. For the sake of accuracy and true history, let modesty give place to truth, and please answer if possible, as **fully** as may be desireable, the following questions. Send photograph also, if agreeable, and any available printed matter.

1. Date of Birth. 2. Education. 3. How appointed to Japan. 4. Date of Arrival and Departure from Japan. 5. Services to the Japanese. 6. Subsequent record and career, in outline. 7. Date of Decease, if not living. 8. Personal details as to wife and children. 9. Information as to other Yatoi.

The night cometh, and the living should be prompt to make record. Please Address :-

WILLIAM ELLIOT GRIFFIS, D.D., L.H.D.
(AUTHOR OF "THE MIKADO'S EMPIRE", "THE RELIGIONS OF JAPAN", ETC.)
ITHACA, N. Y., U. S. A.

（図10）グリフィスよりの葉書
（ラトガース大学図書館グリフィスコレクション蔵）
Special Collections and University Archives, Rutgers University Libraries.

一八五八年から一九〇〇年という期間に、フェノロサの滞日は重なっている。また、フェノロサの御雇い期間は通算十二年という異例の長さであるので、葉書が届けられた可能性は高い。生年月日、学歴、どのようにして任命され日本へ来たかなどを調べようとするこの葉書は、二十世紀になったばかりの御雇い外国人に対する調査であった。

グリフィスの調査を、最初の御雇い外国人研究だとすれば、日本での研究までにしばらくのタイムラグがある。

それから四半世紀過ぎた昭和三年、『明治文化全集』が出版され、その中に「御雇外国人一覧」（明治五年発行の小形折本）が再録される。

そして、その解題が、大審院判事であり法学者で明治文化研究家の尾《お》佐《さ》竹《たけ》猛《たけき》（一八八〇～一九四六）によって書かれている。これが御雇い外国人に対する、日本でのもっとも早い時期の研究の一つであり、その後、時を経て、集大成のように鹿島研究出版会より、十七巻の『お雇い外国人』が昭和四十三年から五十一年（一九六八～一九七六）にかけて出版されることになる。

大部の書『お雇い外国人』の執筆者の一人である梅渓昇は、

これらお雇い外国人の歴史的役割は、明治政府がモデルと考えた欧米先進諸国の各部門における近代的な諸制度、資本主義的な生産方法の移植にあたり、その実際面で学術・技術を提供して日本人を教導し、その急速な移植を成功させたことであり、近代日本建設の基礎工事をなしとげた点にあった。

（『お雇い外国人の研究　上巻』一六六頁）

と御雇い外国人を評価する。このように後世において、日本人によって高く評価される御雇い外国人であったが、当時の御雇いたちは二年や三年という期間雇用であり、更新がなされるかどうかもわからない不安定な身分であった。そしてその契約は、必要な時だけ必要な人材を高給で、という雇用する側に有利な契約であった。

このような御雇い契約の事情を、伊藤博文が明治六年（一八七三）、工学寮開校に際しての布達文で述べている。

惜哉我邦の人物未其科を了得する者希少なるにより、方今数多の外国人を使役し、開業の順序を補助する次第、実に止を得ざるの事にて、（中略）孜々勉学成器の上、夫々奉職従事致し候はば、自然外国人使役其他多少の煩労を省き（以下略）

（「旧工部大学校史料」、『お雇い外国人①概説』二一〇頁）

それによると、日本人でその科目を修了している人が少ないため、やむを得ず今は外国人を使っておこう。そして御雇い外国人より学び終わった学生が奉職、従事すれば、自然と外国人を省いていくことができる、という展望が語られている。恒常的に外国人を雇用し続けるなどという考えは、少なくとも、工部省を代表する伊藤博文に、そして、きっと明治政府にもなかったのである。このとき、伊藤博文の役職は初代工部卿（在職一八七三〜一八七八）である。初代総理大臣になる十二年前のことであった。

御雇い外国人を語るのに、切り離せないものにその高給がある。不安定な身分との交換条件で支給されていたという落とし所もあるが、一般大衆の感覚からすればこの高給はけしからぬ。なにしろ、二十五歳の、大学を終え一度も教壇に立ったことのないフェノロサ奉職時の月給が三〇〇円なのである。「東京大学法理文学部第七年報」の明治十二年八月々末調査、「外国教授表」によると、[26]彼らの月給は、三七〇円が三人、三五〇円が八人、三〇〇円が三人、三五ドル二〇セントが一人、とフェノロサのみならず軒並みに高給であった。

参考までに、高給であるという明治期の三〇〇円は、現在どのぐらいの価値なのか概算してみた。普通、米価を指標に換算するところである。しかし、ここでは給与を問題にしているので、厚生労働省発表の平成二十五年（二〇一三）度、地域別最低賃金の全国加重平均額七六四円／時間と、森喜一『労働者の生活』の中に書かれる、工場職工の明治十八年（一八八五）の日給一七銭三厘とを対比し[27]ておよその換算率を求めた。するとフェノロサの初任給三〇〇円は、給与を指標とする換算で、今の九二〇万円以上となった。

高給の極みにあった御雇い外国人である。その業績として彼らが日本に移植したものは、先進の技術だけではなく、さらには「進化論」というキリスト教にとっては扱いにくく、また社会進化論と形を変えることにより、帝国主義にとってありがたく敷衍《ふえん》できる理論も持ち込んでいる。

動物学者である御雇い外国人、エドワード・シルベスター・モースにより、チャールズ・ダーウィン（一八〇九～一八八二）の進化論は日本に紹介された。この後、モースの進化論は、その流れを汲む社会進化論としてフェノロサへ引き継がれた。フェノロサが「スペンサーの専門家による社会進化論のまとまった論説」[28]を最初に論じたのを受けて、東京大学でのフェノロサの教え子、有賀長雄は『族制進化論』（明治十七年）、『社会進化論』（明治十九年、井上毅の序文付）、そして『宗教進化論』（明治十九年）を出版している。

このような知識移植の流れが、伊藤博文の布達文により企図されるところであった。いつまでも、御雇い外国人はいらなかった。フェノロサから有賀へ、外国人によって移植された理論は、すぐさま日本人が会得し自家薬籠中のものとした。そして、新しい理論はその再生産のために出版へまわされ、また、会得した人間は、教える側の人間として教育の現場にデビューしていった。

そして、しばらくの後、進化論は御雇い外国人から直接教えを受けた者の手から離れ、一人歩きをはじめる。

キリスト教国ではない日本では、進化論という新しい理論は受け入れられやすかった。丘浅次郎（一八六八〜一九四四）によって書かれた『進化論講話』（明治三十七年）は、田山花袋《たやまかたい》（一八七二〜一九三〇）の『田舎教師』（明治四十二年）の四十六章に登場するほど、明治末のインテリたちにポピュラーな書物となった。

モースの進化論にはじまり、フェノロサの社会進化論へ受け継がれた新しい理論の、日本での旅路はまだも続く。二・二六事件の理論的指導者の一人とみなされ処刑された北一輝《きたいっき》（一八八三〜一九三七）は、『国体論及び純正社会主義』（明治三十九年）の第参編、第五章から第八章にかけて「生物進化論と社会哲学」を書き、また大正になってからは、無政府主義者といわれる大杉栄（一八八五〜一九二三）がダーウィンの『種の起原』（大正五年）の翻訳をしている。このように、御雇い外国人によって投じられた進化論という一石は、日本の思想史の中に波紋を広げた。

明治国家の事情、フェノロサの事情

フェノロサの来日した明治十一年は、士族反乱として最大規模であった西南戦争の翌年にあたる。また自由民権運動が高まり、民権結社の一つである立志社を中心に、その横断的組織となる愛国社が再建した年でもあった。日本は江戸の武士社会を脱却して、政府と自由民権運動のせめぎ合いの中、近代国家への歩みを進めていた。

明治政府は、早期に国家の体裁を整え、江戸の置き土産である不平等条約を改正したいと考えていた。伊藤博文は、岩倉使節団の副使として訪れたサンフランシスコにおける歓迎会で「日の丸演説」(明治四年十二月十四日)を行い、(29)条約改正を睨《にら》み、日本はしばらくの間に進歩したことを、アメリカ人を前にして滔々《とうとう》と、英語で誇らしく語っている。

伊藤博文の演説は「大抵の諸外国に現存する政体、風俗、習慣に就き一般的知識を獲得したり」、すでに日本人は無知ではなく一通りの事は知っているんだと語り、また、「数百年来鞏固に成立せし封建制度は一箇の弾丸を放たず、一滴の血を流さずして、一年以内に撤廃せられたり」と、平和に与し、禅譲の精神を持つ日本人の鷹揚さをアピールする。そして御雇い外国人によってもたらされた技術により「鉄道は帝国東西両方向に敷設せられ、電線は我領土の数百哩に亘って拡張せられ、数箇月中に殆んど一千哩に及ばんとす。灯台は今や我国の沿岸に設置せられ、我造船所も亦活動しつつあり」と、日本のインフラが整ってきたことを述べる。

三十歳の若き伊藤博文の思い描く日本の未来像も、この演説の中にあった。日本の国旗について述べたものがそれである。「将来は事実上その本来の意匠たる、昇る朝日の尊き徽章となり、世界に於ける文明諸国の間に伍して前方に且つ上方に動かんとす」。意気揚々と、明治日本の進むべき、前進、上昇という方向を国旗「日の丸」が意味するとしている。


伊藤博文は大久保利通らとともに、有司専制の内側にいた人物である。有司専制とは、政府の政治が特定藩閥政治家数名で行われているというものであった。これは自由民権運動による政府批判の論点であり、自由民権運動が、それを機に始まったとされる明治七年（一八七四）、板垣退助、後藤象二郎らが出した「民撰議院設立建白書」にも「臣等伏して方今政権の帰する所を察するに、上帝室に在らず、下人民に在らず、而独有司に帰す」とあり[30]、有司の専制政治に言い及んでいる。政権は天皇にもなく人民にもないというのである。まさに自由民権運動のやり玉に上げられていたのが、伊藤博文など特定の藩出身の政治家たちであった。有司専制の内側にいる者からすると、この時期、彼らを中心とする政府は安泰ではなかった。

自由民権運動とは、早期に立憲政体を樹立して、国民により選出された議員による国会を成立させることを目的としていた。この主旨と相容れない有司専制体制の維持を望む政府は、自由民権運動とせめぎ合いを続けていた。そんな中、明治十五年（一八八二）十月二十八日、東京大学法理文学部の、コレラのため延期されていた学位授与式で、フェノロサは、政治運動に加担する学生を戒める「謹みて大学總理及び紳士諸君に告ぐ。」[31]、というスピーチを行う。

フェノロサによれば、学生の政治に関係することがよくない理由は「既に一旦偏頗したる上は生涯公平の眼を以て事物の関係を量定するの力を失うに至るべきこと疑を容れざればなり」。一旦、政党に関わると、そのバイアスがかかった考え方になってしまうということをあげ、学生が多くを学んだとはいえ、「彼等の脳中に現存する政治上の学識は日本の事勢に対して謂うも空漠なり、又西洋の文物に対して謂うも空漠なり」と、学生たちがそんなに政治について物事を知っていないことを諫めている。そして、学生が社会に及ぼす危険としては、「何となれば彼等は大学の学位証書を把て世俗の目を眩まし、如何にも学者らしく見せ掛けて世人を惑わすことを得ればなり」。世の人々が彼らを盲信することを憂い、学位証書には威力があることを警告する。

やがて矛先は自由民権運動に直接、向けられる。

「前段論述する所よりも一層重要なる議論尚お一条あり」と聴衆の注意を喚起した後、今日の若い政治論者を評して、「口に自由といい、権利といい、自治というはいと易き事なれども、果たして如何なる者を以て自由といい、権利と言い、自治というにや。自由を得んとは果して如何なる者を得んとするにや。問わんに、諸君の中確実の答弁を為すことを得る者は果して一人もあるまじ」と苦言を述べる。そして、この祝辞というにはあまりに戒めの多いスピーチは、「政党に加入せられし学生諸君は最早其口実と為すべき事一も無く、只一己一己の私利私欲の為めに加入せしこと白状するの外なかる可し。夫れ私利私欲の如きは今之を駁論するも何の益かあらん」と結ばれる。これが、フェノロサに御用学者というレッテルが貼られてしまったスピーチである。

『東京日日新聞』（明治十五年十月三十日付）は、十月二十八日の法理医文の四科卒業生、学位授与式のことを報じ、フェノロサが祝辞を述べたことだけを後世に伝える。同紙に掲載されたのは美文調の福岡文部卿の祝辞だけであった。フェノロサのスピーチは学生の偏った考えを戒め、その非力を説き、また彼らの社会に対する影響力の大いなることを知らしめるという、意味のあるものであり、また反政府勢力である自由民権運動への攻撃であったにもかかわらず。

アメリカで教育を受け、その政治を肌で感じてきた御雇い外国人フェノロサの口から、自由民権運動に関わるインテリの人々に対して、あなたたちは自由や権利や自治ということがわかっていないといわれたのである。自由民権運動は、ルソーの天賦人権説などを拠り所としていたが、その舶来思想の理解に外国人のフェノロサから疑義がかけられたのである。外国人崇拝の傾向が強い明治時代、自由民権運動に対するこれほど痛いボディブローはなかったはずだ。

当時は、東京大学綜理であった加藤弘之でさえも、明治七年（一八七四）に出版した『国体新論』での天賦人権説を覆し、同書を絶版にし、明治十五年（一八八二）、社会進化論に基づく『人権新説』

を出版するという転向を軽々となす時代であった。自由民権運動に関わろうとする学生たちを押さえ込む言説を、フェノロサがスピーチで行うのは造作もないことであった。

もちろん、フェノロサが自由民権運動弾圧に影響を与えたかどうかは明らかでない。しかし東京大学でのスピーチはそれに加勢するものであった。

自由民権運動は政府の規制により、明治十七年（一八八四）頃に終息する。その後、大日本帝国憲法（明治憲法）が明治二十二年（一八八九）に発布され、翌年、第一回衆議院議員総選挙が行われ、議会（帝国議会）が十一月に開かれた。しかし、それらは自由民権運動に身を投じた人々が望んだようなものではなく、欽定憲法と制限選挙による議会であった。自由民権運動の終息後も有司専制は根強く残り、伊藤博文は四度の内閣総理大臣を経験することになる。

くしくも、このスピーチを行った明治十五年（一八八二）は、フェノロサが御雇い外国人として二度目の契約を更新する年であった。明治五年十月に政府が出した「外国教師雇入心得」の、「教師雇入条約規則書」第十一条によれば、「第一雇入期限の事　本国より雇入るるものは二箇年間乃至三箇年間を約すべし」[32]、と定められていたのである。フェノロサはすでに四年間雇い入れられており、解任という不安なオプションも、フェノロサの気持ちには織り込み済みであったはずだ。彼が万難を排して二度目の更新に邁進したことは想像にかたくない。

フェノロサは、この二度目の更新を乗り切り、さらに奉職を続けた。そして、「工部省沿革報告」の中の「雇い外国人各務擔當表」によれば、[33]最長お雇い期間であるエドワルト・ダイブルスという分析顧問と同じく十二年間の奉職をすることになる。

学者として実績のあったモースと違い、フェノロサはアメリカへ帰ったとしても、職の見つかる可能性が低かった。運良く見つかったとしても、日本での高給に並ぶ条件で雇用されることは考えるべくもなかった。手段を尽くして日本に留まるのが、フェノロサとリジーにとって、もっとも妥当な考えであった。フェノロサにはあとがなかった。

【註】第一章　フェノロサの墓は三井寺にある

◎第一節　静寂の中の法明院

(1)Lawrence W. Chisolm, *Fenollosa : The Far East and American Culture*, New Heaven and London, Yale University Press, 1963, 二八頁

(2)山口静一『フェノロサ—日本文化の宣揚に捧げた一生(下)』三省堂、一九八二年、四〇一頁

(3)山口静一『フェノロサ—日本文化の宣揚に捧げた一生(上)』三省堂、一九八二年、三〇頁

N・H・ドールの公式追悼文では「大学院哲学専攻コースに籍を置いた」(『フェノロサ(下)』三二九頁) となっている。在籍であり修了とは書かれていない。

(4)久富貢『アーネスト・フランシスコ・フェノロサ』中央公論美術出版、一九八〇年、一八六-一八七頁

フェノロサ自筆の履歴書について、筑波大学中央図書館に問い合わせたところ、関係する部局にまでお尋ねいただいたが、見つけることはできなかった。

（5）村形明子『アーネスト・F・フェノロサ文書集成（上）』京都大学学術出版会、二〇〇〇年、一三頁
（6）Lawrence W. Chisolm, *Fenollosa : The Far East and American Culture*, New Heaven and London, Yale University Press, 1963, 二九頁
（7）http://en.wikipedia.org/wiki/Nathan_Haskell_Dole（2011-11-05 参照）
（8）山口静一『フェノロサ（上）』三省堂、一九八二年、一三三頁
これは、定説の域を出るものではない。この話の初出は明治三十一年、岡倉秋水が雑誌『天地人』に寄せた「狩野芳崖翁に就いて」であった。定説に反してフェノロサの書簡には、「彼は狩野友信に伴われて私の家を訪ねてきました」（フリーア宛書簡、明治三十五年十月十二日付）（同書、二三五頁）と書かれている。
（9）久富貢『アーネスト・フランシスコ・フェノロサ』中央公論美術出版、一九八〇年、四頁

◎第二節　五輪塔という墓石

（10）石恒六代目　桒島淳二氏、二〇一一年十月十三日インタビューより。
（11）平成二十四年六月九日～七月八日まで、「大阪くらしの今昔館」にて開催。「東洋＋西洋＝伊東忠太 ― よみがえった西本願寺『伝道院』」
（12）村形明子『ハーヴァード大学ホートン・ライブラリー蔵　アーネスト・F・フェノロサ資料　第1巻』ミュージアム出版、一九八二年、二六四－二六五頁
（13）山口静一『フェノロサ（下）』三省堂、一九八二年、三七二頁、三九四頁
（14）http://ja.wikipedia.org/wiki/ 泉州石工（2012-12-15 参照）

◎第三節　栄光の地は日本

（15）「外国教授表　明治十二年八月々末調査」『東京大学法理文学部第七年報（自明治十一年九月至同十二年八月）』、東京大学史史料研究会編『東京大学年報　第一巻』東京大学出版会、一九九三年、一三四頁
（16）「政治学理財学教授エル子スト、エフ、フェノロサ申報」、同書、一二八－一二九頁

(17)Lawrence W. Chisolm, *Fenollosa : The Far East and American Culture*,New Heaven and London, Yale University Press, 1963, 一七頁

(18)同書、三二頁

(19)この回顧は、Van Wyck Brooks, *Fenollosa and His Circle* の中や、また "Recollection of My life in Japan" October 12, 1952, MS in possession of Brenda Fenollosa Biddle estate, Haverford, Pa.（「日本暮らしの回想」一九五二年十月十二日ペンシルバニア州　ハバーフォードのブレンダ・フェノロサ・ビドルの遺産の中にある手書き文書）として、チゾムの『*Fenollosa: The Far East and American Culture*』に引用されている。そして、この手書きの文書のコピーは、ハーバード大学ホートン・ライブラリーにMS Am1759.3（11）「Account of her childhood in Japan」として所蔵されている。

(20)フェノロサ雇替えの契約書（明治十九年八月一日付）、村形明子『ハーヴァード大学ホートン・ライブラリー蔵フェノロサ資料Ⅰ』ミュージアム出版、一九八二年、七〇頁

(21)ジョン・ラッセル・ヤング著、宮永 孝訳『グラント将軍日本訪問記』雄松堂書店、一九八三年、一一七頁

(22)文部省上申（明治十二年八月五日付）、ユネスコ東アジア文化研究センター編『資料御雇外国人』小学館、一九七五年、三七〇頁

(23)ジョン・ラッセル・ヤング著、宮永 孝訳『グラント将軍日本訪問記』雄松堂書店、一九八三年、一二三頁

(24)村形明子『アーネスト・F・フェノロサ文書集成(上)』京都大学学術出版会、二〇〇〇年、五五－八三頁

(25)クララ・ホイットニー著、一又民子訳『クララの明治日記(下)』講談社、一九七六年、一四六－一四九頁

(26)「東京大学法理文学部第七年報」、東京大学史史料研究会『東京大学年報　第一巻』東京大学出版会、一九九三年、一三四頁

(27)森 喜一『労働者の生活』（岩波新書）岩波書店、一九六四年、三八頁
この日給一七銭三厘というのは、フェノロサの初任給から七年後のものである。

(28)山口静一『フェノロサ社会論集』思文閣出版、二〇〇〇年、一一六頁

（29）春畝公追頌会『伊藤博文伝　上巻』統正社、一九四〇年、瀧井一博編『伊藤博文演説集』（講談社文庫）講談社、二〇一一年、一三一―一六頁

（30）http://ja.wikipedia.org/wiki/ 民撰議院設立建白書（2011-08-02　参照）

（31）エルネスト、エフ、フェノロサ述　有賀長雄訳「謹みて大学總理及び紳士諸君に告ぐ。」、山口静一編『フェノロサ社会論集』思文閣出版、二〇〇〇年、一五二―一六一頁

（32）外国教師雇入規則書、内閣記録局　復刻版『法規分類大全　第二十五巻　外交門（4）』原書房、一九七七年、六六三頁

（33）「工部省沿革報告」大内兵衛他編『明治前期財政経済資料集成』第十七巻、改造社、一九三一年、三八頁

第二章　異邦人、仏教に帰依する

第一節　セーラムのフェンネル

キリスト教の中で

三井寺法明院に葬られているフェノロサではあるが、はじめから仏教徒ではなかった。ならばキリスト教徒であったかというと、推定はできるもののその根拠はない。

フェノロサ自身に根拠がないならば、家族の宗教からたどってゆくことはできないだろうか。フェノロサの遺著である『*Epochs of Chinese and Japanese Art*』冒頭、序文の中に、二人目の妻メアリーがフェノロサより聞き書きした「アーネスト幼時の記録」がある。そこにはフェノロサの祖母が敬虔なカソリック教徒であったことが記されていた。

彼女としては、セーラムの教会で非常に勤勉な祈りをしても、異国の神父や、集会に来ている人々のほとんどがアイルランド移民であったことで、安らぎを与えられることがなかった。

（『*Epochs of Chinese and Japanese Art vol.1*』xi頁）

アメリカで暮らしはじめた息子のマニュエルや娘のイソベルを頼って、フェノロサの祖母はセーラムへ来た。彼女はアメリカという異国で、アイルランド移民と席を同じくするカソリックの礼拝にさえ違和感を持つほど、スペインのカソリック教会を信仰していた。そして、セーラムでは宗教による安らぎを得ることができず、三年を過ごした後、フェノロサが生まれる以前に故郷マラガへ帰ったのだった。

フェノロサの父親であるマニュエルの宗教については、すでにスペインでローマカソリックによる洗礼を受けていたことと、アメリカ移住後、妹のイソベルとともにエピスコパル派のプロテスタントへ改宗していたことが、同じく「アーネスト幼時の記録」に書かれている。

エピスコパル派とは聞き慣れないキリスト教の宗派である。その特徴は、プロテスタントであるにもかかわらず、聖職者に階級制度があることなど、イギリス国教会の流れをくむために、この教派と同じくカソリックとの共通点が多いことである。

通説では、フェノロサが幼時洗礼を受けたのはエピスコパル教会であったとされている。[1]もし、この通説のように、エピスコパル教会で幼時洗礼を受けていれば、フェノロサがキリスト教徒であることの根拠となる。また、フェノロサのミドルネームがフランシスコであり、父マニュエルの二人の守護聖人のうちの一人を受け継いだ洗礼名のようにも見受けられもする。しかし、フェノロサ近親者の中で医師になったフランシスコという人物がいて、彼にあやかりたく、この名前をミドルネームにした可能性も否めないのである。

セーラムのフェノロサ研究家で、NHKドキュメンタリー『アーネスト・フェノロサ　日本美術再発見者の素顔』に登場していたルイス・C・ムロズ氏が、『フェノロサと魔女の町』の著者、久我なつみ氏に宛てた書簡資料が大津市立図書館に収蔵されている。それには、一八五〇年代にあった教会の多くがすでに残っておらず、宗教の情報を調べるのは困難、と書かれている。(2) この示唆を踏まえながら、久我氏はフェノロサの幼時洗礼とマニュエルの宗派について前出書の中で調査している。それによると、セント・ピーターズ教会の歴史家エドワード・ハンソン氏からの回答では、現在、ピーボディ・エセックス博物館におかれている教会記録や、また出生・死亡・洗礼の記録を公開しているボストン・アーカイブスを調べた結果、一八四五年から一八九〇年までの間、マニュエル・フェノロサ一家に洗礼の記録はないという。加えてフェノロサの父マニュエルのエピスコパル派への改宗についても見当たらず、その妹、イソベル一家のみ改宗が確かであると。(3)

一八四五年から一八九〇年まで、つまりフェノロサの生まれた一八五三年を含む期間、マニュエル・フェノロサ一家には洗礼の記録はないという。

だが、父親がスペインの教会で洗礼を受けている以上、フェノロサもキリスト教と無関係ではなかったはずだ。としても、フェノロサ一家は日曜日ごとに家族で教会へ出かけ、敬虔な祈りをするほどではなかったようだ。後にフェノロサは、日本の仏教人赤松連城《あかまつれんじょう》との対談の中で、「予が日曜の業は友人を会して懇話するに在り」と述べる。彼にとって、日曜日は教会で祈りを捧げる日ではなかった。

このように、比較的自由な宗教環境の中に育ったフェノロサである。キリスト教に従わねばならぬという規範は、環境からも、彼自身からも課されてはいなかったと考えられる。

ハーバード大学学部在学中にフェノロサは、キリスト教神学で、排除する必要があるとされる汎神論について論文を書いている。汎神論における、全ての物体や概念などが神の現れであり神性を持つという考えは、どこか仏教に似る。あまねく全てのものにあるとされる仏性と、「最もありふれたたんぽぽ、一塊の泥、路傍の小石も彼（汎神論者：著者注）の目には存在の神秘に満ち」とフェノロサが「汎神論」で表現する神性には重なるものがある。また、密教で、宇宙そのものと一体であるとされる大日如来のイメージは、フェノロサの「汎神論」において、シノニム（同義語）のように「全能の魂」と表現され、それは「彼らすべての上、周囲、内に、この唯一の神、一にして全なるものの全能の魂が息づいているのだ」と説明されている。(4)

フェノロサはハーバード大学で哲学を修めたあと、二年間レジデント・グラデュエイトとして在籍し、その後、同校に属する神学校、ハーバード・ディヴィニティ・スクールで神学を学んだ。ハーバードにおける神学校の歴史は古く、医学部に次いで設立された職業学校が神学校であったという。

そして、この神学校はアメリカではじめての、Nonsectarian の神学校であり、その神学は特定の教派に限定されるものではなかった。

この経歴からすると、学問として宗教を普遍的に捉えようとした時期がフェノロサにあったことになる。そして、それを職業の視野に入れていたようでもある。宣教師として海外で啓蒙布教活動をすることは後進の国々のためになり、外国に住むことにより自らの知見も広まるという、当時の青年の憧れを伴ったものであったはずだ。フェノロサが神学校で学ぶ動機を考えてみると、悩みのなかで宗教に救いを求めた様子はなく、むしろ学問として、また職業学校として神学校を選んだという動機のほうに納得がゆく。

と、このようにフェノロサの神学校進学について考えていた。ところが、「ハーバード大学卒業生の紳士録　一八九九年」には、

彼（フェノロサ）は二年間、哲学のポスト・グラデュエイト課程をとったが、長い病気のために博士課程には出なかった。

（『*U.S. School Catalogs, 1765-1935*』ancestry.com）

と書かれていたのである。フェノロサが、二十歳前半で何かの、それも後年、卒業生の略歴に書かれるような病気になったことをはじめて知った。病気という要因があれば、神学校進学に対して違った

意味も推測できる。

フェノロサの宗教環境をみると、祖母は間違いなくカソリック教徒であった。そして、フェノロサの父、マニュエルも生まれた国スペインで洗礼を受けていた。ところが、父マニュエルが、渡米後にエピスコパル派のプロテスタントへ改宗したというあたりから、フェノロサ家の、宗教の記録はたどれなくなる。フェノロサ自身、キリスト教での幼時洗礼は記録されていない。

もし職業学校というだけでなく、病気という要因もあってキリスト教を究めるためにハーバードの神学校へ進んだとしたら、フェノロサはキリスト教に相当な興味があり、それに救いを求めた者である。しかし、いずれにせよ、ハーバード時代のフェノロサは進化論を奉じ、社会進化論の正当性を認める者として、自らの宗教をキリスト教に定めていなかったように見受けられる。

この後、本書「写真の中のフェノロサ」で前出のように、フェノロサは御雇い外国人として訪れた日本で受戒し仏教に帰依している。なぜフェノロサがキリスト教を離れ、物質文明と欲望の対極にある仏教に帰依するに至ったかを知るために、十九世紀後半の、彼が生きたニューイングランドを覗いてみよう。

十九世紀後半のニューイングランド

独立から百年、一八七六年のアメリカは、三等国から二等国になろうとしていた。タバコと綿を輸出する国から抜け出そうとしていた。

フィラデルフィア万国博覧会は、アメリカ建国百年を記念して開かれた同国初の公式世界博覧会であった。開催にあたり、当初は多くの国が参加しないかもしれない危惧もあったが、三十ケ国以上の国々が集うこととなった。日本も瓦葺き日本家屋や庭園を造り、この万国博覧会に参加した。アメリカはフィラデルフィア万博で、自国の産業が発展し発明の最先端にいることを、国内に、また世界に向け発信した。

フェアモント・パークで開かれたこの万国博覧会には、約九七九万人が訪れたとされる。そこでは新しい技術、また、様々な国の美術などが展示された。今では、すべての人が使うものとなっているグラハム・ベルの電話、タイプライター、ハインツ・ケチャップなども、この万国博覧会の展示品であった。

九七九万人の入場者の一人にフェノロサがいた。このフィラデルフィア万博を見学したフェノロサの日記が残る。そのコピーは、令孫オーウェン・ビドル氏によって、ハーバード大学ホートン・ライブラリーに寄贈されている。原本は革表紙九四頁の手帳で、鉛筆書き、フェノロサのスケッチ数葉も

含まれている。(5)

日記によれば、フェノロサは一八七六年九月二十七日から十月五日まで、一歳年下の弟、ウイリアム（一八五四〜一九四二）とともに、フィラデルフィア万博の旅に出かけている。これは個人的な修学旅行のようなものであり、グランドツアーが思い起こされる。

グランドツアーとは、十八世紀のイギリスで、貴族たちの子弟が学業を終えたあと家庭教師に連れられ、偉大な遺跡や文物を求めイタリアのローマや、洗練された立ち居振る舞いを見習うためにフランスへ出かけ、見聞を広げるというものである。しかし十九世紀に生きたフェノロサは、万国博覧会見学により、その国へ行くことなく、グランドツアーと同じように外国の文化や美術と出会っている。

万国博覧会はインデックスのように、それぞれの国の特徴ある魅力の断片を並べ、見学者はそれに接し、その国への興味がわいてくるという仕掛けである。この日記のなかで、フェノロサは、日本の展示について大型ブロンズ製品を例に「驚異の宝庫」だと表現する。(6)そして、出品されていた「唐子《からこ》獅子《しし》舞《まい》装飾《そうしょく》大香炉《だいこうろ》」（現在、フィラデルフィア美術館蔵）の精緻な細工に驚異の目を向けている。またフェノロサの興味は、イタリアやオランダへも向けられ、その美術品を称賛する。フェノロサにとって万国博覧会を見学することは、より外国に興味をもたせ、その憧れに拍車をかけることになったはずだ。

日記が書かれた手帳の見開きには、前出のように神学校の寮の住所が記されている。フェノロサは、このとき、ドイツ観念論などをアメリカに移入した思想家のラルフ・ワルド・エマソン（一八〇三～一八八二）も住んだ由緒あるディヴィニティ・ホールの住人になったばかりであった。

神学を学びはじめていたフェノロサは、フィラデルフィア万博により世界へ目を向け、それらとアメリカの展示物を比較して、以下のようにアメリカを礼賛している。

> 量的に、そして華やかさにおいて米国はほとんどの部門で傑出していた、と言わざるを得ない。驚くほど美しい家具、すばらしいピアノ、見事な刃物、壮麗な銀器、優雅なブロンズ製品やシャンデリア、目を奪うガラス器等、ありとあらゆる美しい家具・家庭用品で飾られた見事な部屋部屋。すばらしい火器類、書籍、化学製品、鉄製品、大理石のマントルピース、各種の織物類、明礬の大結晶、美しい色どりに配列された塗料、つまり全てが抜群なのだ。
>
> （『アーネスト・F・フェノロサ文書集成―翻刻・翻訳と研究（上）』二九～三〇頁）

この万国博覧会におけるアメリカの目玉は、ニューヨークのジョージ・コーリスが発明したコーリス機関であった。にもかかわらず、それについてフェノロサは、ただ一行「コーリスの蒸気機関も巨大だった」と書くだけで[7]、彼が抜群と認めたものの中に入れていない。「今後、私の主な研究分野は美術でなければならない」[8]、と日記に書き綴ったフェノロサの、新技術への興味は薄かった。彼が興味を示すもののほとんどは美術と工芸品で、農業館や米国政府館の展示の説明には、サイダー・缶詰・ゴム、長さ二〇フィートの魚雷・スクリューエンジンなどと、名称が書き連ねられるだけだった。

大きなうねりが一八〇三年のルイジアナ買収を端緒として、アメリカで起こっていた。イギリスと敵対しヨーロッパ大陸での戦費を必要としていたフランスから、アメリカはルイジアナを購入、ついでアダムズ＝オニス条約により一八一九年、それまでスペイン領であったフロリダを譲り受けた。一八四五年には、メキシコから独立したテキサス共和国を併合している。アメリカにおける、当初「一平方マイル（約一・六キロ四方）の人口が二人以下の地域」(9)、と定義されたフロンティアの誕生である。

ニューイングランド十三州を基として独立を果したアメリカ合衆国、そこでは、国土が拡大するにつれ人々が新しい土地へ出てゆきはじめていた。一八六二年に制定された自営農地を増やすためのホームステッド法は、自らの農地を所有することに憧れる人々に、西部への移住をうながした。また西部には農業以外でも一旗あげる可能性が多くあった。一八四八年、カリフォルニアにおける砂金発見もその一つである。

ヴァン・ワイク・ブルックス『小春日和のニューイングランド』の中に、フェノロサが青年時代を過ごしたニューイングランドや、またそこに生きた人々の様子を垣間見ることができる。そこには一八七〇年の青年層について「青年達は、四方八方に散って行きつつあった。彼等の想像は西部に捕えられ、(中略)鉄道や鉱山や石油井戸で、富をさがした」とある。また、「ボストンを中心とする多くの青年にとって、そこにおける未来は、怠惰と緩慢な敗北を提供したに過ぎない」とニューイングランドの、当時の混迷ぶりを伝える。そして、青年の理想や夢について「すがりつくべき、はっきりした理想は、全く無く、英雄さえも、彼等を失望させた、というのが、万人が尊敬したリンカーンは既になく、英雄であってもよかったグラントは、ありとあらゆる不名誉な真似をしたからである。(中略)戦争と破壊と、戦後のうすぎたない金儲けのあがき以外を、何も見ていない時代にあって青春の夢は何であり、何であり得たろう」[10]とヴァン・ワイク・ブルックスは書く。ここには、フェノロサも持っていたに違いない、時代への失望感が浮き彫りにされている。

十九世紀末、アメリカで産業社会はすでに始まっていた。南北戦争後の「うすぎたない金儲けのあがき」であったかもしれないカーネギーやロックフェラーの巨大企業も出現していた。アメリカには巨大企業の出現を容認する自由放任主義の思想があり、また同時に進化論を受けて成立した社会進化論の影響も見過ごすことはできなかった。社会進化論とは、ダーウィンの『種の起原』を踏襲した思想で、適者生存の原理が自然界だけでなく人間社会にも作用しているというものである。これによって「市場のメカニズムによって優れた企業が競争に打ち勝つのは当たり前」[11]、という考えが広まることになった。

建国百年、当時のアメリカは自らの力を試すように万国博覧会を催し、その社会は農業社会から産業社会へとシフトしていった。それにひきかえ、アメリカの基であったニューイングランドは、若者が、拡大した国土へ、つまりフロンティアを目指し移動をはじめるほどに求心力を失っていた。

このことを、フェノロサに引き寄せて考えてみると、時代精神としての失望感をもっていたはずのフェノロサは、他の若者と同じようにニューイングランドを出たいと考えたのではなかったか。ただ、彼の目指したフロンティアは西部ではなく、西洋人にとって、東洋への好奇心またはオリエンタリズムという眼鏡の向こうにある国、日本であった。

フェンネルの育つ場所

求心力を失ったニューイングランドにあって、他の若者たちと同じようにフェノロサが、その地を離れたいという気持ちをどこかで持っていたとするならば、その父、マニュエルも、アルマダ海戦（一五八八年）でスペインの無敵艦隊がイングランド海軍に敗れたのをきっかけに凋落《ちょうらく》の一途をたどり、そして王位継承問題を原因とする第一次カルリスタ戦争（一八三三〜一八三九年）に明け暮れるスペイン帝国を離れ、新世界に望みをかけ大西洋を渡ったと思われる人であった。

彼らのファミリーネーム「フェノロサ」は、カタルニア語で「フェンネルの育つ場所」を意味しているという。[12] フェノロサは、カソリック国であるスペインのアンダルシア地方からの移民二世であった。ムロズ氏の前出資料の中に、フェノロサの叔母にあたるイソベルが、一八八三年、自らの生い立ちを回想した「**Fenollosa family report**」がある。[13] それによれば、父マニュエルの母方の実家はアンダルシアにあり、麻を商っていた。フェノロサの祖母の兄弟のうち外科医になったフランシスコ以外は、麻でサンダルを作ったり、蚕から絹を紡いだりの仕事をしていた。音楽好きの家族で、彼らはスペインの古いバラードをうまく歌うことができた。またマニュエルの父方の実家はバレンシアの近くにあり、フェノロサの祖父は軍人で、騎兵隊のトランペット吹きだった。彼は除隊したのち音楽家となり音楽と読み書きを教えた、とバレンシアやアンダルシアでのフェノロサの父親につながる父方、母方の生業がつづられている。

イソベルの回想から、フェノロサの祖父が、スペイン国内のカタルニア語を話すバレンシアからカスティリャ語を話すアンダルシアへと移り住んだ人であったことを知る。つまり、祖父にしてすでにファミリーネームが成立した土地を離れた人であった。そして、フェノロサの父マニュエルは、その土地からさらに遠くを目指したのである。十六歳のマニュエルは一八三八年秋、地中海に面するアンダルシアのマラガからアメリカへと旅立ち、フェンネルの育つ場所からさらに遠くへと離れた。

スペイン系であることを、フェノロサはどう思っていたのだろうか。『*Epochs of Chinese and*

Japanese Art』序文、「アーネスト幼時の記録」の中に、フェノロサの父親の長い洗礼名、マニュエル・フランシスコ・シリアコ・フェノロサ・デル・ピノ・デル・ヒル・デル・アルヴァレスについての説明がある。そして、そこには名前にまつわる栄誉も書かれていた。

父の推測によると、アルヴァレスは、スペインの歴史で有名なアルヴァラドの姓の転化したもので、メキシコを征服したコルテスの下、中尉で、トラスカラ族の王女と結婚したアルヴァラドの直系であるといえなくもない。

（『*Epochs of Chinese and Japanese Art vol.1*』xii頁）

ここでスペイン人の現在の名前について補足しておくと、一般的にスペイン人の名前は「個人名・父親の第一姓・母親の第一姓」と続く。しかし、フェノロサの父と同郷であるパブロ・ピカソの長い洗礼名で顕著なように、マラガには長い名前があるという。マニュエルの名前は「個人名・父親の第一姓・父親の第二姓・母親の第一姓・母親の第二姓」で構成されているように見受けられる。これを指標にマニュエルの洗礼名を読み解くと、フランシスコとシリアコはスペインの慣習によって加えられた二人の守護聖人であり、ヒルは母親の第一姓、また、ピノとアルヴァレスは両親それぞれの第二姓である。つまりマニュエルの名前には二世代前の祖父母たちの第一姓がすべて含まれている。いずれにせよ、スペイン人の名前は、家系を大切にしていることがうかがえるものである。

父の推測だと断りながらも、「アーネスト幼時の記録」では、その長い名前の中に入っている「アルヴァレス」という祖母の第二姓の由緒を述べ、おそらく、その姓は名誉あるアルヴァラドの直系であろうとフェノロサはいう。移民してきた人々の中には、このように、英雄の末裔というストーリーをもつ家族は少なくない。移民先で自らの家族、子孫にプライドをもたせるために語られるストーリーが、いくばくかあるのだろう。フェノロサの父の名前に含まれる由緒ある「アルヴァレス」という名前についても、その可能性は否定できない。イソベルの回想で語られる彼らの祖父母たちの生活と、トラスカラ族の王女の直系は結びつけがたいのである。しかし、トラスカラ族の王女につながる者であったにせよ、なかったにせよ、長大な父の名前を記憶に留め、尋ねられるままに滔々と述べるフェノロサは、スペイン系であることをどこか誇りに思っていたとも考えられる。

父マニュエルにとっては、この誇りは無理に自らを鼓舞するための毒薬であったのかもしれない。

一八七八年一月、父が行方不明になったことにより、フェノロサの激動の一年はあける。夏には憧れのリジーと結婚し、人生の大転換となる御雇い外国人になり日本を訪れる年である。

行方不明から三ヶ月後、マニュエルはセーラムの海で発見される。

フェンネルはアメリカで根付けなかったのかもしれない。ボイルストン弁論大会で一等賞となり、全米の大学卒業者の一〇パーセントしか会員になれないファイ・ベータ・カッパ・ソサエティの入会資格を与えられハーバード大学を卒業し、なおかつ卒業式に先立つクラスディでは、思想家エマソンが行ったと同じく詩の朗読をするほどに秀でていたフェノロサにしても、また、その父マニュエルにしても、スペイン移民という言葉が重い存在感をもっていた時代だった。フェノロサはアメリカで思うような就職ができなかったものの、日本に活路を見出すことができた。しかし、父マニュエルは「模範的市民の『謎の失踪』」(14)と地元新聞に報じられる人生の終え方をした。

フェノロサが移民二世であるから、アメリカで生き辛かった、という定説がある。十九世紀、アメリカの移民問題は複雑だ。アフリカン・アメリカンは言うに及ばず、飢饉によって流入してきたアイルランド人も、また中国人も区別の対象となった。しかし、植民地時代からアメリカ大陸に入っていたスペイン、オランダ、フランスなどの人々に対して、とり立てて人種としての区別は、表層ではなかったようである。ただ、スペイン人はアイルランド人同様にカソリックであったことへの懸念は拭えないが。

もし、ことさらにスペイン人が区別されていたとしたら、どうしてなのだろう。アメリカ人たちは、コロンブスによってアメリカが発見されて以来、積み重ねられてきたスペインの蛮行の数々に異議を感じていたのではないだろうか。

一四九四年にローマ教皇アレクサンデル六世の仲裁によって、スペインとポルトガルの間でトルデシリャス条約が結ばれ(15)、スペインは新大陸における征服の優先権を認められた。そして同条約で、新たに征服される土地と住民はスペイン国王に属すこととなった。このことにより、アメリカ大陸制圧を担ったスペインのコンキスタドール（征服者）たちによって、領土のみならず、カソリック布教と、地域に蓄積された富を手にすることを基本方針として殺戮《さつりく》が行われていった。アステカ文明、マヤ文明、インカ文明などを破壊して、南米のみならずサント・ドミンゴ、キューバ、ジャマイカ、プエルトリコなどカリブ海の島々にもそれは及んだ。時代が下って、両国間における新たなわだかまりを探すと、一八一九年、フロリダとルイジアナを米国に与え、スペインにルイジアナの西のテキサスからカリフォルニアまでを与える、というアダムズ＝オニス条約が成立する以前の、境界論争などもあった。これらのことはスペイン人が区別される理由の可能性として考えられるものの、定かではない。

いずれにせよ、差別や区別は謂われなきものがほとんどである。もしこのようにある時期の、国や集団の突出したイメージが個人のイメージに重ねられ、フェノロサたちが区別されていたとすれば、気の毒としか言いようはない。模範的市民は「謎の失踪」をし、極めて優秀な前途洋々の若者には職が見つからなかったのである。

地中海沿岸が原産地とされる多年草フェンネルは、この時期のニューイングランドに根づけなかったらしい。フェンネルの育て方には「日当りが良く、水はけの良い肥えた土地を好む」とある。ニューイングランドの日照時間はそんなに長くなく、年間の最低、最高気温はマイナス十四度から二十九度である。そこは、好んで「フェンネルが育つ場所」ではなかった。

第二節　受け入れられたフェノロサ

日本へ

イギリス人の駐日外交官、アーネスト・サトウ（一八四三～一九二九）が『一外交官の見た明治維新』のなかで、イギリスの某外交官が当時の横浜在住の外国人社会を「ヨーロッパの掃溜め」と酷評していたことを伝える。(16) 対象を御雇い外国人に限れば少しはましな評価を得られるだろうが、「掃溜め」に至らずとも、それぞれ事情はあったようだ。彼らが日本へ来る背景を探ると、なんらかの挫折がうかがえる人も少なくない。その例として、学説上、また信仰上の対立から学界で疎外され、政治的にも圧迫を受けていたとされるドイツ人法学者で、大日本帝国憲法草案に深く関わったヘルマン・ロエスエル（一八三四～一八九四）や、スイス工学学校で失職し、そののち事業経営にも失敗して極東に渡来したドイツ出身の窯業指導者であり、また、東京大学でのドイツ語教師にもなったゴットフリード・ワグネル（一八三一～一八九二）をあげることができる。

フェノロサも挫折と無縁ではなかった。そんなフェノロサに、日本で教師になるという夢のような話がもたらされた。

政府が御雇い外国人を依頼する方法としては、様々な窓口があった。具体的には、

列国の駐日現地当局に周旋を求めたり、外国駐在の日本政府代表から駐在国政府に交渉する（中略）さらに、外国系銀行・商社、たとえばオリエンタル銀行（The Oriental Bank）に人選を依頼する場合（中略）既任の外国人が引率または増員、あるいは後任をきめたり推薦したりする人脈（以下略）

（『資料お雇い外国人』一九頁）

などである。フェノロサが明治政府へ奉職するに至った窓口は、最後の「既任の外国人」に推薦される、というものであった。

ドミノ倒しのような偶然が重なって、フェノロサは御雇い外国人教師として日本へ来た。けっしてフェノロサ自らが働きかけて、日本へ来たわけではない。フェノロサ来日をゴールとするドミノ倒しのはじめに位置していたのは、エドワード・シルベスター・モースであった。

モースは動物学者で、腕足類のシャミセンガイを採集するために、明治十年（一八七七）六月に来日した。シャミセンガイは、当時、日本に比較的多く棲息し生きている化石ともいわれる動物で、モースはそれを採集して進化論を確かめようとしていた。偶然は、来日三日目に起こる。彼は大森貝

塚を発見し、東京大学に請われ御雇い外国人を二年間務めることになったのである。彼は日本で初めて、本格的にダーウィンの進化論を講じたことでも知られている。(17)

明治十年十一月、モースは、アメリカへ一時帰国する。その際に、東京大学の物理学教授と政治学教授を探すように頼まれる。自らが動物学者であるモースには科学者の知り合いはいても、政治学者に縁はなかった。そんなとき、モースはハーバードの友人から、彼と同じセーラム出身のフェノロサという青年が、哲学において素晴らしい成績を修めていると教えられる。そこで、モースはフェノロサと会い、その後、ハーバード大学学長であったチャールズ・ウィリアム・エリオット（一八三四～一九二六）と美術史教授チャールズ・エリオット・ノートン（一八二七～一九〇八）の推薦という後ろ盾を得て、東京大学にフェノロサを紹介した。(18)

フェノロサと、その紹介者であるモースには、アカデミズムにおける考え方に相似するものがあった。これがモースによるフェノロサ推薦につながったとは思えないが、二人の間に思想的な違和感はなかったはずだ。モースは動物学者の立場から進化論を実証しようとして、またフェノロサは社会科学の立場から社会進化論を考えていた。

モースが進化論を受容するのに要した時間を考えると、十九世紀中頃、キリスト教を支えとする国々で、いかに進化論が受け入れがたかったかがわかる。彼はダーウィンの『種の起原』が出版された一八五九年に、新ハーバード博物館でルイス・アガシー教授の学生助手になって以来、牧師を父にもつアガシー教授への遠慮もあったのだろう、進化論への傾倒を明らかにせず、十四年後にやっと「自分はダーウィンの理論の信奉者だと最終的に公表」したのであった。[19] それに比べ、フェノロサの思考対象は生物の進化ではなく社会の進化であり、彼の宗教環境が厳格でなかったこともあいまって、その受容に葛藤は見受けられなかった。

進化論のような新しい理論が、当時の、文化程度の低い日本で受け入れられたのは、もちろんキリスト教国でないという要因もあったが、先進の学問を移植するために請われてやって来た御雇い外国人を頼りに、欧米に追いつけ追い越せと学ぶことに懸命であった明治のエリート、そして、それに続こうとする市井の人々の向上心によると考えられる。

江木学校講談会での講演

市民を啓蒙するための江木学校講談会で、モースによる、キリスト教と相容れない進化論の講演が評判となっていた。それに続く宗教を題材としたフェノロサの社会進化論「宗教の原因及び沿革論」も反キリスト教の立場を表明しており、聴衆に好評であった。

江木学校講談会とは、長崎でフルベッキの下に学び、明治三年（一八七〇）華頂宮博経親王《かちょうのみやひろつねしんのう》（一八五一～一八七六）の随員の一人となりニューヨークへ留学した江木高遠が、明治十一年（一八七八）

九月に発足させたものである。江木の留学したアメリカでは、このようなレクチャーが盛んに行われていた。シカゴを例にとれば、人々はイブニング・レクチャーを余暇の楽しみとして、またイベントとして参加していた。[20]このようなものを、つぶさに見て来た江木は、日本でも人々を啓蒙すべく質の高い講演会を企図した。

講談会の常任講師は、東京大学教授の外山正一《とやままさかず》（一八四八〜一九〇〇）、慶応義塾の創設者である福沢諭吉（一八三五〜一九〇一）、明六社《めいろくしゃ》の西周《にしあまね》（一八二九〜一八九七）、日本立憲政党新聞の河津祐之、御雇い外国人のモースなど錚々《そうそう》たる顔ぶれである。治外法権の撤廃と関税自主権の回復という悲願の条約改正にこぎつけるため、日本は欧米並の文化をもつ国になる必要があった。人々への啓蒙は、その方策である。また、常任講師以外では、仏教界から浄土真宗本願寺派の僧で岩倉使節団の一員となった島地黙雷《しまじもくらい》（一八三八〜一九一一）や鴻盟社《こうめいしゃ》の大内青巒《おおうちせいらん》（一八四五〜一九一八）、東京大学からは物理教師のトマス・メンデンホール（一八四一〜一九二四）、加藤弘之（一八三六〜一九一六）、アーネスト・フェノロサ、そして政界からは金子堅太郎《かねこけんたろう》（一八五三〜一九四二）なども江木学校講談会に登壇し、講演会を充実したものとした。

さらには、限定された聴衆へ向けての講演会だけでなく、広く人々の目に触れる活字媒体である十五頁ほどの週刊冊子『芸術叢誌』を、江木は自らの生意気社より発行している。『芸術叢誌』第二〇号から第四〇号には、モースの「進化論」とフェノロサの「宗教の原因及び沿革論」（傍聴記聞）

が続けて連載されている。(21) 江木学校講談会は、モースとフェノロサという二人の外国人講師に期待をよせ、また進化論を受け入れていた。

モースの日本滞在記『日本その日その日』の記述によると、フェノロサの江木学校講談会における「宗教の原因及び沿革論」は、一八七八年十一月十日、十七日と十二月一日の三回に分けて講演されている。

浅草井生村楼《あさくさいぶむらろう》で、新聞広告によって集まった聴衆を前になされた、来日三ヶ月目のフェノロサの講演をのぞいてみよう。

そこでは、はじめにモースの講演を受け、進化論について述べている。

宗教家は云わん。(中略) みな不可思議なる神力に依て現形のまま特別に創造されたりと。又学術家は之に反し万物は皆簡単なる祖先より漸々変遷進歩して方今の現形に移りしなりと答えん。
(「宗教の原因及び沿革論」『フェノロサ社会論集』七三頁)

フェノロサは、もちろん進化論に加担する。そして進化論に対するキリスト教の反論を「作為せる愚説」と言ってはばからない。

次いで、学者らしく先行研究の諸家をあげ「此等の論説は(中略)諸大家が説き来りたる者にして敢て予が一家の私言に非るなり」と、自らの依って立つ論のありかを明らかにする。

フェノロサが先行研究としてあげるのは、『原始文化』を著し文化人類学の父とされるイギリスのエドワード・バーネット・タイラー（一八九二～一九一七）、石器時代を二つに分け旧石器時代と新石器時代という用語を提示したイギリス人、ジョン・ラボック（一八三四～一九一三）、またイロコイ族の研究をして、その主著『古代社会』で社会は未開、野蛮、文明へと発達するとしたアメリカの人類学者ルイス・ヘンリー・モルガン（一八一八～一八八〇）や、進化論哲学を宗教と結びつけたアメリカの哲学者であり歴史家であるジョン・フィスク（一八四二～一九〇一）、そして、あらゆる事象を単純なものから複雑なものへの進化、発展として捉え、生物、心理、社会、道徳の諸現実を統一的に解明しようとしたイギリスのハーバート・スペンサー（一八二〇～一九〇三）などであった。

これらの先行研究と具体例をあげつつ、フェノロサの講演は進んでゆく。最後に神とエブラハムの条約の話に及び、ハーバードの神学校でヘブライ語を学んだことのあるフェノロサらしく、ヘブライ語では「神」と「魂魄」がシノニムで「エロヒム」という言葉であることを示し、「然れば則ち耶蘇教といえども其神の思想は全く死者の魂魄を信ずるより変遷進化して成れる者たること明なり」と結ぶ。

この「宗教の原因及び沿革論」は、仏教者の間に意義を見いだされ、時を経て明治二十二年（一八八九）、その前半部分が宗教雑誌『日本之教学』に取り上げられた。[22] 仏教者の拾い上げたかった言葉は、冒頭の進化論に基づくキリスト教批判であったはずだ。キリスト教を禁じていることが、条約改正の障壁になるという情報が岩倉使節団から入り、(23)明治六年（一八七三）キリスト教は禁制ではなくなり、その布教がすでに始まっていた。日本仏教は、外国人青年フェノロサが繰り出すキリスト教批判を、キリスト教国の内からの忌憚《きたん》ない批判として歓迎した。

明治維新と日本仏教

フェノロサと仏教との接点は多く、そして深い。主だったものとして、明治十七年（一八八四）十一月、英国留学経験がある西本願寺の赤松連城との対談、また明治十八年（一八八五）五月の、フェノロサが主体的に関わった古美術の鑑定や新しい日本画のための展覧会を催す鑑画会での「仏教および仏教美術論」講演、また、同年九月、桜井敬徳阿闍梨からの受戒があげられる。

フェノロサが仏教に帰依した動機について、東京大学での教え子である哲学者、井上哲次郎が『懐旧録』の中で、

氏はどうしても仏教が東洋美術に多大に関係あることを知つて仏教に深大なる興味を抱き、遂に基督教を棄て仏教に帰依してしまったのである。

（『懐旧録』二〇九頁）

という見解を示している。井上哲次郎によればフェノロサは美術ありきで、仏教に足を踏み入れたと。だが、今のところフェノロサ帰依の動機は、明らかになっていない。動機はどうであれ、彼の安息の地として選ばれたのは、仏教の寺、法明院であった。これを見るだけでも、フェノロサと仏教の縁はひとかたならぬものであることがわかる。

にもかかわらず、フェノロサは寺宝であった多くの仏教美術を海外へ流出させている。

仏画、仏像といえば信仰の対象として大切にされ、寺の、本堂奥の暗がりにありがたく鎮座しているものである。ところが、それらは明治維新を境に、神仏判然令に誘発された廃仏毀釈《きしゃく》の横行により、由緒ある仏画や仏像でさえも顧みられなくなってしまった。そして、繰り返し言われてきたのは、廃仏毀釈に乗じた外国人が日本の仏教美術を買い漁ったということである。

たしかに、一部の仏教美術は、廃仏毀釈を理由として日本人に棄てられ、外国人のコレクションとなり海外へ流出している。これは、日本人の価値観が当時の政府により変えられ、仏教美術は仏教とともに価値のないものとみなされた結果である。とすれば、要らないものを処分した日本人を咎めるわけにはゆかない。また、処分されたものを購入し、大切に保存した外国人を非難するわけにもゆかない。当時、仏教は神道に追われ葬式の導師になることも覚束なく、その立場は不安定で経済的にも疲弊していた。

明治維新で日本の宗教界に何が起こり、仏教はどのような窮地に追い込まれていたのか。この頃の日本仏教のことを知るためには、仏教にとって大激動の時期であった幕末から明治初年に立ち返ってみる必要がある。

孝明天皇の崩御のあと、三回忌の法要は明治元年（一八六八）十二月二十五日、「追孝の叡旨」により紫宸殿《ししんでん》の神祭として執り行われた。[24] このとき、皇室の典礼から仏教の要素は払拭されていた。仏教は、明治天皇の先代である孝明天皇の三回忌という人々の耳目に触れる儀式の主導権を、神道に明け渡したのである。

さらには、明治二年（一八六九）五月、神祇官上申により、神祇官に諸神祭儀式をつかさどる祭儀司と、帝陵及び諸霊魂の祭祀をつかさどる陵祀司を置くことが建議され、天皇及び万民の御霊を祀るということが神道の属性となった。[25] 神道が庶民の葬儀も取り仕切るようになったのである。それを裏付けるように、明治十四年（一八八一）、内務省達戊第三号で、「教院教会所説教所等に於いて葬祭を執行し衆庶に参拝せしむる等の儀不都合の旨」が達せられ、明治十五年（一八八二）一月二十三日には、主神を鎮祭している教徒の葬儀を執行するための祠が必要な向きは願い出るように、との達しがでている。[26] このことにより、神道の属性が書き換えられてから十二年、庶民の間で、この頃でも神道による葬儀が続いていたことが察せられる。しかし、だからといって全ての地域が神道による葬儀を行っていたということではない。神道を採用する地域もあれば、そうでない所もあったという。天皇家では、孝明天皇の三回忌以降神道が御喪儀をつかさどり、これは現在も続いている。

いずれにせよ、葬儀の方法が変わるということは、それにひき続く死後のイメージさえも変わることになる。仏教の教義の下、輪廻や来世を思い描いてきた人々が、集合体としての御霊をその死後にあるものとして思い描くことになったのである。明治の仏教界にとって、葬式が神道にとって代わられるということは大打撃であり、仏教の教義さえも脅かされる出来事だった。

そもそも明治政府の真意は、廃仏毀釈をしようというものではなかった。慶応四年（一八六八）三月二十八日、維新政府の出した神仏判然令は廃仏毀釈に言及していなかったのである。[27] 神仏習合をやめ、神道と仏教を分離しようとしただけのものであった。それを示すように、すでに明治元年四月十日には、神社に仕える社人に対して、仏教寺院への粗暴を戒める布告が出ている。[28]

にもかかわらず、廃仏毀釈は多くの寺で行われた。[29] その理由は、坊主憎けりゃ袈裟まで憎いというようなものであった。仏教の僧侶は、江戸時代を通じて、宗教統制のための寺請制度や、現在の戸籍の原簿や諸税課税台帳のような宗門人別改帳の管理などを、幕府の窓口のようにして行っていた。僧侶たちは、ある種の特権階級を構成していた。これに対して一般の人々からの反感があり、それが原動力となって廃仏毀釈は蔓延したとも考えられる。話は脇にそれるが、明治政府は明治四年（一八七一）、寺請制度を引き継ぐものとして、神社の氏子となることを義務づける「大小神社氏子取調規則」などを出したが、これも二年後の明治六年（一八七三）、早々と中止している。[30] 迷走している明治政府である。

廃仏毀釈は仏教寺院や仏像、経巻を破棄して、仏教を顧みなくなることである。この風潮を受け、廃寺となった寺院は少なくない。

この廃仏毀釈という言葉で、多くの人が思い浮かべるのは、破壊され朽ちた仏像が埃《ほこり》をかぶり、何体も重ね立てかけられている写真である。それはフェノロサの『*Epochs of Chinese and Japanese Art*』また、その邦訳である『東亜美術史綱』の中に掲載される一八八二年の興福寺の様子を写した一枚（図11）であった。

この写真は後世において、廃仏毀釈を代表する写真として使われ続け、そのイメージとして人々の記憶に定着している。平成二十年（二〇〇八）五月十四日放送のNHK総合『その時歴史が動いた 日本人の心を守れ―岡倉天心・廃仏毀釈からの復興』にも、この写真はある。

ところが、興福寺の写真によってフェノロサは、廃仏毀釈に言い及んでいたのではなかった。

寺が没落したり焼き討ちされたりしたとき、救い出された仏像や、また、その一部は近くの寺へと移動させられた。（中略）このような仏像の集められた様を知るには、私が一八八二年に撮った興福寺の中金堂須弥壇の裏や東金堂に積み上げられた雑芥の山の写真を見ていただきたい。そこには仏像を構成する骨組みに混じって、極めて美しい輪郭をもつ、ブッダのトルソ（胴部）や騎士の甲冑がある。現在の私たちに残されたものは、過去に存在したもののうち、ほんの少しなのかもしれない。

（『*Epochs of Chinese and Japanese Art Vol.1*』一〇六頁）

彼は天平時代以降、理由いかんにかかわらず失われてしまった仏像の多さを人々に知らせようとしていた。フェノロサの意図がそうだったとしても、この写真は半ば一人歩きして廃仏毀釈のイメージとなった。もちろん、撮影の時期からすれば、廃仏毀釈の残骸も置き重ねられていた可能性はあるが。

一般の認識として、廃仏毀釈は明治元年（一八六八）に始まり、明治四年（一八七一）頃まで続き、廃藩置県（同年七月十四日）の頃には収束したとされる。

（図11）興福寺 朽ちた仏像たち
（京都大学吉田南総合図書館所蔵『Epochs of Chinese and Japanese Art』1912年出版より）

期間が短かったとしても、廃仏毀釈によって寺が余儀なく廃寺になり、信仰の対象であり、また美術品でもある仏像や教典が無価値のものとして捨てられていったのは事実である。これは現在の価値観からすると、いかにももったいない。信仰とともに時を経て大切にされてきたものが、見捨てられ破棄されたのである。そしてそれらは、美術コレクターのコレクションを増やすこととなった。

このようなことが起こってしまった責任のありかを考えてみると、宗教に対する政策を恣意的に変えた明治政府にゆき着く。いくら急ごしらえの政府だったとしても、同じ文化を基とする人々が為政者となったのである、このような混乱を起こす政策をとるべきではなかっただろう。国家神道として神道を皇室と結びつけ、それを国体の拠り所として国民を教化する方向であったとはいえ、軽々にすべきことではなかったはずだ。森有礼《もりありのり》（一八四七～一八八九）は、明治五年（一八七二）、三条実美《さんじょうさねとみ》（一八三七～一八九一）に宛てた英文小冊子[31]『日本に於ける宗教の自由』の中で、「今、我が国で蔓延っている、国の権力によって、新しい宗教、または戒律を作るという概念は、道理の光のもとでは、おかしな様子をみせている。宗教は売り物でもなく、人々に押し付けるものでもないはずだ」[32]、と当時の宗教政策を案じている。

日本仏教は、明治新政府による「祭政一致の布告」を境に、江戸時代のように為政者が後ろ盾という絶対的優位を失った。そして明治六年（一八七三）のキリスト教解禁をうけ、西洋文明を引き連れたキリスト教と、国家神道との両雄に脅かされる存在となっていた。日本仏教にとって、「宗教の原因及び沿革論」によりキリスト教批判を行ったフェノロサの存在は、やはり心強いものだった。

第三節　日本仏教と出会うまで

一度で人を裁いてしまうキリスト教

キリスト教において、この世は一度きりしか生きることがない。死後、直ちに受ける私審判の後、天国、煉獄、地獄へと振り分けられ最後の審判を待つことになる。これに対して仏教では輪廻という概念のもと、人は生きていたときの功徳により様々なものに生まれ変わり、その都度裁かれる。そして、輪廻を繰り返さなくてもよい解脱に到達できるまで転生してゆく。つまり何度でも、解脱できるまで、仏教では六道を巡り生き直す機会が与えられている。機会が与えられるという点では、仏教の方がキリスト教よりも、優しさのある宗教である。

明治十一年（一八七八）、前出の「宗教の原因及び沿革論」の講演で、フェノロサは進化論とキリスト教の齟齬を取り上げ、またヘブライ語では同義語となる「神」と「死者の魂魄」について述べ、キリスト教を評した。

少なくともハーバードのディヴィニティ・スクールに籍を置いたことのあるフェノロサである。宗教に対して無知であるわけはなく、なにかを盲信していたわけでもない。キリスト教に対して公平であってしかるべきなのに、この講演の論調には、どこか違ったものがあった。ハーバード大学学部在学中にフェノロサの書いた「汎神論」では、キリスト教と相容れない要素はあっても、否定するようなことはなかった。それが、数年後の「宗教の原因及び沿革論」になると、俄然、矛先はキリスト教へ向く。進化論に影響されている、というだけでは考えにくい変化である。

この年のフェノロサに影を落としていたものに、父親、マニュエルの死があった。彼には借金もなく持病を苦にしたこともなく、異性関係もなかった。あえて、マニュエルの心配事を探すならば、長男アーネスト（フェノロサ）が数年前に病気をしたことぐらいであろう。彼の失踪前の状況は、妻宛に、仕事（ピアノの調律師）に関するメモを残すなど自死を推し測らせるものであった。

キリスト教において自死は大きな罪となる。「殺してはならない」という「出エジプト記」二十章の言葉を破ることになる。フェノロサの父、マニュエルは、この罪を犯した。現代ではない一世紀以上前のことである。敬虔なキリスト教信者から、どのような言葉が発せられ視線が注がれたか、想像にかたくない。

衝撃的であったはずの父の死について、フェノロサが書き残したものは見当たらない。この頃の彼の行動日程を見ると、行方不明の父親が発見されたのが四月、六月にはリジーと結婚、七月には日本へ出発、という忙しさであった。これを見るかぎり、父親の死について考える暇がなく書き記さなかったか、または、考える暇を持ちたくなかったかのようにも見受けられる。いずれにせよ、この短い期間に、フェノロサの中でキリスト教に対する考えの、何かが変わってしまったのかを知る手がかりはない。

セーラムにハーモニー・グローブという墓地がある。ここにフェノロサの父、マニュエルは眠っている。いや、フェノロサの父親だけではない。彼に関わったほとんどの人が、この墓地に葬られている。フェノロサの母、メアリー、一人目の妻、リジー、そして七歳をまたずに心臓炎で夭逝した長男のアーネスト・カノー・フェノロサ（一八八〇～一八八七）[33]、さらにはモースの墓も、ここにある。フェノロサの父の墓を訪ねた久我なつみ氏は『フェノロサと魔女の町』の中で、その様子を次のように伝える。

アマランス小径と名づけられた一角に、シルスビー家の名前を読みとることができた。二十あまり行儀よくならんだ石板の列のはずれに、フェノロサの両親マニュエルとメアリの墓石が、仲良く隣りあっていた。

（『フェノロサと魔女の町』二〇八頁）

マニュエルの墓は、セーラムの名家シルスビー家の娘で、フェノロサの母であるメアリーの墓に隣接してあったという。自死であったにもかかわらず、フェノロサの父マニュエルが関わりのある人々と同じ場所に葬られていることに安堵をおぼえる。ハーモニー・グローブは、当時、礼拝堂さえもない墓地であったことが幸いしたのだろう。[34]

教会の墓地は、長く自死の人を受け入れなかった。同じ頃、自死を選んだヘンリー・アダムズの妻マリアンの墓は、米国二〇ドル金貨（後にイーグル金貨の基となる）をデザインした彫刻家セントゴーデンス（一八四八〜一九〇七）の手になる像として、ワシントンのロック・クリーク公営墓地に建つ。大統領を輩出した家系の妻の墓にしても、教会墓地ではない場所に、美しい彫刻のアダムズ・メモリアルとして残るのみである。

現在のキリスト教会は、一九八三年の『新教会法典』に基づき、自死の人に対する教会での埋葬権剥奪を撤廃している。[35] しかし、それ以前には、自死の人が教会に受け入れられることはなかったはずで、それらの人々は大罪を犯したと見なされていた。

その頃のフェノロサ家に降りかかってきた、父の死による具体的な不都合については史料がない。史料がない以上、彼がキリスト教に対して批判的になった理由を、それに帰結させることはできない。

教会との行き違いが、残された家族に波紋を広げ、わだかまりを残す出来事が、マニュエルの死の二十八年前にモースの家族で起こっていた。モースも、進化論を拠り所としてキリスト教の齟齬に目を向けていた人物である。モースのキリスト教へのわだかまりは、一八五〇年、十九歳で腸チフスのために亡くなった兄、チャールズの葬儀で、牧師の言葉に苦悩の思いを抱いたことに端を発する。牧師の言葉は、「兄は洗礼を受けていなかったので、死後あの世で地獄の業火に苦しめられる運命だ」というものであった。(36) この宗教経験は、モースの家族それぞれに大きな影響を残す。彼の父親ディーコンは非常に信心深くなり「バプティスト教会で助けを見出すべきだ」と思うようになり、それに反して母親ジェーンは「もう決して、教会には足を踏み入れない」と言ったという。モースは母親に近い思いであった。

フェノロサ家にも、何かこれに類似することが、父親の自死のあとに起こったのだろう。それで、キリスト教に相容れないものを感じ、その後、日本の宗教環境に接し、仏教への興味が増していったのではないだろうか。

はじめての仏教人、赤松連城

物事にははじめがある。フェノロサと日本仏教の初期の関わりとして文献に残っているのは、「教学対話」と題されるフェノロサと西本願寺の赤松連城との対談である。

赤松連城《あかまつれんじょう》（一八四一～一九一九）は、金沢に生まれた後、山口県周南市徳応寺の養子となり、明治五年（一八七二）に、西本願寺二十一世法主光尊の命により渡欧。イギリスに留まり、立憲政治機構、代議制度等を研究して帰国、島地黙雷らとともに宗門改革に立ち上がった人物である。

明治十七年（一八八四）十一月の、フェノロサと赤松連城の「教学対話」は同年十二月二十五日発行の『万報一覧』という旬刊誌に掲載される。この雑誌は『あけぼの』『江湖新聞』『明教新誌』などを発刊する、仏教者には珍しく社会的言論活動を行った大内青巒の鴻盟社が刊行したものである。

一八〇〇文字足らずの対談記事は、(37)ヘーゲルの正反合の弁証法を仏教の有空中《うくうちゅう》に呼応させたり、本地垂迹説《すいじゃく》とアリストテレスの哲学が対比されたりと高尚なものであった。当時の、ヘーゲルも知らず、アリストテレスさえも知らない一般の日本人にとっては、ほとんど理解できない内容であった。

ならば、一体誰に向けた啓蒙の記事だったのだろう。すくなくとも、ある程度の教育を受けた人々を対象にしたと考えるのが妥当だ。政府による神仏判然令、また、廃仏毀釈などで、市井の人々の威信を失う境遇にあった仏教は、お経と抹香だけが仏教の属性ではなく、先進の学問と重なり合うことを、まずは明治のインテリたちに知らせたかったはずだ。社会の指導者となるべきインテリに、仏教の先進性を理解してもらえたら、そして、仏教は文明開化に取り残されてはいないという認識を持って一般の人々を教導してもらえたら、と考えたはずだ。このことを表すように、文明国アメリカからやって来て東京大学で教鞭を執るフェノロサが、対談中に発する言葉は、一貫して仏教の先進性を裏付ける。例えばフェノロサが、ヘーゲルの弁証法として「三箇相依りて成るの理」また「第三位に前の二者を兼ねるものありて」という言葉を語れば、連城は「仏教の中にては有空中の三諦と云うことを説けり」、そして「智慧と慈悲を兼有するが弥陀なり」という言葉を発し、弁証法と仏教、二つの考えの近似性が示されている。そして、その後、フェノロサは「仏教にては既に左様なる高尚の説ありしや」と感心するのであった。

このようなフェノロサの賞賛に対し、連城の返した言葉は「希はくは氏日本在留中に仏教の真理を充分に調べられ、以て彼の造化教又は哲学等に優劣如何の裁判を下されたし」というものであった。連城は、フェノロサに仏教の真理を研究することを勧め、その後、キリスト教や哲学と比較して優劣の判断を下してくれと言う。連城は仏教の優越を信じ、余裕の言葉を発している。

赤松連城との対談は、あらかじめ雑誌掲載予定の対談ではなかった。十一月三十日、駿河台にあるビゲロー宅に連城が居合わせたときに、偶然フェノロサがやって来て、そこで、三人はフェノロサの自宅がある加賀屋敷一番館へ場所を移し、夕飯をともにして対談が始まったのであった(38)。

フェノロサの人生には、偶然が多い。偶然が積み重なって、思いもよらぬ良い方向へ動いていくのである。この「教学対話」を『万報一覧』に掲載した大内青巒によって、以後、同じく鴻盟社が発刊する『大日本美術新報』にフェノロサ講演の多くが掲載され、日本における美術評論家フェノロサを印象づけることになる。

「物事のはじめ」の問題に戻ろう。対談記事によれば、ビゲロー宅でのフェノロサ登場の仕方は、ビゲローと話す連城の声を聞きつけ、「其声は赤松ならずや」と言いながらであった。つまり、フェノロサは以前に連城に会い、声を知っていたことになる。フェノロサは赤松連城と、すでにどこかで出会い言葉を交わしていた。

とすれば、フェノロサと日本仏教の関わりの最初はこの対談ではなく、それ以前の、英語を理解する仏教人、赤松連城との出会いということになる。それが、いつ、どこであるかを特定することは難しいが、対談記事中に「西京にて面話以来の近事を話し」とあり、可能性として西本願寺をフェノロサが訪ねたときが考えられる。フェノロサは、関西古社寺調査で明治十三年、十四年、十五年に、また十七年には文部省の調査団顧問としてビゲローも同伴で関西を訪れている。ビゲローもフェノロサと同じく赤松連城の知己となっているので、そして政府の庇護の下であれば、連城のような英語の堪能な僧侶が対応してくれても不思議はないので、明治十七年の可能性が高い。もしそうだとすれば、八月の古社寺調査で西本願寺へ出向いた折に、(39)赤松連城と出会ったフェノロサは、その数ヶ月後、十一月末に東京で再会し親交を深めたことになる。

この対談をきっかけとして、フェノロサは仏教へ傾倒していく。そして連城の「仏教の真理を充分に調べられ」という言葉に従うように、熱心に仏教研究をはじめたのであった。

仏教の優越を唱える外国人

赤松連城との対談の翌年には、フェノロサの仏教研究はかなり進んでいる。明治十八年（一八八五）五月三日、日吉町起文館の第五回鑑画会例会において、フェノロサは「仏教および仏教美術論」という講演をする。(40)この講演の中で注目すべきは、フェノロサの仏教に対する肩入れである。美術関係者に向けての講演であるので、ことさら仏教におもねる必要はないにもかかわらず、仏教界を力づけるような言葉が、そこここに出てくる。

仏教を軸に、この講演を読み解くと、まず「明治の美術が混乱し衰弱を示す如く、明治の宗教心も混乱し衰弱している」として、人々が宗教にあとずさりしているのは、その混乱ゆえに「外来の宗教すなわちキリスト教を盲信することになりはせぬか、さもなければもう一方の道すなわち視野狭く衰退せる形の仏教に盲従するのみではないかと恐れている」からだ、と当時の日本の宗教環境を概観する。そして、対立する二つの宗教よりも高みにある「偉大なる宗教に発展する望み」をもつことは可能だとする。

次に、仏教とキリスト教の比較がなされ、「仏教はその良き特質におきましては、キリスト教の良き特質と比較して遥かに深く哲学的」であるといい、「キリスト教の前提と理論には部分的な誤りがあって適切とは言い難く、従ってキリスト教は知的弱点を持ちながら道徳的に強い宗教であった」とキリスト教を分析している。また宗教のあるべき姿として「道徳的に強く、同時に知的にも強いもの」を提言している。フェノロサは、この理想を仏教に見出し、「新しい宗教の力強い形態として今後発展するものは仏教の理念であると私は信ずる」と明言する。フェノロサの「仏教および仏教美術論」の論旨からすると、「偉大なる宗教」は仏教をベースに発展した宗教ということになる。

「仏教および仏教美術論」は、キリスト教と対峙し苦慮していた日本の仏教界に受け入れられた。翌月の、真宗本願寺派有志僧侶が発行する『令知会雑誌』や曹洞宗出身の大内青巒の発行する『大日本美術新報』に、この講演は「画題に仏教を用ゆるの得失」として大意が紹介されている。これら大意を紹介する記事では、幾ばくか翻訳をした仏教界の身びいきを差し引く必要はあるが、

仏教耶蘇教の二教ある者の如くなれども猶お仔細に二教の将来を思うに耶蘇教も今一層進化せば必らず仏教の如くなる者ならんと思うなり然れば日本将来の宗教は唯一の仏教あるのみ（以下略）
（『大日本美術新報』No.20 明治十八年六月、復刻版『大日本美術新報　第二巻』一三二頁）

という仏教に加勢する言葉を見つけることができる。

教養の高い外国人であるフェノロサの言動は、相当な影響力を持っていた。年齢は若いが、世界で名だたるハーバード大学まで出た偉い先生が、仏教の理念を褒めているのだ。仏教界はさぞかし心

強かったことだろう。この講演の大意が、雑誌に繰り返し取り上げられたのも無理からぬことであった。期せずして、仏教の広告塔の役割を果たしたフェノロサであった。

講演するアウトプットだけではなく、フェノロサはインプットも怠らなかった。仏教知識を貪欲に取り入れようとしていた彼の様子が、一八八五年六月二十七日の日付をもつ、小型ノートに鉛筆書きされた二十一頁におよぶ「仏教研究ノート」にうかがえる。(41) ノートの中のキーワードを拾うと、自性法身／受用法身／変化法身／等流法身／発菩提心／修行／証菩提／入涅槃／方便究竟などがあり、それぞれにつきフェノロサが理解したことを、覚え書きのように書き込んである。このノートは仏教人の誰かから説明を受けて書かれたと考えられている。しかし、誰なのかはわかっていない。「仏教研究ノート」の訳者である村形明子氏は「密教――真言宗――関係者の講説を通訳を介して筆録したものと思われる」と推測されている。

「仏教研究ノート」には空海の『弁顕密《べんけんみつ》二《に》教論《きょうろん》』に似通うキーワードが並んでいることから、可能性のある仏教人として、フェノロサ関係者のうち古義派または新義派真言宗に近い人物を探す。東京大学でフェノロサと同時期に教えていた原担山《はらたんざん》（一八一九～一八九二）は曹洞宗、南條《なんじょう》文雄《ぶんゆう》（一八四九～一九二七）は真宗大谷派、教え子の井上円了と清沢満之《きよざわまんし》も、同じく真宗大谷派であった。また、この年の九月にフェノロサが受戒することになる法明院の桜井敬徳阿闍梨は天台宗であり、加えて阿闍梨は、六月末、まだ上京しておらず、フェノロサとの面識はなかったはずだ。そして浄土真宗本願寺派の赤松連城とも、この時期、接触しているようではない。フェノロサは誰か名前のあがっていない、いずれかの真言各派の僧侶と関わりがあったのだろう。

しっかりした内容の「仏教研究ノート」を書くにあたっては、仏教の基礎知識が必要である。フェノロサは、母国語の英語で書かれた仏教書籍から事前に知識を得ていたと考えられる。

一九二〇年、フェノロサの蔵書はオークションで売り立てられている。落札者の一人であるアーネスト・グッドリッチ・スティルマン博士（一八八三〜一九四〇）が、落札品である書籍や手稿をハーバード大学ホートン・ライブラリーに寄贈している。

これらの書籍の中に、フェノロサが仏教の基礎知識を得た本があるはずだ。

フェノロサの残した仏教書籍

ニューヨークのウォルポール・ギャラリーズにおいて、フェノロサの遺稿・旧蔵書の売り立てが行われた。フェノロサ没後十二年が過ぎた一九二〇年のことである。ここでは三二〇冊以上の旧蔵書が競りにかけられ、フェノロサが一生をかけて、その知識のために、またコレクションとして買い集めた書籍たちは世界中へ散った。

フェノロサは、ほとんど日本語を理解していなかったといわれる。にもかかわらず、様々な日本の文化を日本人以上に理解していた。仏教も、それらの文化の一つである。彼は、赤松連城や桜井敬徳阿闍梨など高名な仏教人に出会い、直接または通訳を介して日本仏教の教えを請うている。しかし、仏教というもののフレームをまず捉えていないと、それから派生した日本仏教は理解し辛かったはずだ。

ハーバード大学フォッグ美術館東洋美術部書庫所蔵の、一九二〇年売り立て当時の『セールスカタログ（ナンバー一三九）』によって、フェノロサ旧蔵書の概要を知ることができる。このように歴史上の人物が所有した蔵書の、概要だけにしても明らかになるのは稀有なことだろう。オークションに付されたからこそである。これらの本が古本屋に処分されていたら、全く記録は残らなかったと考えられる。

『セールスカタログ（ナンバー一三九）』により、落札が確認できた書籍について、その落札価格と落札者が「一九二〇年一月二十七日・二十八日、ニューヨーク市ウォルポール・ギャラリーズにおけるフェノロサ旧蔵書の落札者と落札価格」として『ハーヴァード大学ホートン・ライブラリー蔵アーネスト・F・フェノロサ資料　第I巻』に転記されている。[42] このリストによると、蔵書は三二〇ロット以上競りにかけられ、落札が確認できたのは一六〇ロットであった。

明らかにされた書名のうち、仏教にかかわるものは、

(1)ロット番号　一五　サミュエル・ビール『ダンマパダ―仏教の正典より』ボストン　一八七六年
(2)ロット番号　四五　ジョセフ・エドキンス『中国仏教』ボストン　一八八〇年
(3)ロット番号　八一　V・C・ハート『西域：仏教聖地峨眉山への旅』ボストン　一八八八年
(4)ロット番号　二二八　南條文雄『日本の仏教、十二宗派略解』東京　一八八六年
(5)ロット番号　二五八　アーサー・リリー『キリスト教国の中の仏教』ロンドン　一八八七年
(6)ロット番号　三〇七　アルフレッド・パーシー・シニット『密教』ボストン　一八八七年
(7)ロット番号　三一〇　C・J・ストーン『美術と信仰の揺籃』ロンドン　一八八〇年
(8)ロット番号　三一九　モニエール・ウィリアム『バラモン教とヒンズー教と仏教との繋がりを、キリスト教と比較する』ロンドン　一八八六年
（書名は著者訳）

以上の八冊であった。

一八八五年にフェノロサが「仏教研究ノート」を書くまでに接して、仏教理解の参考にしたと考えられる本は、それ以前に出版されたものであり、この中では『ダンマパダ―仏教の正典より』『中国仏教』『美術と信仰の揺籃』の三冊となる。

どのような本であるか、それらを簡単に見てみると、まず、『ダンマパダ―仏教の正典より』は、法句経といわれる原始仏典の一つで、釈迦の語録の形をとった経典である。ダンマパダは人を正しい道に導くものだとされる。例えば、儚さについて書かれた箇所では「ブッダはことあるごとに言う（中略）いつまでも存在するものはない（中略）人は生まれて死ぬ（中略）陶器のように壊れるようになっている」などを、[43]その内容とする。

ついで、『中国仏教』では、はじめにブッダについて述べ、中国仏教の歴史、仏教のモラル、インドのヴェーダとの関わり、仏教のコスモロジー、祈りの対象などが書かれている。興味深いのは、フェノロサが仏教に帰依する折に桜井敬徳阿闍梨から授かるのと同じ十の戒めが、この本では、仏教のモラルの章に十の悪として書かれていることである。[44]受戒のおりにフェノロサは、『中国仏教』の、この部分を思い起こしただろうか。

三冊目の『美術と信仰の揺籃』という本は、日本の図書館にも、電子書籍にも所蔵がなく内容を知ることができない。『セールスカタログ（ナンバー一三九）』の説明によれば、仏教やアーリアの起源、またブラーマニズムについてなどが書かれているという。インド文明との関わりが深そうな書籍である。

この三冊から、まず『美術と信仰の揺籃』で、仏教の起源をインド文明の中に求め、『ダンマパダ』でブッダの言葉により仏教の基本姿勢を学び、『中国仏教』でインドから中国に伝わり、日本へ来る前の仏教を知ったとすれば、順序よく仏教の知識がフェノロサの中に積み上げられたことになる。ただし、フェノロサがこれらの本をすべて読了していたという前提ではある。

内田樹氏は『街場のメディア論』の中で、二十一世紀の本棚について書いている。それによれば、人は知性的・情緒的に成熟を果たした自分に、いつかはなりたいという欲望があり、いずれ読まねばならぬ本を買い、それを本棚に並べていると。(45) つまり本棚には読み終わった本が並んでいるのではなく、「いつか読まれるべきものとして観念されている」ものが並んでいるという。

フェノロサの蔵書が並んでいた、十九世紀末から二十世紀初頭にかけての本棚にも、「いつか読まれるべきもの」が並んでいたのだろうか。その頃の出版事情は現在のように贅沢ではなかったはずだ。さらにはテレビやインターネットが、情報を垂れ流してもいなかった。当時は、限られた数の新刊書と、過去の知識の蓄積である既刊書籍の並ぶ本屋へ、わざわざ足を運び、求めて情報を手に入れていた時代であった。

貪欲に、蔵書のすべてをフェノロサが読んでいたのか、それはわからない。少なくとも、彼の本棚は、現代人の本棚より読み終わった本が多かったことは確かだろう。

第四節　仏教に帰依する

十善戒をいただく

官僚を辞したのち三井寺光浄院の住職となった町田久成が、桜井敬徳阿闍梨について記した『敬徳大和上略伝』に、「米国人普恵迺労佐美芸郎等亦請師受戒屢来問法義授法号美芸郎曰月心普恵迺労佐曰諦信又為二信士講梵網菩薩戒経」という一文がある。(46) これは「米国人フェノロサとビゲローらもまた桜井敬徳阿闍梨に請うて受戒し、しばしば来て法義を問うた。法号をビゲローには月心、フェノロサには諦信として授けた。また二人のために梵網菩薩戒経を講じた」ことを伝えている。

明治十八年（一八八五）九月二十一日、フェノロサは諦信という法号を、法明院住職桜井敬徳阿闍梨から授けられている。これにより仏教徒になったこと、つまり仏教に帰依したことが察せられる。

しかし、法号をいただくとは、具体的に、なにを意味するのか。法号という言葉を『大辞林』で調べると、「①僧が死者に与える名。法名。戒名。②受戒した僧に師が与える名。法名。戒名。③仏殿・仏寺などの名」とあった。①は、フェノロサ、ビゲローともに生前であるので除外され、また③も建物に対してであるので除外される。とすれば、この場合の法号は受戒した僧に師が与える名ということになる。フェノロサは僧になっていたのだろうか。

三井寺にて、法明院の現ご住職でいらっしゃる滋野敬宣師から、平成二十三年（二〇一一）三月四日、お話をおうかがいする機会に恵まれた。さっそくフェノロサが僧であるかどうかをうかがってみた。

現ご住職による回答は、僧の名が記録される僧籍簿にその名前を見たことはないが、フェノロサは「僧」である、というものだった。そしてその理由として、法号をいただいていること、桜井敬徳阿闍梨が弟子と認めていること、正式の僧になるための十善戒を受けていること、の三点をあげられた。

たしかに、熱意だけは必要とされているが、僧になるための資格というものは当時も今もないようである。寺のご住職に許しを請い師匠となっていただき修行を積めば、僧として独立し、どこかの末寺を任せていただくことも可能なようである。

フェノロサのケースにこのことを当てはめると、まず、正式の僧になるための手続きと考えられる十善戒を受け、法号もいただいている。そして桜井敬徳阿闍梨が師匠となり、阿闍梨はフェノロサを弟子だと認めていたというのだから、あとは法明院で修行を積むだけになっていたはずだ。つまり僧のスタートラインに立っていたことになる。重ねて、フェノロサには仏教を知りたいという熱意があり、「仏教研究ノート」を書くほどに仏教に造詣が深かったのである。

十善戒を受けていることが、僧であるかどうか判断する一つの要であると、「在家は五戒《ごかい》が授けられる。正式の僧は十善戒である。十善戒は僧になるためのものである」と現ご住職はおっしゃる。そばにいた二人の若いお坊さんは、この言葉を聞き流していた。知らないものにとっては大きな手がかりだと思われる事柄も、周知の人々にとっては別段なんでもないことのようだ。

僧と在家信者の区別を知るために十善戒と五戒について調べてみた。十善戒とは不殺生《ふせっしょう》（故意に生き物を殺さない）、不偸盗《ふちゅうとう》（与えられていないものをとらない）、不邪淫《ふじゃいん》（淫らな性的関係を持たない）、不妄語《ふもうご》（嘘をつかない）、不綺語《ふきご》（中身のない言葉を話さない）、不悪口《ふあっく》（乱暴な言葉を使わない）、不両舌《ふりょうぜつ》（他人を仲違いさせるような言葉を言わない）、不慳貪《ふけんどん》（異常な欲を持たない）、不瞋恚《ふしんに》（異常な怒りを持たない）、不邪見《ふじゃけん》（間違った見解を持たない）のことである。(47) また五戒とは不殺生、不偸盗、不邪淫、不妄語、不飲酒《ふおんじゅ》（酒を飲んではいけない）の五つである。

十善戒と五戒を比べてみると、五戒は衆生が理解しやすい比較的具体的な事柄であり、十善戒は言葉や感情、見解の域へまでも戒めが及んでいる。たしかに、十善戒に含まれる欲や怒りまでも抑えなければならないとなると、普通の人には難しいものがある。欲がなければ経済活動はできない。また怒りがなければ不利益に甘んずることにもなる。フェノロサは、これらの戒めを良しとして受戒している。もちろん言葉の壁があったので、どこまでこの十善戒がフェノロサの心に届いたのかわからない。その後の彼の人生を見ると、いくつかは届いていなかったように思える。ことによれば不偸盗、不邪淫、不慳貪あたりは届かなかった戒めかもしれない。とはいえ、フェノロサは僧となるための十善戒を授けられていたのである。

フェノロサが僧であるかどうかを考えている間に、興味深い史料に出会った。明治五年（一八七二）十一月、大阪府知事から出された命令が、大阪府茨木市の光得寺文書に残っていた。[48] 勝手に僧になる貧民の存在を排除するため、正規の僧は届けをすべきことが書かれている。生活のために僧でもないのに髪を剃り、自宅を庵室と呼んで住職になっていた人もいたとある。寺とかかわらないものでも、明治初年には僧を騙《かた》ることもできたようだ。これに比べると、フェノロサは十善戒をいただき正当な手続きをふんでいるので、やはり、僧とみなされる可能性は高い。

法明院現ご住職のお話の中に、フェノロサを「僧」であるとする拠り所、「フェノロサは法明院の弟子である」という言葉があった。これは死して後、法明院に葬られたフェノロサが、今もまだ法明院で修行を続けているという意味ではないだろうか。桜井敬徳阿闍梨の弟子として、僧のスタートラインに立ったフェノロサは、時を経て、葬られたあとも法明院で修行を続けているというイメージである。

もう少し、フェノロサが「僧」であることについて考えてみよう。

フェノロサの袈裟

法衣である袈裟が、フェノロサの遺品にある。

フェノロサとリジーの長女、ブレンダに受け継がれた美術品等が、フィラデルフィア美術館に寄贈されている。この中に「火鉢のなどフェノロサの日常生活品、あるいは袈裟や木魚などもある」という。(49)

袈裟のことが気にかかって、フィラデルフィア美術館に問い合わせてみた。親切にも Costume and Textile 部の研究員ローラさんが、フェノロサ関係の書類を送って下さった。書類は二つあった。

〔書類Ⅰ〕

一九七七年十一月十六日、ブレンダの長男オーウェン・ビドル氏が、フィラデルフィア美術館に、祖母アーネスト・フェノロサ夫人（リジー）のコレクションである十九世紀の染織品二十一品を預託したおりの受取書と、預託品の内訳。

また、一九七八年二月二十三日に、それらを寄贈したことに対する美術館からの感謝の手紙と、寄贈品の内訳リスト。

〔書類Ⅱ〕

一九五七年三月二十七日にブレンダから美術館に寄贈された、アーネスト・フェノロサ夫人のコレクション三十品に対する感謝の手紙と、寄贈品の内訳リスト。

探していた袈裟は、一九七八年二月二十三日にブレンダの長男オーウェン・ビドル氏から寄贈された二十一品〔書類Ⅰ〕の中にあった。それは「Priest's Gojo-kesa」と表記され、内訳リストの説明は以下のようになされていた。

（9）僧侶の五条袈裟。緑地に牡丹と紅葉模様の金襴（五枚接ぎの前掛け袋で、二本の肩掛け紐つき）、左側にぶら下げるもの。袋の中に墨で記名あり（読めない）、僧侶と寺の名前が与えられている。幅五二センチメートル長さ八一センチメートル。

（フィラデルフィア美術館　フェノロサ関係書類〔書類Ⅰ〕）

袈裟にこだわる理由は、僧の衣とされる袈裟がフェノロサの遺品としてあれば、「フェノロサは僧である」ことの客観的な裏付けになると考えたからである。

知恩院近くの、大西法衣仏具店をお訪ねして袈裟についてうかがう。お店の佐藤氏によると、袈裟の異名は糞掃衣《ふんぞうえ》といい、その言葉は袈裟の起源を表しているという。僧侶に身を拭う小さな布を信者が寄進して、それを綴り合わせ作ったのが袈裟であったと。この起源からすれば、袈裟を身につけているのは僧侶ということになる。

佐藤氏に、フィラデルフィア美術館にあるフェノロサの袈裟を、内訳リストに書かれた説明から特定していただいた。

五条袈裟とは、小さな裂《きれ》を縫い合わせて細長い一条を作り、それを五枚はぎ合わせて五条にしたものである。五二センチメートル×八一センチメートルという大きさから、現在の商品では「大五条」という名称のものに準じるという。在庫の中から見せていただいた商品の名称は「(冬) 大五条、白茶地青磁　若松亀甲　三葵文　金襴」(五七センチメートル×八四センチメートル) であり、売価は九万八七〇〇円であった。意外と高価である。

フィラデルフィア美術館の内訳リスト記載の情報によれば、オーウェン・ビドル氏寄贈の袈裟には、僧侶の名前と寺の名前がその袋の中に書かれているとされる。このことを佐藤氏にうかがってみた。それによると袈裟に書かれる名前は、他の人と混ざらないように、現在の背広のネームのように所有する僧の名前を書くか、または寄進した施主さんの名前、あるいは代替わりのときに伝衣ということが行われ、師弟関係にある僧の名前を書くこともあるという。(50)

これからすれば、「諦信」(フェノロサの法号) や、「法明院、桜井敬徳」(フェノロサに十善戒を授けた師) の名前が、袈裟に書かれていれば、それがフェノロサのものであると確認できる。そしてフェノロサが僧であることも明らかになる。フィラデルフィア美術館のローラさんに、袈裟の記名についてメールで問い合わせてみる。

消えかかっていることが、内訳リストの説明から予想されていた。やはり消えていて読むことはできなかった、という残念な返事がローラさんより届く。(51) こちらからのメールには漢字も併記して調べていただいたので、けっして漢字が読めなかったということではない。書かれていた文字は判別不可能なまでに消えていたのだった。

結局、フェノロサが僧であると明らかにしてくれるはずの、フェノロサの名前や寺、及び師の名前は、フィラデルフィア美術館蔵の五条袈裟に確認できなかった。日用生活品とともに美術館へ寄贈されている状況からして、この袈裟はフェノロサの気を張った美術コレクションではなく、常に使った品のはずである。にもかかわらず、この資料は所有者の名前等が確認できないために、フェノロサの使った私的なものと特定できなかった。

状況証拠ならば、これ以外にもある。僧侶の必需品を表している「三衣一鉢」の言葉どおりに、フィラデルフィア美術館〔書類Ⅰ〕の中に、「Lacquer Begging Bowl」（漆塗り、托鉢の器）と書かれる「一鉢」が入っている。このように、いくら状況証拠を積み重ねても、フェノロサが僧であったという確たる証拠にはなり得ない。積み上がってきた状況を見る限り、僧としての条件は整っているのだが。

フェノロサが僧であったかどうかについて、ここでは法明院の現ご住職がおっしゃる、僧籍簿になくとも、桜井敬徳阿闍梨の弟子、ひいては法明院の弟子であるので「僧」である、という見解に同調することにする。フェノロサは、今も、「僧」として法明院で修行を積んでいるのだろう。

暗緑色の水

仏教の戒を授けられた記録が、フェノロサの二人目の妻、メアリーの日記にある。フェノロサは自身が戒を受けただけではなく、その妻も法明院において受戒させている。

メアリーの書きとめた儀式を現ご住職に検証していただいたところ、これは僧として戒律をいただくときの儀式であるという。一八九六年九月二十八日、直林寛良阿闍梨からメアリーに授けられたのは十戒であった。メアリーも、この日、フェノロサと同じく「僧」になった。だが、メアリーには、どれだけ僧としての自覚があったのかわからない。それ以後の彼女の生活を見るに及んで、メアリーが「僧」であったとは想像しがたい。

彼女は仏教を神秘的なものと考えていた。受戒した後、十月十日の日記には「私は昼と夜、卍のお勤めを三度して今までにない成果を得た。特にお腹に奇妙な渦巻くような、疼くような」などと綴るのである。(52) 魑魅魍魎《ちみもうりょう》が支配する宗教が、文化果てる地で行われているかのような、外国人らしい受け取り方である。オリエンタリズムを彷彿とさせる宗教の受け取り方を彼女はしていた。メアリーにとって、仏教には教義があり論理があることなど、ほとんど興味の範疇《はんちゅう》になく、不思議な神秘の世界へ連れていってくれるものが仏教であったようだ。
そうだとしても、メアリーは「光瑞」という法号をいただき、十戒に「よく持《たも》つ」と誓ったのである。メアリーも直林寛良阿闍梨の弟子であり、「僧」であったと言わざるを得ない。

メアリーは一九〇一年、小説家としてデビューする。その素質は五年前の日記にも発揮されている。受戒のことを、彼女は不思議で神秘的な儀式として書き留める。

東洋の小国の、それも、彼女と同郷の誰もが知らない山里の寺院で起こった神秘的な体験が綴られる中で、とりわけ興味をひくのは、水差しから手の上にかけられた「ぴりりとする暗緑色の液体」(53)であった。

この液体について法明院の現ご住職におうかがいすると、門前洒水《もんぜんしゃすい》であろうと、また、それは神秘的なものでもなんでもなく戒律をいただく前に身を清めるためのものである、とおっしゃられた。現在では閼伽水《あかみず》という、仏に供える水、つまり透明の普通の水を使うという。

ではなぜ、メアリーの手にかけられた液体が、呪術の権化であるかのような暗緑色であったのか。その種明かしは、その水に、お香が溶かされていたのである。お香には、きざみ香、抹香、木抹香があり、それぞれに門前洒水として使われるという。(54)たしかに、樒《しきみ》の樹皮と葉を乾燥して作った抹香を細かくして水に溶かせば、メアリーが暗緑色と表現した液体になるはずだ。

受戒の翌日、メアリーは、桜井阿闍梨ゆかりの高僧である神光院の和田智満和上から、アーネストと同じ念持仏の加護を望むかどうか尋ねられている。それに対し彼女は勇気を出して、フェノロサとは異なる念持仏である観音を選ぶ(55)。

メアリーの日記には、フェノロサの念持仏が何であるか書かれていない。不明のままになっていたフェノロサの念持仏についての疑問が、法明院本堂を拝観できたことにより解けたような気がする。法明院の御本尊は阿弥陀仏であるが、その向かって左側に平安時代作とも伝えられる不動明王が鎮座していたのである。それは、けっして大きくはないが力強いつくりの不動明王であった。フェノロサは、この仏像に惹かれたにちがいない。

法明院現ご住職によれば、念持仏とは守り神のようなもの、また、信仰を確かめるための十字架のようなものであるという。そして、普通の僧になるときには、得仏（念持仏を決める）はせず、阿闍梨になるとき、結縁灌頂《けちえんかんじょう》で得仏するのだという。しかし、メアリーの日記によれば、フェノロサもメアリーも念持仏を決めてもらい加護を受けている。なぜ、当時の法明院関係者は、フェノロサやメアリーに念持仏を持たせようとしたのだろうか。これについて、現ご住職は、彼らが外国人だからキリスト教で十字架を持つように守り神を決めてあげたのだろう、と推測している。ここにも外国人に優しい日本人の一面がある。超法規的優遇が、明治の有名人フェノロサの前に、しばしば顔をのぞかせる。

法明院での受戒について、メアリーは「今日の出来事はあまりにも神聖なので、この日記帳の日常茶飯事と同列に書き記すのは気がひける」と書き、「この日記帳が紛失して、他人の手に（中略）今日の続きと今日に劣らず個人的な明日の部分は読むのを謹んでいただきたい」としている。

日記を公開しようとして書く人は少ないと思われるが、フェノロサと結婚する以前のモービル時代から、文章を新聞、雑誌に発表していたメアリーである、後日の創作の資料として特異な経験である日本暮らしのあれこれを書き留める気持ちはあったはずだ。また、「読むのを謹んでいただきたい」と書いた以外の部分は、出版されても差し支えないと考えていたのかもしれない。

そこまで神聖だと思っている部分を、読ませていただいて申し訳ない気はする。しかしメアリーが日記により明治という時代を切り取って残してくれたことで、知ることのできる事実がある。当時の仏教寺院における受戒の詳細について、客観的に書き残されたものがあるとは考えられない。なぜなら日本人はメアリー以上に受戒を神聖だと考えていたはずだから。

儀式は次のようにして始まった。阿闍梨を先頭に小坊主と私がすぐ後に従い、次にアーネスト、それから優しい顔立ちの尼僧数人、稚児が続いた。

（『フェノロサ夫人の日本日記』一八八頁）

こんな列をなして、受戒の儀式が始まることを、私たちは知らない。
それから私たちは白象の上をまたぎ、隣の控の間へ入った。
（同書一八九頁）

（図12）白象の香炉（法明院蔵・著者撮影）

隣の控の間へ入る前に、ボストン美術館蔵「釈迦涅槃図」（11.4105）に描かれる、悲しむ白い象と同じ姿をした香炉を跨ぐことなど、私たちは知らない。こうやって書き残されているからこそ、受戒は、たくさんの人々に助けていただき成立する厳粛なものであったことが、現在に伝わる。

法明院には、メアリーの受戒に使われた三十センチほどの白象の香炉（図12）が、そのままに残っている。そして、暗緑色の水が注がれた水差しは、今も使われている。

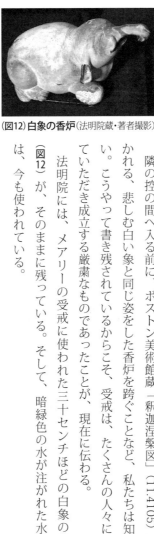

【註】第二章　異邦人、仏教に帰依する

◎第一節　セーラムのフェンネル

（1）山口静一『フェノロサ(下)』三省堂、一九八二年、三九五頁

（2）Louis C. Mroz 田中みか氏宛手紙　一九九七年七月二十四日付、大津市立図書館蔵

（3）久我なつみ『フェノロサと魔女の町』河出書房新社、一九九九年、一三五頁

（4）村形明子編・訳『ハーヴァード大学ホートン・ライブラリー蔵　アーネスト・F・フェノロサ資料　第Ⅲ巻』ミュージアム出版、一九八七年、九四頁

（5）村形明子編著『アーネスト・F・フェノロサ文書集成―翻刻・翻訳と研究(上)』京都大学学術出版会、二〇〇〇年、一三頁

（6）同書、二四頁

（7）同書、同頁

（8）同書、三〇頁

（9）鈴木透『実験国家アメリカの履歴書』慶応義塾大学出版会、二〇〇三年、八三頁

（10）ヴァン・ワイク・ブルックス著、石川欣一訳『小春日和のニュー・イングランド』ダヴィッド社、一九五三年（復刻版、名書普及会、一九八七年）二二一―二二九頁

（11）鈴木透『実験国家アメリカの履歴書』慶応義塾大学出版会、二〇〇三年、一〇三頁

（12）Sean Golden, 'Fenollose and Catalonia'、日本フェノロサ学会『LOTUS』第十六号、一九九六年、七四頁

（13）ムロズ氏所蔵の資料（田中みか氏宛手紙付録、一九九七年七月二十四日付）大津市立図書館蔵

（14）Salem Post, or Salem Register, or Salem Gazzett Jan. 16 1878'山口静一『フェノロサ(上)』三省堂、一九八二年、三一頁

（15）トルデシリャス条約は、一五〇六年にユリウス二世（ローマ教皇）により廃止されるまで有効であった。

◎第二節　受け入れられたフェノロサ

(16)アーネスト・サトウ著、坂田精一訳『一外交官の見た明治維新(上)』（岩波文庫）岩波書店、一九六〇年、二四頁

(17)モースよりも早く、ドイツ人のヒルゲンドルフが東京大学の博物学の授業で進化論に触れている。森鷗外によるドイツ語の講義録が、文京区立鷗外記念本郷図書館にのこされている。
http://www.h4.dion.ne.jp/~jssf/text/doukousp/pdf/200708/0708_8084.pdf

(18)Lawrence W. Chisolm, *Fenollosa : The Far East and American Culture*, New Heaven and London, Yale University Press, 1963, 三〇－三一頁

(19)ドロシー・G・ウェイマン著、蜷川親生訳『エドワード・シルベスター・モース(上)』中央公論美術出版、一九七六年、一三二頁

(20)http://www.encyclopedia.chicagohistory.org/pages/733.html（2011-03-19 参照）

(21)山口静一『フェノロサ(上)』三省堂、一九八二年、九七頁

(22)『日本之教学』No.27（明治二十二年十一月）博文館、四七－五二、山口静一『フェノロサ(上)』三省堂、一九八二年、九八頁

(23)http://ja.wikipedia.org/wiki/ 日本キリスト教史

(24)『明治天皇紀』明治元年十二月二十五日条、高木博志『陵墓と文化財の近代』山川出版社、二〇一〇年、二四頁

(25)内閣記録局　復刻版『法規分類大全　第二十六巻　社寺門』原書房、一九七九年、一三－一五頁

(26)同書、二一九頁

(27)同書、一－二頁

(28)同書、四頁

(29)鷲尾順敬編『明治維新神仏分離資料』（五冊）には、それぞれの社寺の廃仏毀釈について書かれている（谷川穣先生講義）という。しかし同書は、西高辻信宏「『明治維新神仏分離資料』に関する一考察─太宰府天満宮の事例から」（二〇〇八年）という論文に書名が見えるぐらいで、図書館での蔵書はない。
(30)内閣記録局　復刻版『法規分類大全　第二十六巻　社寺門』原書房、一九七九年、一二〇－一二一頁
(31)森有礼の英文論文は、Saneyoshi 宛となっているが、書き添えられた Prime minister が太政大臣を表すものとすれば、宛名は三条実美であり、Sanetomi 宛の錯誤であろう。
(32)明治文化究会　復刻版『明治文化全集　第十二巻　宗教篇』日本評論社、一九九二年、四頁（英文頁）

◎第三節　日本仏教と出会うまで

(33)Massachusetts,Death Record, 1841-1915 p.318（ancestry.com）によれば、フェノロサの長男は心臓炎（Carditis）であったと記録されている。
(34)ハーモニー・グローブ墓地に、ブレイク・メモリアル礼拝堂が建てられたのは一九〇五年のことである。
http://en.wikipedia.org/wiki/Harmony_Grove_Cemetery
(35)http://ja.wikipedia.org/wiki/ 教会法
(36)ドロシー・G・ウェイマン著、蜷川親正訳『エドワード・シルベスター・モース（上）』中央公論美術出版、一九七六年、一六頁
(37)山口静一『フェノロサ（上）』三省堂、一九八二年、四三一－四三三頁
(38)同書、四三二頁
(39)村形明子編・訳『ハーヴァード大学ホートン・ライブラリー蔵　アーネスト・F・フェノロサ資料　第Ⅰ巻』ミュージアム出版、一九八二年、二七三頁
(40)「仏教および仏教美術論」EFF. MS, bMS Am 1759.2（84）, The Houghton Library、山口静一『フェノロサ（上）』三省堂、一九八二年、四一三－四二一頁

(41)MS Am 1759.1 (3)、村形明子『アーネスト・F・フェノロサ文書集成―翻刻・翻訳と研究(上)』京都大学学術出版会、二〇〇〇年、二七五－二八一頁
(42)村形明子編・訳『ハーヴァード大学ホートン・ライブラリー蔵　アーネスト・F・フェノロサ資料　第I巻』ミュージアム出版、一九八二年、一四－三八頁（英文頁、補遺）
(43)『ダンマパダ』（電子書籍）
(44)Rev. Joseph Edkins, D.D., *Chinese Buddhism*, London Kegan Paul, Trench, Trubner, & Co. Ltd., 1893、一八八－一八九頁
(45)内田樹『街場のメディア論』光文社、二〇一〇年、一五六－一五七頁

◎**第四節　仏教に帰依する**

(46)町田久成『敬徳大和上略伝』法明院蔵、山口静一『フェノロサ(上)』三省堂、一九八二年、四四二頁
(47)http://ja.wikipedia.org/wiki/ 十善戒
(48)田中光得寺文書０７２-２７８、谷川穣先生講義資料、二〇一二年十一月、京都大学
(49)今井雅晴『アメリカにわたった仏教美術』自照社出版、一九九九年、五〇頁
(50)二〇一一年七月七日、大西法衣仏具店 佐藤氏へのインタビュー
(51)二〇一一年七月十一日、フィラデルフィア美術館 ローラさんからのメール
(52)村形明子編訳『フェノロサ夫人の日本日記』ミネルヴァ書房、二〇〇八年、二一〇頁
(53)同書、一八八頁
(54)二〇一一年三月四日、法明院現ご住職 滋野敬宣師へのインタビューより
(55)村形明子編訳『フェノロサ夫人の日本日記』ミネルヴァ書房、二〇〇八年、一九一頁

第三章　海を渡る日本美術

第一節　ボストン美術館のフェノロサ・ウェルド・コレクション

コレクションの成り立ち

ボストン美術館、東洋部の中にフェノロサの名が冠せられるコレクションがある。フェノロサ・ウェルド・コレクションとは、一八八六年にヨットで世界一周の途中、横浜で自らのヨットが火災に遭い日本に足止めされた、(1)ボストンの外科医チャールズ・ゴダード・ウェルド（一八五七〜一九一一）が、ビゲローの斡旋《あっせん》によりフェノロサから譲渡されたコレクションの名称である。

譲渡には条件があった。「フェノロサ収集の絵画はフェノロサ・ウェルド・コレクションと公称されること、そしてそれらはボストンに置かれること」の二つである。(2)ウェルドの存命中、ボストン美術館に預託されていたコレクションは、彼の没後、ボストンに置くという条件どおり同館に遺贈され、ウェルドの没年である一九一一年を示す「11」からはじまる整理番号が与えられ収蔵されている。その数は一〇〇〇点を超える。しかし現在、これらすべての作品がボストン美術館にあるわけではなく、昭和十二年（一九三七）「弘法大師行状絵伝」の購入のため、コレクションから一九七点の絵画が、山中商会に交換の形で売却されるなど、[3]「deaccession」（ほかの芸術作品を購入するために、コレクションからはずし売却すること）されたものも少なくない。

日本フェノロサ学会学会誌である『LOTUS』に掲載された山口静一氏による「フェノロサ旧蔵品の全貌」と題されたフェノロサ・ウェルド・コレクション蒐集カードの翻訳は、[4]山口氏が「フェノロサ旧蔵品の全貌を知りたいと思って当時前記カードを筆写し、展示中の、またあるものは収蔵庫にある実物と照合し、その後ボストン美術館発行の各種展覧会図録等を参照しながらノートを補充してきた」ものだという。一九七五年に筆写が始められた労作は、作品番号 11.4000 平治物語絵巻（三条殿夜討巻）から 11.5004 ~ 5008 北野天神縁起絵巻（模写）までの長大なリスト（二〇一五年、ボストン美術館 website 掲載作品から著者によりアップデート）である。この「フェノロサ旧蔵品の全貌」から、フェノロサが何を蒐集して海外へ移動させたのか、また、その蒐集の特色を見てみよう。

蒐集の特色を知るための具体的な方法として、まず画題により十二の便宜的なジャンルを設け、フェノロサ・ウェルド・コレクションを分類する。それぞれの項目は、仏教絵画、風俗画、動物画、山水画、花鳥画、歴史画、美人画、物語絵、見立絵、信仰の絵画（仏教以外）、人物画、故事絵画の十二である。

①仏教絵画…仏教を題材とした絵画。
②風俗画……人々の日常生活の場面を写し取ったもの。
③動物画……動物を描いたもの。
④山水画……中国で描かれはじめた風景画で、現実の景色の写実ではなく、山岳信仰の影響によりデフォルメされ再構成された構図をもつ。
⑤花鳥画……画題は花と鳥に限定されるわけではなく、草木、虫、魚なども含まれる。
⑥歴史画……歴史上の一事件を描いたもの。
⑦美人画……女性美をモチーフにした絵画。
⑧物語絵……物語に絵を添えたもの、また物語の興味、趣のある部分だけを取り出して絵画にしたもの。
⑨見立絵……故事や古典を、同時代の題材に託して表現したもの。
⑩信仰の絵画（仏教以外）…… 七福神、神道、土着の信仰、想像上の生き物で敬意を払うもの等の姿を写したもの。
⑪人物画……人物の描写に重点を置いた絵画。
⑫故事絵画…中国の古典に書かれる逸話のうち、繁用される代表的なものを絵画化したもの。

日本画を画題により分類する項目が見当たらないので、定義づけできる十二の絵画ジャンルを利用してみた。しかし、花鳥画と動物画、また、人物画と美人画の項目の境界に厳密なものを求めることは難しく、禅画の扱いにも苦渋した。このような理由で、十二分類して得られた数値は指標という捉え方しかできない。だとしてもコレクションの傾向を知ることはできると考える。

コレクション中には整理番号だけが残り、情報が消え空白になっているものが多くある。これらは特定できないものとして除いてある。また、描かれた画題を分類の判断基準としたために「肉筆浮世絵」とだけ記された葛飾北斎筆の11.4965と11.4967も除いた。これにより対象とする作品は七四九点となった。

巻末の〔資料〕が、分類した作品の詳細である。また、上記〔表1〕には、それぞれのジャンルに属する作品数を示してある。〔表1〕によれば、仏教絵画の作品数が一番多く、次いで山水画、仏教以外の信仰の絵画、花鳥画、動物画と続く。

欧米人一般の絵画コレクションに思いを巡らせると、彼らは東アジア、そしてチベット、ネパール、インドといった地域の宗教画に大いに興味を示す。仏教絵画や、信仰の絵画（仏教以外）は、

	絵画ジャンル（テーマ）	作品数
①	仏教絵画	153
②	風俗画	53
③	動物画	73
④	山水画	132
⑤	花鳥画	102
⑥	歴史画	12
⑦	美人画	8
⑧	物語画	11
⑨	見立画	3
⑩	信仰の絵画	128
⑪	人物画	24
⑫	故事絵画	50
	合　計	749

（表1）フェノロサ・ウェルド・コレクション　テーマ別作品数

欧米人の目で見れば、崇拝や信仰の対象ではなく美術品なのである。欧米人がそれらを蒐集することは、人々の手に触れることなく長い年月、最上級の保存を心がけられた一級の東洋美術品を手にすることであった。また山水画や花鳥画は、西洋の室内にオリエンタルな装いを施すための、格好の「かざり」となった。当時の彼らの感覚からすれば、仏教絵画そして山水画、花鳥画等は、世界の後進の地域を回って集めたトロフィー（戦勝品）だったのだ。それらを瀟洒な家の壁に掛けることは、訪れた土地の地理的現実を認識できる自らの地理的知を誇り、交通手段や文化の違いという困難を伴った外国旅行の片鱗を仲間たちに示すことであった。

数の多さは桁はずれだとしても、フェノロサ・コレクションは、このような欧米人の蒐集傾向を、概ね踏襲している。しかし、フェノロサ・コレクションには、欧米人の蒐集傾向によらない新しい特徴がある。それは、これら七四九点を分析することで見えてくる。流派の系統を重んじるというフェノロサの考えに基づき、このコレクションには模写が多く含まれていたのである。

フェノロサという人は、大の東洋好きで、東洋美術の研究に於ては、其の造詣殆んど図るべからざるものがありました。（中略）ただ買うのにだれの傑作だから買うというのではない。絵画の流派の系統を立て、誰の次ぎには誰れが出たと歴史的に研究して、其の流派を受けついでいく弟子がたとへ拙からうが、画家として評判がなからうが、ソンナことには顧慮せずに、其の系統に属するものとして片っ端から買って行きました。

（「過去の美術界」『書画骨董雑誌』No.41三頁、『フェノロサ（上）』一三一頁）

と、鑑画会におけるフェノロサの主旨に賛成し[5]新鑑画会の会長となった河瀬秀治は回想している。モースの陶器蒐集については標本採集のようだとされるが[6]、フェノロサのコレクションもそれに相似するものであった。フェノロサ自身、「ハーバード大学卒業生の紳士録一八八四年」に掲載の、彼の一八八四年三月二十七日付書簡で自らの近況を説明して「標本としてのコレクションを完成させながら」と「標本」という言葉を使っている。フェノロサの社会進化論的知識は河瀬の回想するように、絵画の流派の系統上に絵画という標本を位置づけたのであった。このように、フェノロサは拙い画であろうが古画の模写であろうが資料と見なし、それらが時代や流派そして家伝により美の存するところが異なることを表しているとして、系統を説明するために蒐集した。

実際にコレクションを見ると、鎌倉、室町の絵画には江戸後期の模写が、そして中国の唐、宋、元の絵画は、二代目安藤広近《あんどうひろちか》（一八三五～？）や、東京大学予備門の助教授であった狩野友信など明治の画家による模写が多い。鎌倉、室町時代の作品の四一点が模写であり、明治期には中国絵画をはじめ雪舟《せっしゅう》（一四二〇～一五〇六）や巨勢金岡《こせのかなおか》も模写されている。ボストン美術館の蒐集カードで確認できる七四九点中、八七点、全体の一一・六パーセントが模写された、真筆でない美術品であった。

フェノロサ・ウェルド・コレクション蒐集品に見られる、その他の傾向としては、後世の欧米人コレクターの嗜好と同じく動物画が比較的多く、七三点を数える。フェノロサは『*Epochs of Chinese and Japanese Art*』の中で動物画に頁を割き、図版も四枚を加え森狙仙《もりそせん》と岸駒《がんく》を解説している。当時のフェノロサや欧米人の動物画に対する関心の高さに比べ、日本人は関心を示していなかったようで、東京国立博物館の画像検索では、江戸時代の動物画はあまり見当たらない。動物画の良品は国内に、多く残されていないのだろう。平成二十五年（二〇一三）に府中市美術館で行われた「かわいい江戸絵画」展の図録でも、その表紙を飾っている動物画が、本文中の図版に占める割合は半数ほどであり、あとは滑稽なもの、小さなもの、純粋無垢なもの、子ども、描いもの、素朴なものなどの画で構成されていた。

（図13）四条河原図屏風（部分）
（個人蔵・西尾市岩瀬文庫寄託）

動物のかわいさが好まれ、他意はない「かざり」ともなることから、多くの動物画が海外流出した、[7]と考えられる。

また、泰西王侯（11.4312）や韃靼《だったん》人（11.4167、11.4265-4266、11.4450）など外国人の登場する風俗画もコレクションの中で目立っている。同じく風俗画の中には、オリエンタリズムに寄り添う歪んだ性に対する眼差しが感じられるものもある。四条河原遊楽図屏風（11.4591-4592）（**図13参考**）には、縁日のような四条河原の喧噪が描かれ、役者と思しき性差の乏しい、打刀《うちがたな》を帯にさした少年たちの歌舞のようすを見ることができる。ある種のファンタジーがこの画にはある。

狩野派とフェノロサ

狩野派の作品に対する偏りも、フェノロサ・ウェルド・コレクションに顕著な特徴の一つである。蒐集カード 11.4167 以降 11.4473 までに狩野派作品が集中している。この中には「伝」と書かれ絵師が実証されていない作品も含まれるが、それらを合わせコレクションには二五五点の狩野派関係作品が収蔵されている。フェノロサ・ウェルド・コレクションの、現在確認できる作品の三四パーセントを占めるという事実は、いかに狩野派とフェノロサのつながりが強かったかを示すものである。明治二十九年（一八九六）、フェノロサの再来日に際し雑誌『太陽』は「日本絵画とフェノロサ氏」という記事を掲載している。

時に宮岡恒次郎《みやおかつねじろう》氏大学の学生にしてフ氏の為めに通弁の労を取れり、又た狩野友信氏は大学予備門に在りて画学の教師たり、依て宮岡氏よりフ氏の意を友信氏に告げ、友信氏更らに狩野永悳《かのうえいとく》氏に紹介したり、フ氏の永悳氏に就き画を見るや、狩野家伝流の粉本、其の他の妙画佳作、悉く感を呼ばざるはなし、於之乎ますます日本画の幽妙霊雅に驚き、研究の念旧に倍して盛に勃興す。爾来研究の材料として本邦諸名流の画作を求め、鑑定を永悳氏に請うて其の長短雅俗を知り、又た時々永悳氏の画作を求めたり、又た大凡そ一ヶ年間、一週間一度位づつ永悳氏を己が官舎に招聘して研究の顧問となせり。

（『太陽』明治二十九年十月号、一三八頁）

これは、寄稿者CO生による狩野友信への質問をもとにして書かれた記事であり、事実に近いものと考えられる。この記事によって、狩野派とフェノロサの出会いを導いたのは、モースの息子ジョンの親友で、帝国大学法科大学を卒業した後ドイツやアメリカの日本大使館参事官をつとめた、当時学生であった宮岡恒次郎（一八六五〜一九四三）であること、また狩野派宗家中橋家十五代の狩野永悳（一八一五〜一八九一）を個人教授として、フェノロサは日本美術の研究をしたこと、そして、狩野永悳の画作を時々購入していたことを知ることができる。

明治になり、御用絵師という地位を失った狩野派をはじめ、諸派の絵師たちは受難の時代を過ごしていた。ハーバードの卒業生ということでフェノロサと親交があり、司法大臣、農商務大臣などを歴任した政治家、金子堅太郎は、この頃の絵師の生活について大正九年（一九二〇）の『東京美術学校校友会月報』で以下のように述べている。

柴田是真《ぜしん》は日本橋の榛原に居つて待合料理屋が暑中に配る団扇の画を一枚二十五銭で描いて居つた。橋本雅邦は海軍省の海路部の製図引きに雇われて日給二十五銭か三十銭を貰つて居つた。狩野芳崖の如きまだ職業に有り付いて居らない位（以下略）

（『校友会月報』第十九巻第六号、大正九年十月、一六三頁）

絵師の経済的受難の時代に、フェノロサは狩野派作品二五五点を入手しコレクションに加えている。狩野元信《かのうもとのぶ》筆「白衣観音図《びゃくえかんのんず》」など山中商会から購入したものもあり、そのすべてを直接、狩野派に関わる人々から求めたわけではないが、財政難の狩野派にとってフェノロサは特別の存在であったはずだ。

収蔵庫にあった、国宝級「四天王像《してんのうぞう》」

昭和五十五年（一九八〇）九月十一日、毎日新聞東京版朝刊に、ボストン美術館収蔵庫の中から、天理市の廃寺、内山永久寺の「四天王像」が発見されたという記事が掲載されている。

記事では、「国宝級『四天王』の図　ボストン美術館に眠っていた」という見出しのもとに、東京国立文化財研究所の主任研究員、柳沢孝氏が調査し、「もともと、日本美術復興の恩人とされるフェノロサのコレクションに入っていたこの図の作者が、鎌倉中期の絵仏師、重命《ちょうめい》であること、廃仏毀釈の嵐が吹き荒れた明治の初め、こつぜんと姿を消した『幻の寺』大和の永久寺から流れ出したものであることも確認」されたと書かれている。

記事に説明を加えると、四面に描かれる絹本《けんぽん》着色《ちゃくしょく》の「四天王像」（図14）の出所について、現在これを所有するボストン美術館も、この記事と同じ見解を持っていて、「四天王像」は廃寺となった天理の内山永久寺真言堂のものであるとしている。[8] 新聞記事もボストン美術館もともに、「四天王像」が置かれていた寺を特定する根拠としたのは、東京国立博物館蔵の古文書「内山永久寺置文」であった。その中の「仏後障子灌頂十二天并裏四天、建長五年九月重命尊蓮法橋所書也」という文言の、[9]「四天」を決め手としているのである。「四天王像」は現存する重命の作品と様式上似ているとされるものの、古文書の二文字を頼りに、という危惧がないわけではない。

（図14）四天王像 広目天重命筆
（ボストン美術館蔵）
Fenollosa-Weld Collection 11.4064

フェノロサは、この「四天王像」について『*Epochs of Chinese and Japanese Art*』で、

おしむべきは、表面が摩損し

ている、ほとんど等身大の四天王図。これはもともと奈良、東大寺の寺宝であり、現在はボストン美術館（フェノロサ・コレクション）に所蔵されている。

（『*Epochs of Chinese and Japanese Art Vol.1*』一六〇頁）

と東大寺の寺宝であったと書く。内山永久寺または東大寺近隣の寺が廃寺になった後、「四天王像」が東大寺に預けられたことも考えられるので、フェノロサの認識も否定することはできない。

廃仏毀釈の嵐が吹き荒れた頃に、寺から流出したとされる「四天王像」である。この四枚に分けて描かれた四天王があったとされる内山永久寺の廃仏毀釈は、とりわけ激しいものであったという。その様子を、長く東京美術学校校長であった正木《まさき》直彦《なおひこ》（一八六二〜一九四〇）が書き記している。

大和の一の宮布留石上明神の神宮寺内山の永久寺を廃止しようと言うことになって役人が検分に行くと、寺の住僧が「私は今日から仏門を去って神道になりまする、其の証拠はこの通り」と言いながら、薪割りを以て本尊の文殊菩薩を頭から割って了うた。（中略）村人が寺に闖入して衣類調度から畳建具まで取外し米塩醤鼓までも奪い去ったが、仏像と仏画は誰も持って行き手がない。役所から町の庄屋中山平八郎を呼び出して「お前はこれを預かれ」と言う厳命。（中略）今藤田家に所有する藤原時代の仏像仏画の多くは此の中山の庫から運んだものである。

（『十三松堂閑話録』一一五～一一六頁、『フェノロサ（上）』一三八～一三九頁）

誰も持って行かなかった仏画の一つが、現在、藤田美術館にある国宝「両部大経感得図《りょうぶだいきょうかんとくず》」であった。そのように質の高いものが中山の庫にはあったのである。フェノロサが蒐集した「四天王像」も庄屋中山平八郎が、役所に強いられ預かった仏画の一つである可能性は高い。

村人の誰もが欲しがらなかった仏像、仏画であった。それらを信仰の対象としてきた村人には、畏れ多くて自分の家に置くことができなかったのだろう。日本人と仏教のつながりは根深くあり、勿体なくてバチが当たる、との考えも当然存在していた。欧米人のフェノロサには、到底なかった考えである。「四天王像」に「おしむべきは、表面が摩損している」というフェノロサは、作品の状態の良し悪しを重視していた。このとき、欧米人フェノロサにとって「四天王像」は信仰の対象である以前に美術品であった。

後世の新聞記事に国宝級と書かれる「四天王像」が、中山平八郎経由でフェノロサの手に渡ったものだとすれば、当時、村人の誰も欲しがらなかったものである。日本人の誰も欲しがらなかったもの、また自分の家に置こうと思わなかったものを、フェノロサが入手して海外へ持ち出したとして、倫理的にどのような問題があったのだろうか。

ボストン美術館のアジア美術部長であった富田幸次郎にも「吉備大臣入唐絵巻《きびだいじんにっとうえまき》」を、昭和七年(一九三二)、日本の美術商、戸田弥七から買い入れた際に、国賊の如く言われたという回想がある。それは誰も買う人がいなくて、美術商の元で眠っていた美術品だった。

私が日本に来たというので、大阪で見てくれという。見たら良いものなので、ボストンへ送つた。あの時分の金で六、七萬ドルだつたが、今なら何でもないけど、そのときは大きなものだつた。だからといつて、日本で出せないことはなかつたのだろうが、なぜ買わなかつたかと思つたのである。私は、売りに出ているから買つた。誰も買い手がなかつたから買つた。ところが私は、日本のものを持ち出して怪しからんと、瀧精一《たきせいいち》というえらい人から国賊よばわりされた。

(「ボストン美術館五十年」『芸術新潮』昭和三十三年八月号、二八四頁)

えらい人と称される滝精一(一八七三〜一九四五)とは、東京帝国大学教授で美術史家。後に、国立の東洋学・アジア学の研究機関、東方文化学院理事長・院長(在職一九三九〜一九四五)になった人物である。

フェノロサにしても富田幸次郎にしても、これらの例は、日本人がその作品について価値を認めていなかった時期に美術品の価値を認め購入して、海外へ持ち出したというものであった。

富田幸次郎の場合は、「吉備大臣入唐絵巻」海外流出直後に日本国内で騒ぎが起こり、昭和八年（一九三三）、日本の古美術品の海外流出を防止することを目的として「重要美術品の保存に関する法律」が整備されることになった。ところがフェノロサの買い入れた「四天王像」は海外流出後、百年近く過ぎ、やっと日本人にその真価が発見されたのである。柳沢氏に発見され新聞報道されるまで「四天王像」は、ボストン美術館の収蔵庫で、顔料が剥離しかかった暗い色の画として、展示室に飾られることもなく四枚揃えて立てかけられていたに違いない作品であった。

世界最古の木造建築群といわれる五重塔を含む西院伽藍のある法隆寺にあっても、神仏分離また廃仏毀釈による財政難は深刻で、一二〇〇年以上にわたり伝えられてきた寺宝を散逸させない方法として、明治十一年（一八七八年）、皇室へ宝物三二二件を献納し一万円の下賜金を得ている。フェノロサの来日した同年に、仏教寺院が置かれていた経済状態は、由緒ある法隆寺でさえも厳しかった。

廃仏毀釈で信仰の対象という機能を失い、打ち捨てられる憂き目にあった仏像や仏画など仏教美術品であった。しかし、廃仏毀釈が収まったあとも、それぞれの寺の財政難は続き、それらは市場に出回り続けたと考えられる。前述の下賜金を得た法隆寺は「賜金方法書」で賜金の使い道を伽藍の修繕代や僧侶の衣食代と定め、堅実な会計をはじめていたにもかかわらず、これ以降も明治二十六年の伽藍修繕費一二八〇円、明治三十四年の寺山の払い下げ金五〇〇円などを借り入れているのである。(10)

　このような時代に、御雇い外国人のフェノロサは加賀屋敷一番館という瀟洒な住居を与えられ、月々三〇〇円という俸給を得ていた。困窮の寺から放出される仏教美術など、容易に入手できる経済状態である。「四天王像」も、市井の経済状況と御雇い外国人の懐具合の格差の下、フェノロサ・コレクションに加えられた。

第二節　フェノロサの鑑識眼

外国人美術愛好家から日本美術鑑定人へ

初期のフェノロサ・コレクションについて、金子堅太郎が大正九年（一九二〇）のフェノロサ十三回忌悼辞「余とフェノロサ氏」の中で、

明治十一年から二年に掛けて（中略）日曜日にフェノロサ君の所に往つた所が道具屋が五六人来て居つて風呂敷包を持つて応接間に一杯居つた。（中略）此画は私が見ると半分以上は贋だ、私は唯自分の眼で見るのであるけれども親爺の所で見たのと違ふ、君の眼は偉いか知らぬが僕の眼には半分以上贋と見えるこんな物を日本の美術だと言つて集めることは考物だ、と申し（以下略）

（『校友会月報』第十九巻第六号、大正九年十月、一六三頁）

と回想している。この後、金子は贋物を十分に判別できないフェノロサのために、筑前の藩主であっ

た黒田侯爵家に、良い画をフェノロサに見せてくれるよう頼み、「理論のことを云ふならば画論と云ふのが漢文で書いたものがあるから」とフェノロサの教え子である有賀長雄に教えてもらうよう勧めている。金子のいう、漢文で書かれた画論というのは、江戸時代の狩野永納《かのうえいのう》（一六三一～一六九七）による『本朝画史』であろう。

ところが、半年ほどの後、日本の美術研究の方法ができたと、日本、中国の画家の生年没年、それにヨーロッパの大家のものも加えた年表や、巨勢や土佐、円山、四条、狩野など、流派の系図をフェノロサに見せられた金子は、その博識に驚く。(11)

フェノロサが、単なる外国人美術愛好家で終わらなかったのは、有賀などに助けられながら、日本の美術研究の方法を模索し、横浜において日本に関する研究の成果を交換するため明治五年（一八七二）に発足した日本アジア協会へも参加して、(12)日本文化とは何なのかを聴講し、また狩野派宗主から直々に絵画について学ぶなど「知」に対する努力を怠らなかったからである。

美術への見識を深めるために、本物の古画に接し、また画家の年表、系図の作成については、博物局に属し博覧会行政に関わり東京大学法学部や文学部の講師にもなった黒川真頼《くろかわまより》（一八二九～一九〇六）や、有賀長雄を相談相手にしたフェノロサであった。

さらには、このような努力の一環として、誰も真似のできなかったであろうことをフェノロサは成

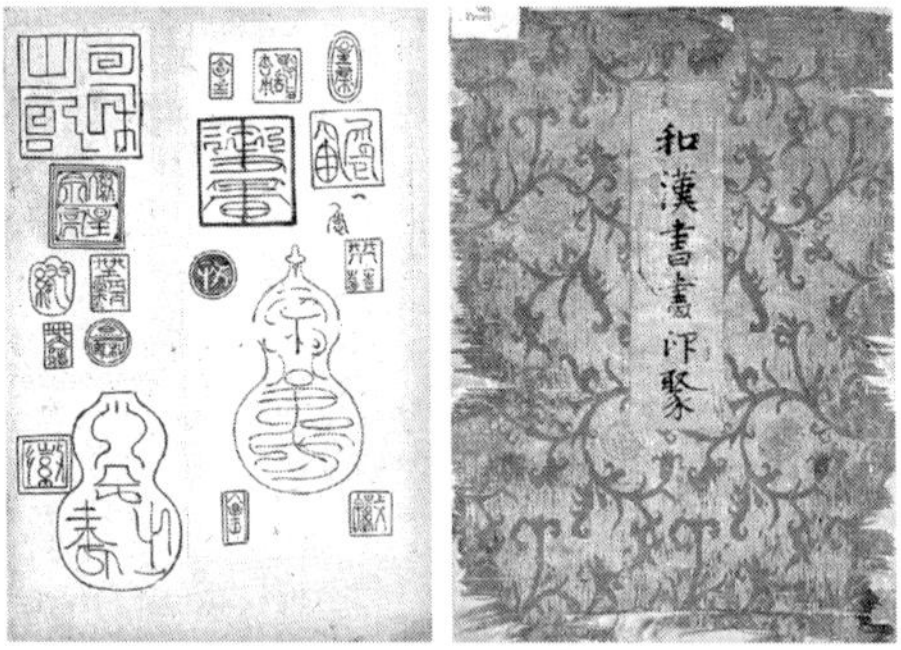

（図15）和漢書画印聚
（ハーバード美術館／アーサー・M・サックラー美術館蔵）
A Compendium of Seals on Japanese and Chinese Calligraphy and Paintings（Wakan shoga inshû）
Harvard Art Museums/Arthur M.Sackler Museum, Gift of Dr. Ernest G. Stillman, Class of 1908, 1975.8
Photo: Imaging Department © President and Fellows of Harvard College

している。落款という画家の印で、絵画の鑑定に際して参考にされ決め手ともなるものを、模写して集成帖を製作したのである。山口静一氏はこれを「明治十三、四年の頃フェノロサが古画研究の手引きとして諸家の落款を手写ししたもの」としている。(13) 落款や、署名の代わりに使用される記号のように図案化された花押や、署名を薄紙にトレースして折本になった一冊のアルバムに貼り、経師屋に表紙を頼み製本したのがフェノロサの『和漢書画印聚《わかんしょがいんしゅう》』（図15）である。同じような体裁で『狩野派落款集』も存在している。このように鑑定の参考にできる貴重な資料をフェノロサは手にしていた。そして日本美術鑑定人として、狩野派からのお墨付きである「狩野永探」という名前も与えられていたのであった。(14)

有賀長雄によれば、朝岡氏の遺言で狩野勝川の家に所蔵されていた五十三冊の『古画備考』という、日本絵画史の、近世までの資料となる画人伝を、フェノロサは狩野友信の周旋で借り受け、有賀が口訳しフェノロサの筆記で写本を作ったという。

諸家の落款、印章は一々朝岡氏の肉筆を以て之を写し、又珍貴なる画品は之を簡単に縮写したり（以下略）

（『東亜美術史綱（下）』一七六頁）

『古画備考』とは、画家集団である狩野派に属する朝岡興禎《あさおかおきさだ》（一八〇〇～一八五六）によって江戸時代末期に書かれたものである。フェノロサが借り受けた時点では印刷もされず(15)、間違いの多い写本はあっても、原冊は一部しか存在していないものであった。これを借り受けるために狩野友信の周旋が必要であったことから考えると、『古画備考』は管理され、その内容が部外者に伝わることに対して排他的であったことが察せられる。遺言で保管する先を決定する、いわば当時門外不出の本であった。その本から落款や署名を写し取る便宜は日本人に与えられるわけはなく、外国人への特例だったはずだ。誰も真似ができず、フェノロサのみ成し得たことが、『和漢書画印聚』の作成と利用であった。

『和漢書画印聚』という資料

『古画備考』とフェノロサの『和漢書画印聚』を比較すると、落款や印章の並ぶ順番が同様ではなく、直接の関連性は薄い。『和漢書画印聚』は、前出の『本朝画史』や『古画備考』から、フェノロサが写し取った落款を整理しトレースして作られたと考えられる。

『ニューヨーク・タイムズ』（一九二〇年一月二十九日付）は、ニューヨーク日本協会の会長であったリンゼイ・ラッセルのコレクション売り立てに先立ち、フェノロサ旧蔵書や手稿が、前出のウォルポール・ギャラリーズで売り立てにかけられたことを伝えている。そこに『和漢書画印聚』の記述がある。


古い錦織を表紙に製本された大型アルバム、フェノロサ教授によって日本の古い画家の落款と署名がトレースされたもの。フェノロサさんによれば実用的には未出版のもの。注文値で一三〇ドル（以下略）（『*The New York Times*』一九二〇年一月二十九日付）

一九二〇年一月二十七日～二十八日にかけて行われたウォルポール・ギャラリーズの売り立てで『和漢書画印聚』は一三〇ドルで落札された。

「日本の浮世絵、八〇〇ドル」という見出しで始まる、最高値の浮世絵、歌川広重《うたがわひろしげ》の三枚組「木曽路之山川」や東洲斎写楽《とうしゅうさいしゃらく》の「岩井半四郎の乳人《めのと》重の井図」などに紙面をさくこの記事には、フェノロサ旧蔵書関係として『和漢書画印聚』と日本の画家について書かれた本の鉛筆書きの翻訳手稿が取り上げられている。おそらく、この翻訳手稿が『古画備考』であったはずだ。

『和漢書画印聚』(16)には、一般に馴染みのある画家として、雪舟、雪村《せっそん》（一五〇四?～一五八九）、周文《しゅうぶん》（室町時代中期）、一休《いっきゅう》（一三九四～一四八一）、本阿弥光悦《ほんあみこうえつ》（一五五八～一六三七）などの落款を見ることができる。同一画家につき何個もの落款が収集されていて、鑑定の際に、作品に押されている落款と見比べる情報が集められている。日本の画家に続き、後半には中国の画家の落款も並んでいる。フェノロサはこれだけの資料をもっていたのである。さらには画家の特徴を知り、諸派の画風を系統的に捉えてもいた。加えて美術に対する西洋の見識も持ちあわせていた。フェノロサの持つ日本絵画に対する知識を超える者は、日本人の中に多くはなかった。

旧家や社寺に出向き、実物を見ることによって、フェノロサは日本美術に対する多くの知識を得た。このように実物を見て知識を得るという自らの経験とは相反するにもかかわらず、ボストン美術館フェノロサ・ウェルド・コレクションには模写が多く所蔵されている。これは、体系として美術史を構成するためのサンプル収集という側面が、このコレクションにあり、実物に準じる模写であれば知識に資するとしたためだろう。フェノロサは、本物またはそれに準ずる模写を年代別に揃え、時代ごとのマスター・ピース、または日本美術における標準化石のように機能させ、その頃、欧米人ではほとんどいなかった日本絵画の実際を知る専門家になろうとしていた。

フェノロサの求めた日本美術の実際を知る専門家という立場は、日本に暮らし実物の日本絵画から得たものに加え、『本朝画史』や『古画備考』から得た知識をもとにフェノロサが、フランスのジャポニスム運動にかかわる雑誌『ガゼット・デ・ボサール』の編集長であり、日本美術のコレクターでもあったルイ・ゴンス（一八四六～一九二八）の著作『*L'Art Japonais*』の一部である日本絵画史を、批判、訂正していたことにより思い至る。一度も日本へ来ることなく若井氏に便宜を図ってもらい書かれたというルイ・ゴンスの絵画史に対して、フェノロサは『ジャパン・ウィークリー・メール』の編集者フランシス・ブリンクリーに請われ「REVIEW OF THE CHAPTER ON PAINTING, IN L'ART JAPONAIS BY L.GONSE」と題し、[17]一八八四年七月十二日付の同紙に書評を寄せている。

ゴンス氏に便宜を図った若井氏とは、明治六年（一八七三）のウィーン万国博覧会の際に、佐野《さの》常《つね》民《たみ》（一八二三～一九〇二）より指名され、起立工商会社という半民半官の美術輸出会社を、松尾儀助《まつおぎすけ》（一八三六～一九〇二）とともに設立した若井兼三郎《わかいけんざぶろう》（？～一九〇八）である。

若井氏の便宜についてフェノロサは、

この紳士は、ゴンス氏に、親切にも彼の未刊行の、日本絵画史の研究ノートを使う事を許したばかりではなく、特別にゴンス氏に見せる目的で借り出した代表的な実例作品を、日本からパリへ持って行くことに成功した。

（『*Japan Weekly Mail*』〈一八八四年七月十二日付〉、『ルイ・ゴンス著『日本美術』別冊付録』一四頁）

と明らかにして、

言うのをためらうが、日本絵画について著者がなした目新しい説明の中の、正しいことの大部分は若井氏によって供給された情報源に負うものである。（同紙、同書、同頁）

と批判する。そして、この記事の最後の段にフェノロサは、

繰り返すが、ゴンス氏は、東洋絵画の真価を認めたヨーロッパで唯一の著者である（以下略）（同紙、同書、二二頁）

と書く。とすれば、東洋絵画の真価を認めるヨーロッパで唯一の著者、ルイ・ゴンスの不備を、具体的に指摘することができるフェノロサは、彼以上に東洋絵画を知る専門家ということになる。

第三節　ある矛盾

奈良の諸君に告ぐ

奈良市浄教寺において、明治二十一年（一八八八）六月五日、フェノロサは「奈良の諸君に告ぐ」という講演を行っている。(18) それによれば、美術と宗教に関して奈良はローマと相似しているという。ローマが四百年来、世界の貴重なものを保存する宝庫であると同様に、奈良の正倉院は中央アジアの博物館と称してもよいとする。また美術教育と博物館については、フランスの例をあげ、殖産興業に資する美術の必要性を説く。そして美術教育というものは、先人が作った美を見るにしかずとして、「故に美術教育の第一は、古名人の遺物を多く収集して博物館を設くるにあり」という意見を述べている。最後に奈良の古物について、それは奈良だけのものではなく日本全国の宝、世界の至宝であるとし、「この古物を保存護持するの大任は、すなわち奈良諸君のよろしく尽すべき義務にて、また奈良諸君の大なる栄誉なり」という。また「いたずらに目前の小利にのみ眩惑して沽却するが如きの弊あるは、いささかもその理を解せざるところなりとす」、と古物の保存を奈良の人々に促し、小利のために古物を売却する弊をいましめて講演を終わる。

ボストン美術館のフェノロサ・ウェルド・コレクションを見るだけでも、一〇〇〇点を超える日本美術を購入したフェノロサが、滑稽（知力にとみ、弁舌さわやかな人が、巧みに是非を混同して説く〈『広辞苑』より〉という意味で）にも奈良の人々に、少しの儲けにまどわされて古物を売ってしまわぬよう忠告しているのである。この時期のフェノロサは自らのコレクションをウェルドに売り渡し、身辺に美術品のない時期のはずではあった。しかし、現実はどうだったのだろうか。

フェノロサの長女ブレンダの記憶に、美術品が家に運びこまれ、また出て行く様子が残っている。彼女の回想によれば、(19)

東京へ私たちが帰ってから、お家は、時々、美術品でいっぱいになりました。たとえば、金箔の上に日本の風俗や、鳥や、風景が鮮やかな色で描かれた屏風、豪華な金襴織りに縁取られた掛け物、たくさんの有名な絵師による浮世絵版画（中略）それらは、なんとすばらしかったことか。新しいものが到着するのを見るのは、どんなに光栄だったことか。そして、それらはミステリアスにも、消えてしまうのだけれど。

（MSAm1759.3（11）「Account of her childhood in Japan」七頁）

東京へ帰ってから、というのは欧米美術事業調査からフェノロサが帰ったときのことである。フェノロサは家族とともにアメリカ経由でヨーロッパへ出かけていた。つまり、フェノロサが欧米出張から日本へ帰った明治二十年（一八八七）以降の、ブレンダの記憶が前記引用となる。

時間が前後するが、御雇い外国人の契約更新が行われ、十月には欧米美術事業調査に出張を命じられる明治十九年（一八八六）、フェノロサは宮内省の高官に対して手紙を書いている。誰に書いたものかは詳らかではない。高官であるということから、明治十八年（一八八五）十二月二十二日、初代内閣総理大臣となると同時に宮内大臣となり、明治二十年（一八八七）まで大臣をつとめた伊藤博文宛の可能性が考えられる。フェノロサと伊藤は、前述のように明治十二年（一八七九）、アメリカ合衆国前大統領ユリシーズ・シンプソン・グラントの日光訪問以来懇意《こんい》の関係であった。

古美術品調査の関西出張中に書かれたというこの手紙には、自らの美術品収集に対する弁明とも思われる内容が含まれている。

個人的なことでもう一言申し述べたいことがあります。それは、過去において私が日本美術の大蒐集家であったという事実によって、私のことを博物館関係のこのような責任ある地位につかせるには適当な人物でないとの偏見を持つ人々が存在することであります。その点に関し種々のご心配があったと思いますが、実は私は、今始めて打ち明ける話ですが、私の全コレクションをボストン美術品に陳列することを条件に昨年売却いたしました。今や蒐集家ではありませんので、その点のご心配は払拭できるかと考えております。

（「フェノロサ書簡」『フェノロサ（上）』二八九頁）

この手紙の「昨年売却」という言葉に矛盾があったとしたら、弁明は成立しなくなる。しかし、フェノロサの旗色は悪い。コレクションは、日本へ来ていたチャールズ・ゴダード・ウェルドに売却されているのだが、ウェルドが日本を訪れたのは明治十九年（一八八六）だという説があり、また、一八九九年に、フェノロサが「ハーバード大学卒業生の紳士録」のために書いた文章を読むと、一八八六年に売却したと自ら記している。[20] 加えてボストン美術館の、フェノロサ・ウェルド・コレクションの来歴でも、ウェルドが一八八六年にフェノロサから購入したとされているのである。

さらに手紙は自らのコレクションの現状を説明して、文部省図画調査会のための複写原本として、ごく一部がのこっていることを伝える。そして、

私は絵画を購入することは止めております。コレクション売却以後これまで購入した目的も専ら「日本美術史」の図版用という限定された計画を実現するためでありましたが、私の蒐集に関す

る限りその計画も完了しております。　（同書簡、同書）

と書く。

当該年度、明治十九年は、フェノロサの希望どおり宮内省雇いになり、欧米視察に出かけた年である。そして、それに先だっては「絵画を購入することは止め」、また「私の蒐集に関する限りその計画も完了し」た、と宮内省高官への手紙に書いたフェノロサであった。しかし、欧米視察より帰国した後、再びあらゆる日本美術の購入をはじめたことを、ブレンダの回想は伝えていた。

欧米視察報告書の一部であると考えられる帝国博物館構想の草稿が、(21)ホートン・ライブラリーに残っている。前出の宮内省高官に出した手紙にも「博物館関係のこのような責任ある地位」という言葉がある。(22)欧米視察を挟んだこの時期、フェノロサは博物館行政に意欲をもっていた。

「一　帝国美術博物館設置の必要なる理由　1、急速な国宝の散佚」とはじまるフェノロサの博物館構想は箇条書きで、まず国宝の散佚する状況を分析して、「日本政府は日本美術史におけるこの危機的状況に際しその利用し得べき美術資料の保存、研究、全世界への紹介のため直ちに積極的方策を講ずべきであると考えられる。適切な構成を持つ帝国美術博物館こそこれをなし得る唯一の機構である」と。そして次に博物館の組織と事業案が続き、博物館人事の項では実名により、予定される組織が描かれる。館長に河瀬秀治、幹事にフェノロサ、岡倉覚三、今泉雄作、文献専門家には有賀長雄や黒川真頼の名も見えるフェノロサ寄りの組織であった。

フェノロサの帝国博物館構想は、明治二十二年（一八八九）帝国博物館設置の際、宮内省図書頭《ずしょのかみ》九鬼隆一が起草した「帝国博物館事務章程」等に似る。九鬼起草の原案となった可能性もあるにもかかわらず、同年五月十六日、宮内省図書寮博物館が帝国博物館と改称した際の組織には、総長に九鬼、理事に川田剛、岡倉覚三、山高信離《やまたかのぶつら》などの名が並ぶのみであった。帝国博物館の組織にフェノロサの名前はなかった。

明治二十一年（一八八八）五月から九月にかけての畿内古社寺宝物調査（委員長九鬼隆一）を最後に、フェノロサが博物館の準備や古社寺調査から外れていった理由はわからない。単に外国人だからというわけではなかっただろう。前述のような、フェノロサの不誠実とも考えられる行動が、人々の眼に触れ、耳に入っていたのかもしれない。

それにしても、フェノロサの美術品にかかわる一連の行動は不可解である。なぜなら、美術品の売買で経済的利益を求めたいのならば、すでに、コレクションをウェルドへ売却したことにより、一説によればフェノロサは、二五万ドルを手にしていたのである。(23) もう十分だったはずだ。

「京都大徳寺蔵中国古代仏画特別展」

ボストン美術館においてフェノロサが、一八九四年に企画した展覧会に、「京都大徳寺蔵中国古代仏画特別展」がある。三十七頁の大徳寺五百羅漢図の展覧会カタログには一頁から十二頁にかけてフェノロサの序文が掲載され、フェノロサの肩書きは「Curator of the Department of Japanese Art」である。これにより彼が、キュレーターという、博物館で一目を置かれる存在であったことがわかる。また序文の六頁から七頁に密教のことが書かれていて、フェノロサが天台密教に帰依していたことが思い起こされる。図版は巻頭に五百羅漢図の一葉が使われるのみで、フェノロサが選んだ四十四幅について、文字による説明がなされるカタログである。

「京都大徳寺蔵中国古代仏画特別展」が、後世フェノロサの評価に影を落とす。

大徳寺の五百羅漢図は、南宋の寧波《ねいは》(24)で、淳熙《じゅんき》五年（一一七八）からほぼ十年をかけ、林庭珪《りんていけい》・周季《しゅうき》常《じょう》という絵師により全百幅が製作された美術史上重要な作品である。現在、大徳寺に八十二幅が所蔵されている。すでに一八八六年の夏において、朝鮮王朝の画家、李秀文《りしゅうぶん》（一四〇三～？）の山水画を井上侯爵の個人コレクションへ売却するなど困窮していた大徳寺は、一八九四年に、売却を目的として『五百羅漢図』をニューヨークをはじめ欧米で巡回させている。ボストン美術館の特別展は、この一環であった。

フェノロサの評価を複雑にする、五百羅漢図の一幅にまつわる出来事は、フェノロサの一九〇二年十月十二日付、フリーア宛書簡で明らかにされる。[25] この一幅に焦点をあて、フェノロサ書簡を要約してみよう。

一八九四年、大徳寺は五百羅漢図を担保として岩崎氏から多額の借財をした。その後、岩崎氏は大隈伯爵の私設秘書であったK・大石氏に頼み、アメリカ及びヨーロッパで五百羅漢図の展覧会を開催することにした。そこでボストン美術館のフェノロサも五百羅漢図の解説目録を作り四十余幅を選び陳列した。ボストンでの展覧会は関心を呼び、売却の申し入れがなされ、日本政府もそれを許可していることが確認され、ボストン美術館が十幅を購入することになった。売値は、はじめ一幅二〇〇〇ドルであった。以上が一八九四年の展覧会の顚末である。

次いで、展覧会から八年が過ぎたこの時点で、フェノロサがフリーアに送ろうとしている大徳寺五百羅漢図の一幅についての説明が続く。これによれば、その一幅は秀作であるにもかかわらず、偶然展覧会に出品した四四点にも、ボストン美術館が買い上げた十点にも含まれなかったものであったと、「展示のため選り分け作業をしていたとき、秀作の内三点があやまって不出品のものを入れる方の箱に混入していまい、展覧会が終わって再び荷造りを始めるまで誰も気づかなかった」ものだという。

書簡には、なぜフェノロサの手元に、この一幅があるかの説明も書かれている。

美術館の尽力に感動して日本の取扱者はフェノロサに礼金の申し入れをしたが、フェノロサは断った。残った画幅の中から好きなものを受け取って欲しいというのも断ったという。そして「後日、美術館の当局者に話しましたところ、作品一幅を受領することに異存はないということでしたので、私は彼に手紙を書き、その好意を黙認することにしてこの一幅を選んだというわけなのです」。大徳寺五百羅漢図のうちフェノロサの選んだ一幅というのは、林庭珪筆「羅漢洗濯図」（図16）であった。仏教において尊敬を受けるにふさわしい羅漢が、川辺で洗濯しているという一見ユーモラスな、いかにも欧米人好みの画題である。これはフリーアによって、一九〇二年十月二十八日にフェノロサから一六四〇ドルで買い上げられ、[26]現在はフリーア美術館が所蔵している。

（図16）羅漢洗濯図
（フリーア美術館蔵）
Freer Gallery of Art, Smithsonian Institution Washington, D.C.;Gift of Charles Lang Freer, F1902.224

釈然としない出来事ではある。それは勘案に入れず、フェノロサ自身の手紙だけから判断しても、彼の脆弱な道徳規準がうかがえる。美術館の当局者が巡回展示作品の一幅を受領することに異存はない、と言ったのはおかしな話である。いくら民間の有志によって作られたボストン美術館であっても、賄賂《わいろ》まがいの作品の授受に美術館当局者は許可を与えるものだろうか。そしてフリーアが買い上げた金額は、当初ボストン美術館に大徳寺側が提示した金額を叩き台にしたような額であった。

「羅漢洗濯図」が、日本側によるフェノロサに対するお礼であったかどうかは不明である。フェノロサはボストン美術館で開かれた「京都大徳寺蔵中国古代仏画特別展」の八年後、それをフリーアに売却し、まとまった金額を手にしたことだけが確かなことである。


この時点でも、フェノロサには、一人目の妻リジーへ毎月支払う慰謝料以外[27]、大きな支出はない。経済的困難もない。なぜなら一九〇一年に二人目の妻と共作したシドニー・マッコール（筆名）著『トゥルース・デクスター』が出版され、フェノロサたちは五万ドルの収入を得ていたのである[28]。彼らは、不自由のない暮らしができる状況にあった。ウェルドへ一八八五年[29]、二五万ドルで自らのコレクションを売り渡した後、巨額の金額を手にしているにもかかわらず、自らは美術品を買っていないとまで宮内省高官への書簡に書き、一八八七年頃には屏風等の売買をしていたのと同じ構図である。

フェノロサのお金に関する問題は不透明である。三十二歳という若さでウェルドにコレクションを売却し、今の金額にすれば六億円ほどが動き、その後も日本の文部省や宮内省から御雇い外国人としての高給を得、またアメリカへ帰ってからはボストン美術館のキュレーターとなり、離婚スキャンダルで美術館を離れた後は、啓蒙を目的とする文化講演会のレクチャラーをつとめるというように、常時多額の収入を得ていた。もちろん「羅漢洗濯図」のようにフリーアに売却した美術品も数多く、売却ごとに千ドルを超え、五千ドルが動いたことさえある。また、二人目の妻メアリーの小説による収入もあった。

一九〇八年に美術クラスのレクチャラーとして、学生を率い訪れたロンドンで客死したフェノロサが残したものは、多数の浮世絵とフリーア・コレクションのスライド、ノートに記された草稿の類と、ニューヨーク山中商会への借金であったという。(30) 多額のお金は、どこへ消えてしまったのだろう。

「京都大徳寺蔵中国古代仏画特別展」のカタログにおいて、フェノロサは大乗仏教をアメリカ人に知らしめ、仏教に加勢して利他につとめた。にもかかわらず、大徳寺五百羅漢図の一幅を、お礼であれ何の名目であれ対価を支払うことなく手にし、後日、それをコレクターのフリーアに売却し、利己とした。このことで、どこか公明正大な人に見えづらくなったフェノロサがいる。

【註】第三章　海を渡る日本美術

◎第一節　ボストン美術館のフェノロサ・ウェルド・コレクション

(1) http://en.wikipedia.org/wiki/Charles_Goddard_Weld（2013-12-05 参照）ではウェルドが日本へ来たのを、一八八六年の出来事として記載している。日本での通説では、日本へ来たウェルドにフェノロサがコレクションを譲渡したのは、一八八五年ということになっている。フェノロサの一八八六年の書簡で、自らのコレクションを前年にウェルドに売り渡したと書いていることによる。

(2) Walter Muir Whitehill, *Museum of Fine Arts Boston : A Centennial History Vol.1*, The Belknap Press of Harvard University Press, 1970, 一一四－一一五頁
(3) 栂尾祥瑞「ボストン美術館の日本仏画」『在外秘宝』学習研究社、堀田謹吾『名品流転』日本放送出版協会、二〇〇一年、二七〇頁
(4) 山口静一「ボストン美術館　フェノロサ・ウェルド・コレクション目録　その（一）」『LOTUS』第三〇号 日本フェノロサ学会、二〇一〇年、一－一〇頁（横書き頁）
山口静一「ボストン美術館　フェノロサ・ウェルド・コレクション目録　その（二）」『LOTUS』第三一号 日本フェノロサ学会、二〇一一年、七－二九頁（横書き頁）
(5) 明治十七年三月に、会主を町田平吉としてはじめられた有料の古画鑑定会である。しかし、これに参加していたフェノロサの意図は、新しい日本画の制作と、海外へ日本美術を広めることにあった。同年四月、会主、町田平吉が退会。事実上の会主はフェノロサとなる。
(6) 瀧悌三『日本近代美術事件史』東方出版、一九九三年、一四二頁
(7) 絵画ではないが根付けにおいては、サザビーズ・セールスカタログ『*Japanese Works of Art*』掲載作品番号1199-1234までの内、1200酒呑童子と1217韓愈だけが人物であり、それ以外は動物関係であった。(Sotheby's SALE LN3355, *Japanese Works of Art*, Sotheby's　London, 1998, 九〇－九五頁)
(8) 東京国立博物館『ボストン美術館　日本美術の至宝』ＮＨＫ、二〇一二年、二一六頁
(9) 東京国立博物館編『内山永久寺の歴史と美術　資料篇』東京美術、一九九四年、一四頁
(10) 高田良信『「法隆寺日記」をひらく』日本放送出版協会、一九八六年、四九頁

◎第二節　フェノロサの鑑識眼

(11)『東京美術学校校友会月報』第十九巻第六号、東京美術学校校友会、一九二〇年、一六四－一六五頁
(12) Transaction of the Asiatic Society of Japan, Vol. Ⅶ、1878-79, 四四一頁、山口静一『フェノロサ(上)』三省堂、一九八二年、四五八頁

(13)山口静一『フェノロサ(上)』三省堂、一九八二年、一二九頁

(14)『国民新聞』明治四十一年九月二十八日付、同志社大学人文科学研究所蔵

(15)一九〇三年から一九〇五年にかけて、朝岡興禎著、太田謹編『古画備考』(増訂版)五冊が弘文館から出版されている。

(16)この資料には、フェノロサ夫人メアリーの署名入りフェノロサ旧蔵書票が貼付されている。また、ウォルポール・ギャラリーズでの売り立て目録番号245の切り抜きも貼付されている。そして落札の後は、ハーヴァード大学スティルマン博士寄贈日本関係図書蔵書票およびFogg 1975.8という登録番号(村形明子『ハーヴァード大学　ホートン・ライブラリー蔵　フェノロサ資料Ⅱ』ミュージアム出版、一九八四年、巻頭写真頁より)が付けられている。これらにより資料の移動がわかる。現在、ハーバード美術館／アーサー・M・サックラー美術館蔵。

(17)『*Japan weekly mail*』(一八八四年七月十二日付)掲載のフェノロサ寄稿文、馬渕明子『ルイ・ゴンス著『日本美術』別冊付録』Edition Synapse、二〇〇五年　一三一-一二二頁

◎**第三節　ある矛盾**

(18)ドクトル・フェノロサ「奈良の諸君に告ぐ!!」、真島正臣ほか『光雲　第十七号』奈良仏教青年会、一九八七年、一五-一九頁

(19)この回顧は、Van Wyck Brooks, *Fenollosa and His Circle* の中や、また"Recollection of My life in Japan" October 12, 1952, MS in possession of Brenda Fenollosa Biddle estate, Haverford, Pa.(「日本暮らしの回想」一九五二年十月十二日ペンシルバニア州　ハバーフォードのブレンダ・フェノロサ・ビドルの遺産の中にある手書き文書)として、チゾムの『*Fenollosa: The Far East and American Culture*』に引用されている。そして、この手書きの文書のコピーは、ハーバード大学ホートン・ライブラリーにMS Am1759.3(11)「Account of her childhood in Japan」として所蔵されている。

(20)U.S. School Catalogs, 1899, ancestry.com

(21)E・F・フェノロサ「帝国博物館構想の草稿」、山口静一『フェノロサ(上)』三省堂、一九八二年、三四七－三四九頁
(22)E・F・フェノロサ書簡、MS., bMS Am 1759. 2 (70), The Houghton Library、山口静一『フェノロサ(上)』三省堂、一九八二年、二八九頁
(23) 金子堅太郎「フェノロサ追悼会（明治四十一年十一月二十九日、於上野精養軒）演説」、『東京美術学校校友会月報』第七巻第四号、明治四十一年、六六頁、山口静一『フェノロサ(下)』三省堂、一九八二年、六頁
一八八五年の二五万ドルという金額を、アメリカの消費者物価指数(www.mesuringworth.com 2013-12-29 参照)を使い二〇一二年の金額に換算すると、二四・六倍の六一五万ドルになる。
(24)林庭珪・周季常は杭州で活躍していた可能性があるとの指摘が、井手誠之輔論文「南宋仏画へ遡及する」によりなされている。
(25)E・F・フェノロサ書簡、チャールズ・ラング・フリーア宛、一九〇二年十月十二日付、Freer Gallery of Art 所蔵、山口静一『フェノロサ(下)』三省堂、一九八二年、三五－三八頁
(26)フェノロサとの取引を証明する伝票等、一九〇二年十月二十八日付、Freer Gallery of Art 所蔵、山口静一『フェノロサ(下)』三省堂、一九八二年、三八頁
(27)本書、第四章第三節、二三九頁参照
(28)Caldwell Delaney, Mary McNeil Fenollosa, an Alabama Woman of Letters, 日本フェノロサ学会編『LOTUS』第二号、日本フェノロサ学会、一九八二年、三二頁（英文頁）
(29)ここでは通説のとおり、フェノロサがウェルドにコレクションを譲渡したのを一八八五年とした。
(30)フリーア書簡、メアリー・マクニール・フェノロサ宛、一九〇八年十月二十八日付、山口静一『フェノロサ(下)』三省堂、一九八二年、三一〇－三一三頁

第四章　フェノロサと二人の妻

第一節　リジーからメアリーへ

一人目の妻、二人目の妻

多くの部分で反対の資質を持つ二人の女性と、フェノロサは結婚した。リジーは、学術であれ趣味であれ、フェノロサの心酔している世界、または考えていることに対して、ほとんど関心を寄せない女性だった。それに比べメアリーは、十善戒を受け仏教に帰依したことからもわかるように、何かにつけ、フェノロサの興味があることを一緒に楽しむ女性だった。よくもこんなに異なる資質の女性を選んだものだ。あなた、稼ぐ人、私、遊ぶ人、とばかりにフェノロサの日本での地位と経済力を享受した外交的なリジー、あなた、人脈をもつ知識人、私、注目されるのが好きな人、とばかりに小説家になっていった上昇志向の強いメアリー。

ここでは、リジーを一人目の妻、そしてメアリーを二人目の妻と呼びたい。これはリジーが没した後も、その墓石に「リジー・G・フェノロサ」という名前を刻んでいることによる。そして、また一九七八年、フィラデルフィア美術館が、フェノロサの孫であるオーウェン・ビドル氏に宛てた寄贈品の受領書に、「彼の祖母であるアーネスト・フェノロサ夫人のコレクション」という言葉を記していることによる。(1)リジーは一生、そして没してからもフェノロサ姓を名乗り、また、周囲の人々からも、そう認められていた。彼女は離婚後も、メアリーと並行して、フェノロサの一人目の妻であり続けた。リジーは、「一番目の妻」「最初の妻」という名前で梱包され、片付けられることに同意していなかったはずだ。

リジーとメアリーという二人の妻と関わったフェノロサは、はたして幸せだったのだろうか。このことを考えながら、たまに泥沼化するフェノロサと二人の妻の関係を見てみよう。

フェノロサはロマンチストであった。ハーバード大学を卒業する一八七四年、華やかな存在として捉えていた母方のシルスビー家の、フェノロサの母と一つ違いの妹ハンナ・シルスビーに詩のノートを献じるほどなのである。もちろん意中の人であったリジーに対しても、一時離れたとき、詩に気持ちを託している。(2)

年齢を重ねても彼の、ロマンチストとしての性格は変わることがなかった。四十二歳のフェノロサは、二人目の妻であるメアリーに対して心憎いプレゼントを贈る。メアリーは一八九六年四月二十八日、パリでの日記に、優しく寛大な、愛しい人は私に美しいものを持たせようとしてきかない。素敵な緑の絹の一着をはじめ、ドレス数着、帽子二つに絹のストッキング、ペティコート、手袋、素敵な下着（以下略）

（『フェノロサ夫人の日本日記』一三頁）

と誇らしげに書く。彼らの新婚旅行だと考えられるニューヨークを出発、ロンドン、パリ、ヴェネチア、エジプト、そして、日本へ至る長旅である。パリでのフェノロサは当然のようにロマンチストだ。妻となった女性に、美しいものを持たせようとしてきかない。いらないと言われようが、あれもこれも、妻に美しいものを身につけてほしいというのである。

フェノロサは、二人の女性を愛した。だが二人の妻から、フェノロサに注ぎ返される感情は、けっして細やかなものではなかった。リジーは「美しい人」を前面に押し出し、華やかな日本での生活を謳歌し、メアリーは「才気ある人」を頼み、文壇への登場をフェノロサの協力によって成し遂げた。そして彼女らの力では、けっして近づくことができない、政府高官主催の鹿鳴館夜会へとリジーはおもむき、また、メアリーはフェノロサの人脈や名声により、チャールズ・ラング・フリーアや二十世紀初頭の詩におけるモダニズム運動の中心にいたエズラ・パウンドと交流をもった。二人の妻はともに、夫、フェノロサから利することが多かったのである。

だが、リジーやメアリーが功利的であったかといえばそうではない。フェノロサがリジーと結婚した時点で、彼は、妻に望ましい生活環境を用意できる可能性を持っているだけの男性だった。現実にはマサチューセッツ州の結婚記録台帳の職業欄に書かれているように教師という職以外、何も手にしていなかった。結婚の後、幸運にもフェノロサは地位や経済力を、リジーの力も借りながら手に入れていったのである。また、メアリーにしても、彼女との恋愛スキャンダルなどでフェノロサのボストン美術館キュレーターという要職が揺らぎはじめた時点で結婚している。

二人の妻は、フェノロサとともに、上首尾で、十九世紀末を一陣の風のように吹き抜けていった。リジーとかかわったフェノロサと、メアリーとかかわったフェノロサの間には、地位の高さや経済力の大きさに差があった。しかし、低くなったとはいえ、小さくなったとはいえ、メアリーとかかわったフェノロサでも、普通の人よりずっといい条件の生活を彼女に用意できた。たいくつを嫌い、変化を求めると思われるメアリーのような女性にとって、最高の配偶者であったはずだ。

細やかな感情で、フェノロサと接したとは感じられない二人の妻たちである。どうしてなのだろう。

彼女たちは結婚によって、夫の高みにある地位や経済力をともに享受する社会的存在であることを要求されたはずだ。リジーであれば、前述のように山県公爵に招かれて鹿鳴館の舞踏会へ出席しているし、また、観菊会、観桜会などで宮中への参内もしている。メアリーでさえ、財界人である旧三井物産を設立した益田孝を知己とし、そして、明治三十三年（一九〇〇）には皇太子成婚式へ列席するなど、日本での華やかな生活に自らを同調させる必要があった。つまり、彼女たちはフェノロサと出会って、衆目に晒《さら》されることを厭《いと》わない、社会的に尊厳ある女性に変化せざるをえなかったと考えられる。

「盛装したリジー夫人」という写真を見たことがある。夜会服の上に毛皮で縁どりされたケープを羽織り扇子を手にするリジーが、初々しい晴れやかな面持ちで屏風の前に立つ肖像写真である。それは鹿鳴館、二階舞踏室の入口、屏風の前で撮影された可能性がある。[3] その写真に見るリジーは、美しい貴婦人以外の何ものでもない。このときのものだと特定できないが、ハーバード大学ホートン・ライブラリーに、フェノロサの孫であるオーウェン・ビドル氏寄贈の鹿鳴館舞踏会の招待状が残っている（図17）。それによれば、彼らは当時、総理大臣であった山県有朋の、明治二十三年（一八九〇）一月二十三日九時からの鹿鳴館夜会に招待されている。

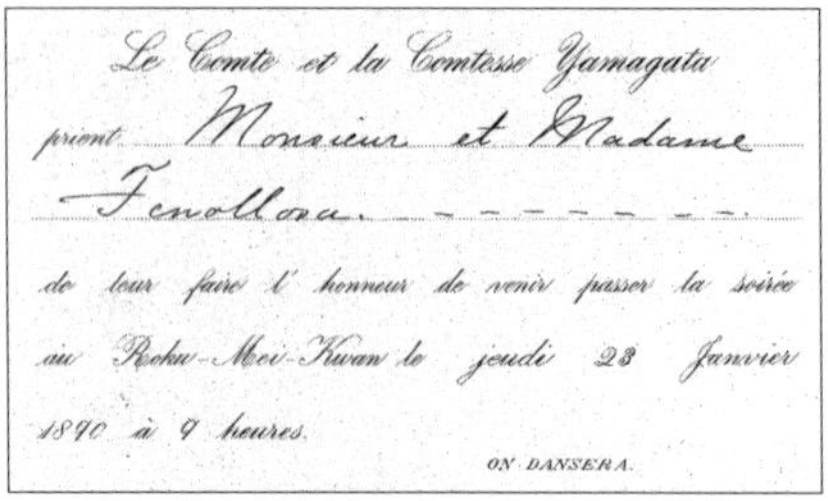
Le Comte et la Comtesse Yamagata
prient Monsieur et Madame
Fenollosa
de leur faire l'honneur de venir passer la soirée
au Roku-Mei-Kwan le jeudi 23 Janvier
1890 à 9 heures.
ON DANSERA.

（図17）山県有朋の鹿鳴館夜会 招待状
（ハーバード大学ホートン・ライブラリー蔵）
MS Am 1759.3（9）, Houghton Library, Harvard University

若くして与えられてしまった御雇い外国人という地位はフェノロ

サのみならず、その周りも少なからず変質させてしまったようだ。彼らが、未だ文明化されない日本という国に住むこと、そして、そこでの経済力をもつ特権階級に属するということは、妻に自尊心とともに傲慢さも与えたのかもしれない。これは現在でも海外駐在員の妻に、しばしば起こる現象である。王侯貴族の妃のようになってしまった妻と暮らすことは、細やかな情のかかわりを積み重ね生きてゆく市井の生活と、かけ離れたものであったはずだ。そして、それは、ささやかなしあわせの形にほど遠かったと推測する。

また、メアリーはといえば、事実上破綻していた二度目の結婚と二人の子どもをそのままにして、当時、文学を志す者にとって憧れの都であったボストンへ、美術館での職を得て、故郷モービルを後にするような女性であった。そして、そこでは多くの女性文学者と交わり、文学者、美術家の集まりにも出席していたのであった。(4) このような上昇志向の強い女性と日々を過ごすことは、フェノロサにとってしあわせだったかどうか。

もちろんしあわせのかたちは、人それぞれである。

美しすぎる妻、リジー

僧侶の袈裟が寄贈されているフィラデルフィア美術館に、リジーの衣類の多くも寄贈されている。

それらはピンクサテンのドレス、藤の花、紅葉、菊をデザインした着物、深緑色の地に鳳凰と牡丹が織り出された金襴の帯など、リジーの華やかな日本時代を彷彿とさせてくれるコレクションである。(5)このなかで、取るに足りないことではあるが、着物の数に比べて長襦袢《ながじゅばん》の数が多いことに興味が引かれる。

コレクションは、一九五七年にフェノロサとリジーの娘、ブレンダ・ビドルから、また一九七八年には孫のオーウェン・ビドル夫妻から、フィラデルフィア美術館に寄贈されたもので構成されている。同館の関係資料による着物類の内訳は、着物が五枚、帯が五本に対して長襦袢は八枚であった。

下着である白いペチコートまで寄贈されていることから、華やかな時代の思い出に残していた衣類のすべてが、コレクションに入っていると考えて差し支えないだろう。だとすれば、長襦袢の数が、着物を仕立てるときに併せて作ったとしても三枚多い。なおかつ長襦袢八枚のうち五枚は青とされている。長襦袢とは着物の下に着るもので、日本人にとっては下着である。これが欧米人にとって、なにか他のものに見えたとしたら、リジーの長襦袢の不思議は解ける。

以前、ロンドンで下宿させていただいた大学教授宅で、丈の長い日本の紋付がガウンとして使われているのを見たことがある。これに準じて考えると、リジーは長襦袢をガウンとして使っていたのかもしれない。白い肌ののリジーが、顔映りのよい青のガウンを羽織ったとしたら。青い長襦袢は、美しく妖艶なリジーを想像させてくれる。彼女は、フェノロサが万難を排して結婚した女性であった。

リジーはメアリー・エリザベス・グッドヒューとニーダム・チャップマン・ミレット（一八二七〜一九〇四）の一人娘であった。フェノロサは、高校時代から憧れ続けた美しいリジーと、前述のように一八七八年六月十二日、結婚した。このとき、長年リジーの家族がフェノロサにもっていた「暗い遠慮がちの、陰気な」という評価を覆すだけの未来が、日本での御雇い外国人には約束されていると、フェノロサは確信していたはずだ。また、リジーが想像もできない生活をさせてあげられる自信もあったはずだ。さらには、フェノロサの母の実家であるニューイングランドの由緒あるシルスビー家に対して、フェノロサが抱き続けてきた気後れや、そして父がスペイン移民であるということさえも乗り越えられると感じていたはずだ。彼の自信と満足の表情が、「新婚のリジー夫人とフェノロサ」（**図2**）の写真にうかがえる。

リジーの美しさは、時に災いする。梅澤精一《うめざわせいいち》著『芳崖《ほうがい》と雅邦《がほう》』のなかに、彼女に関わる逸話が書かれている。

またビゲローと同居せる折、此の妻の美貌を美人局に、ビゲローから金を引出して、日本の名画を買込んだとも謂われている。

（『芳崖と雅邦』一五二頁）

だがこれは、チャールズ・ラング・フリーアとも取引のあった浮世絵商小林文七（一八六四〜一九二三）によって否定されている噂である。[6] 加えて、男だけのつながり、ホモソーシャルを重んじる傾向があったビゲローである。このような話はなかったと考えられる。ただ、リジーは当時の日本人にとって理解に苦しむような自由な女性であったことは確かだ。ヘンリー・アダムズ（一八三八〜一九一八）が、後の国務長官ジョン・ヘイ（一八三八〜一九〇五）に宛てた一八八六年八月二十二日付の手紙には、日光の湯元温泉まで馬を仕立てて小旅行に行ったことが書かれている。

フェノロサは気分がすぐれず、ラファージは忙しかった。しかし、フェノロサ夫人とビゲロー、そして私は湯元を訪ねて出発した。

（『*Letters of Henry Adams*』三七五頁）

夫の気分がすぐれないというのに、リジーは率先するように五頭の馬を頼んで、ベッド、毛布、シーツ、銀食器類、食べる物や飲物を馬に積み、出かけているのである。出発は朝の八時半、昼食後、少しのあいだ船に乗り二マイルを歩き、また山を登り湯元温泉へ着いたというのだから、どう考えても到着は午後三時を過ぎていたと思われる。つまり、夫と子どもたちを日光に残したまま、リジーはビゲローやヘンリー・アダムズと一緒に一泊旅行へ出かけたことになる。

このように誤解されそうな出来事はあったが、リジーに関する逸話を否定するほんとうの理由は、ホモソーシャルにありそうだ。推測も混じるが、フェノロサとビゲロー、そしてリジーとの関係を分析してみよう。

フェノロサがリジーと離婚するまで、コインの表と裏のように一緒に行動していたビゲローは、リジーとフェノロサの離婚後、それを非難するかのように彼らと疎遠になった。ここで、リジーへの思いが少しでもビゲローにあったのならば、奇貨居くべし、という様子があってもおかしくない。しかし、疎遠になったのである。

この後のリジーとビゲローの関わりを示す史料としては、一九〇八年のフェノロサ没後、リジーが送付した書簡に対するビゲローの返信を見るのみである。

ホートン・ライブラリーに所蔵されているビゲロー書簡（MS Am 1759.3（1））を読むまでは、ビゲローがフェノロサへの追悼のために、自発的に追悼の書簡をリジーに届けたものと理解していた。しかし、全文を読むことにより、リジーの書簡が先に、ビゲローへ届けられていたことがわかった。

冒頭に「一九〇八年十二月九日　ビーコン通り五六」と記されたビゲロー書簡は、以下のような内容であった。少し長くなるが引用してみよう。フェノロサとビゲローの間にあった気持ちのわだかまりが、最終的に、ビゲローの中で平穏に収束していたことが推し量られる書簡である。

親愛なるフェノロサ夫人

アーネストについての手紙と、また、同封くださったものに対し、たいへん感謝しております。彼についての説明はすばらしいものです。「言い訳することのない、また少しも悪いとは考えられない」人でありました彼は、知性と鑑識眼のある人でした。あなたが彼の家庭にもたらした報告、また、彼がブレンダに書いたことについて聞き及び、私はとても嬉しく思っています。それは良い知らせです。もし、私がそのことを、この春に知っていましたら、N・Y・Cか、ワシントンに彼を訪ねることを主張すべきでした。彼と会うことは楽しいことだったでしょうに。彼は手の届かないところへ行ってしまいました。

彼は、ある意味で偉大な人でした。彼には能力も力もありました。彼は多くのことにおいて卓越していました。しかし、すべてのことについて抜きん出ているという彼の考えは間違っていました。人は、いつも他の人に対して、また、すべてのことに対して聡明であるというわけではないのです。もっとも強くあらわれた特異な個性の中においても、人種に係る普遍的な大いなる残《ざん》滓《し》がのこっています。これを無視することは災いを招きます。

彼の魂よ安らかに。もし彼が彼自身を最大限に活用することができていたならば、彼は偉大な人物であり続けたでしょう――彼は、元通り、非常に多くの良いことを世の中になしたでしょう――。

インガソル講演会を気に入っていただきありがとうございます。あれは二十五年をかけ、書く準備が整ったものです。あなたのお申し越しのコインのことは、とても興味深いものです。私は、それについて日本で話したことを、すっかりわすれていました。

あなたからの二通目のお知らせがちょうど届いたところです。どうかブル夫人のご親切にお礼を申し上げてください。私は約束があって時間どおりに行けませんが、レクチャーの後半を拝聴できますことを願っております。私もブル夫人に手紙を書きます。

敬具

W・S・ビゲロー(7)

フェノロサの二人の妻たちは、夫または前夫が没した後、社会的優位にあるフェノロサの友人に宛て、様々な相談を含む訃報の知らせを届けている。彼女らの書簡を直接読む機会はもてなかったが、メアリーのフリーア宛書簡の存在と内容は、フリーアの一九〇八年十月二十八日付返信によりあきらかにされ、また、リジーのビゲロー宛書簡は、前記引用の一九〇八年十二月九日付ビゲロー返信により、その内容を知ることができた。

彼女たちが書簡を届けた相手は、それぞれにメアリー寄り、リジー寄りの立場をもつ人物であった。メアリーのフリーア宛書簡は、フェノロサ亡き後の様々なことを相談し助言を求め、そして彼女自身を大富豪フリーアにアピールしているかのように感じられるものであった。ではリジーの書簡には、どのような意味が内包されていた可能性があるのだろうか。

リジーのビゲロー宛書簡には、フェノロサのハーバード大学のクラスメートN・H・ドールによる十一月二日付公式追悼文が同封されていたようだ。ビゲローは同封されていた何かに対して「彼（フェノロサ）についての説明はすばらしいものです」とコメントしている。さらに読み進むと、フェノロサが長女ブレンダに書き送った内容を、リジーの書簡によりビゲローが知り、一九〇八年の春にそのことを知っていたなら、ニューヨークかワシントンでフェノロサを訪ねることもできただろうに、彼に会うことは楽しいことであっただろうに、とビゲローは悔やんでいる。リジーとフェノロサの離婚以降、疎遠になっていたビゲローが、時を経てフェノロサと会ってみたいと思う内容が、フェノロサによってブレンダに書き送られていたというのだ。想像の域は出ないが、「来し方の幾ばくかの反省」「娘（血縁のある）は彼女一人だけ」というようなことが書き伝えられていたのだろう。

話が現実的になるが、フェノロサに遺産があった場合、そのように実の娘ブレンダに心をかけているのであれば、少なからぬものがブレンダに残されると考えられる。ところが、一九〇八年十一月十七日付のメアリー宛フリーア書簡によると、「教授がジョンソン夫人（ブレンダ）に何ひとつ遺贈する意志のなかったことに些《いささ》かの疑いもありません」と書かれていて、同年十一月の状況ではブレンダになにも残されていなかったのである。

フリーアがジョンソン夫人（ブレンダ、初婚時の姓）への遺贈について、否定的見解をメアリーに書き送ったと同時期に、リジーからビゲローへの書簡は書かれている。ビゲローに、娘へ届けられていたフェノロサの言葉に対する擁護者になってほしいという意図が、リジー書簡には含まれていなかったか。

二人の妻たちは、それぞれにフリーアやビゲローという後ろ盾を得て、メアリーは遺贈の意思を根拠として、リジー／ブレンダ側はフェノロサから書き送られたものを引き合いに出し、遺産分割の和解調停に臨んだと考えられる。

ビゲロー書簡は、さらにフェノロサの負の部分にも書き及んでいる。自らがすべてにおいて、いつも優位に立っていると思っていたフェノロサの生き方は過ちであったと。過ちの具体的な例を考えてみると、メアリーとのスキャンダル、作品説明の転用という著作権の問題など、一八九〇年からビゲローが理事に名を連ねていたボストン美術館での、フェノロサ追放（一八九六年）の理由が思いおこされる。そして、長きにわたりフェノロサと行動を共にしたビゲローが感じたはずの、時として脆弱になるフェノロサの倫理観も、その判断の根底に歪んだ自負心があるとすれば、過ちの例に含まれるだろう。

そしてビゲローが等身大のフェノロサに対して抱いていたアンビバレントな評価の負の部分を、書簡の中では、人種というものに帰結させようとしているように見受けられた。

新たに接することができた手書きの一次史料「ビゲロー書簡」に寄り道してしまった。いずれにせよ、この返信を受け取ったリジーは、自らの結婚はフェノロサにとって継続すべきもの、つまり、メアリーとのスキャンダルを起こしたりせず、フェノロサを「元通り」でいさせるために継続すべき正しいものであった、とビゲローが思っていると感じたはずだ。

ビゲローが重んじる傾向にあったホモソーシャルとは、男同士の絆がつよいコミュニティを表す言葉で、同性愛者に対する嫌悪感・拒絶・偏見など否定的な価値観を持つ同性愛嫌悪（ホモフォビア）と、女性や女らしさに対する軽蔑や偏見である女性嫌悪（ミソジニー）をその特徴とする。そして、ホモソーシャルな関係は、コミュニティに属する男性に女性を愛することを強要して、愛を受け入れた女性を家事につなぎ止め、家父長制を構成するのに資することを求めるともいう。

この考えをフェノロサたちの間に持ち込むと、フェノロサとビゲローの関係が、彼とリジーとの離婚後、疎遠になった説明を幾ばくかできる。つまり、ホモソーシャルな関わりにあったフェノロサとビゲローの間では、家父長制を永らえさせるために出産までしたリジーは正しい妻であり、フェノロサにとって愛することが強要される女姓だった。しかし、家父長制を支えることのない婚姻外の、恋愛の対象であったメアリーは許されない存在であった。家父長制という錦の御旗を失うと、ホモソーシャルのコミュニティの中では、女性はただの嫌悪されるものとなる。だからそのような婚姻外の女性と関わったフェノロサは、それ以降、ビゲローを中心とするホモソーシャルのコミュニティに入ることが不可能になったのではないか。

ビゲローから追悼の手紙を受け取ったリジーは、その文面から自分に対しては正しいと、また、メアリーは間違っているという評価を感じ、嬉しく思ったはずだ。しかし、ホモソーシャルが、ビゲローやフェノロサを支配する掟だった場合、美しいリジーも家父長制を担うという、彼ら男同士の絆を強くするための手段の一つでしかなかったことになる。

のちに陶器狩りといわれる、明治十五年（一八八二）のモース、ビゲロー、そして、フェノロサの東海道を西に下る旅のことが、ドロシー・G・ウェイマンにより、モースの伝記に書かれている。

> 夜になると宿の蠟燭の灯のもとで、半透明の障子を閉め切って、柔らかい藁の畳の上に寝そべり、各人がその日に見付け出した宝物を見せ合った。
>
> （『エドワード・シルベスター・モース（下）』五九頁）

子どもじみた「比べっこ」が思い起こされる描写である。女性など介在しなくても、ホモソーシャルのつながりは楽しいのである。

このとき、陶器など美術品に興味のないフェノロサの妻リジーは、二歳になったばかりの長男カノーと東京に残り家を守っていた。

南部の女性、メアリー・マクニール

アメリカ南部の女姓というと、『風と共に去りぬ』のスカーレット・オハラのイメージがある。南北戦争を背景に、三度の結婚を繰り返し、したたかに生きる奔放な女性である。フェノロサの二人目の妻、メアリー・マクニールも南部のアラバマ州モービルに生まれた女性で、(8)三度の結婚を経験している。スカーレット・オハラのような自己中心的な考えや欺きが、メアリーの三度の結婚にあったとは思わない。しかし、彼女も平穏ではない結婚の経歴をもつ女性だった。

メアリーのはじめの夫は、ハンサムでダンスが上手であったルドルフ・チェスター（?〜一八八五）。彼は、一八八五年に長男アランが生まれた後、テキサスの油田に仕事を得たが、肺炎で死亡。二十歳でメアリーは未亡人となる。二番目の夫はレドヤード・スコット（?〜一九〇三）、州立アラバマ大学を卒業後、日本の御雇い外国人として、鹿児島高等中学造士館で英語やラテン語を教えた人である。(9)かつての求婚者であったスコットは、メアリーが未亡人になったことを知り、再び求婚したのであった。一八九〇年、二十五歳のメアリーは、長男アランとともに横浜に到着、神戸の領事館でスコットと結婚する。そして勤務地である鹿児島へと赴く。一年ほどの日本滞在の間、彼女は、スコットの押さえ込むような独りよがりの態度に嫌々ながら従わなければならず、みじめであったようだ。その頃の彼女の日記には、しあわせでないことが事細かに書き綴られている。(10) スコットとの生活に耐えかねたメアリーは、彼との子どもを身ごもったまま、長男アランと二人で米国に帰国。一八九二年、モービルで長女、アーウィンを出産する。

スコットとの別居から時を経て、一八九五年の離婚訴訟でメアリーが敗訴したことにより、アーウィンの親権はスコットのものとなる。そして、一九〇三年、スコットがモービル湾で不慮の事故に遭うまで、メアリーは娘と暮らすことはなかった。

非凡な結婚の履歴を持つメアリーは、海運業を営んでいたウィリアム・マクニールと南部の農園主の娘、ローラ・シブリーを両親とする。南北戦争で家業が痛手を受け、清貧の中で彼女は育てられたという。(11) 清貧が良妻賢母向きの、おとなしく心くばりのできる与《くみ》しやすい女性を育てると思うのは早計にすぎるかもしれない。メアリーを見ると、チェスターとスコットという二度の結婚だけでも興味深い人生なのに、さらにフェノロサというもっと面白い人生に、果敢に足を踏み入れていくのである。

破綻していたスコットとの結婚の中で、モービルやニューオリンズの新聞に詩を寄稿していたメアリーは、センチメンタルな小説を書く女流文学者になりたいと希求するようになっていった。この願いを叶えてくれる街はボストンだと彼女には思えた。そんなとき、友達からボストン美術館の求人のことを耳にする。具体的な求人の内容はフェノロサの口述解説を筆記して目録を作成する職員を、年俸五〇〇ドルで新たに雇用する、[12]というものであった。

フェノロサは一八九四年、ニューオリンズでの講演の後に、モービルに立ち寄りメアリーの面接を行っている。これを契機として、二人の周りの人間関係が分解され新しく組み換わることになる。

メアリーとスコットの結婚を、フェノロサとリジーの結婚と比べた場合、すでに別居していたことからわかるように、より崩壊していたのはメアリーの結婚であった。メアリーは、独りよがりのスコットに辟易していた。

崩壊しかかっていた結婚を捨て、似通ったことに興味を持つ新しい人と、もう一度、とメアリーは恣意的に行動したのではないだろうか。また、美術館でフェノロサが手にしていたキュレーターという地位は、ことのほか高いものである。地位という社会の序列に、若いメアリーが幻惑されたということも考えられる。とにかく一八九四年十月に彼女がボストン美術館に採用されてから、半年も経たぬ翌年三月、メアリーはスコットとの離婚訴訟に負け、同年十月にはフェノロサもリジーとの離婚訴訟に敗訴して、一八九五年十二月二十八日、二人はマンハッタンで結婚する。[13]フェノロサとメアリーの結婚証明書をニューヨーク公文書アーカイブから取り寄せると、フェノロサの結婚回数は「two」と、またメアリーは「three」と記されていた。

出会って半年を待たずに、四十一歳のフェノロサと二十九歳のメアリーは恋に落ちた。梅澤精一著

『芳崖と雅邦』には、この出来事が以下のように書かれている。

事実第二夫人マリー（Mary Mcneil）はフェノロサの秘書であつた、先妻を離縁して、其女と結婚する迄には、少なからぬ情話があつたと想う。フェノロサを、単にヘーゲル派の純理的な哲学者、酒も飲まず煙草も喫まぬ真面目な道学先生と許りは想われぬ。

（『芳崖と雅邦』一五二～一五三頁）

フェノロサは道徳にとらわれ、世事人情に疎く、融通のきかない学者先生ではなく、人間的であるというのである。同書は大正九年に書かれたもので、フェノロサ研究はまだ進んでおらず、彼の「日光旅行」の日記は日本人の目に触れてはいなかった。その日記に書き留められた、至る所でビールやワインを飲むフェノロサ、またグラント将軍に勧められて煙草を手にするフェノロサの姿は知られていなかった。当時フェノロサに対して日本人が抱いていたイメージは堅物であった。そこへきての情話である。

メアリーが先走るかたちで、この恋愛ははじまったのだろう。女流文学者になることを心に描き、ボストンという土地に憧れを持っていた女性が、その地に職を得た。ふと気が付けば、目の前の上司は、今までに自分が関わったことのない知性と地位を誇る男性だったのである。年齢はある程度仕方がない。自らの、困難が多かった二度の結婚履歴を新しい履歴に交換して、彼女は違う自分を手に入れたかったはずだ。

二人の恋愛と結婚は、離婚訴訟を伴った騒動となり、普段平穏な美術館だけに、スキャンダルはフェノロサの道義心を問うことになった。そして一八九六年一月の、W・H・ケチャムがニューヨークで主催した日本浮世絵展の解説目録『浮世絵の巨匠たち』での北斎作品（三点）の解説と、一八九三年のボストン美術館『北斎とその流派展』のフェノロサが執筆した解説が酷似していることを問題視する仕事上のトラブルもあいまって、(14) スキャンダルは日本での御雇い時代を土台に、フェノロサが築いてきたアメリカでのキャリアを突き崩し、一八九六年四月、彼がボストン美術館から去るという結果をまねいた。

フェノロサはさすらい人になってしまった。いや、もとのさすらい人に戻ってしまった。

第二節　『ニューヨーク・タイムズ』の中のフェノロサたち

シドニー・マッコールは誰？

アマゾンの書籍通販で、一九〇一年初版の小説『トゥルース・デクスター』のペーパーバック（Wildside Press, 2009）が、今も販売されている。著者はシドニー・マッコール。

フェノロサとメアリーの小説共作がアメリカで取沙汰されていた。『ニューヨーク・タイムズ』のデジタルアーカイブ、一九〇一年十一月十八日付紙面によると、

誰が『トゥルース・デクスター』を書いたか？　ミス・スコットとボストンのアーネスト・フェノロサによる共作、離婚した妻の、『ニューヨーク・タイムズ』特別寄稿より

マサチューセッツ州ボストン　十一月十七日　――前ボストン美術館勤務、アーネスト・フェノロサの離婚した妻によれば、アメリカの生活を描く新しい小説『トゥルース・デクスター』

は、フェノロサと、アラバマ州モービルのメイ・レドヤード・スコット（離婚訴訟の共同被告であった）の共作であるという。

（『*The New York Times*』一九〇一年十一月十八日付）

離婚した妻リジーによって、『トゥルース・デクスター』はフェノロサとメアリーによって書かれたと、明かされている。[15]「離婚訴訟の共同被告」という言葉が使われ感情的なものを感じさせるこの記事は、冒頭を見るだけでもリジーによる事実の歪曲がなされていることがわかる。まずフェノロサとメアリーはすでに結婚しているにもかかわらず、メアリーを「ミス」と称し、またメアリーは前夫スコットと離婚しているのに、メアリーのファミリーネームをスコットとするなど、事実との齟齬が見受けられるのである。フェノロサとメアリーの結婚は、リジーにとって自明なはずであった。彼女はよほど事実を認めたくなかったのか、記事中に一度もメアリー・フェノロサという名前は登場しない。引き続き、記事中でリジーは、フェノロサの助力なしでこの小説が書き上げられなかった証拠を列挙する。

まず、小説中のポンカタック島について、

ボストンの著名人が所有していて、（中略）個人所有になって以来、この本に書かれている時期には、女性が、絶対にこの島に足を踏み入れることはない。

（同紙）

と説明、ポンカタック島の描写は、女性であるメアリーの見聞に基づかない記述であるとして、

フェノロサ夫人はこの個人所有の島の描写について、彼女の夫が、会話の中でよく話していたことと同じであると語った。(同紙)

というのである。

記事の中でフェノロサ夫人と書かれるのは、リジーのことである。記事の見出しには「離婚した妻」とされているにもかかわらず、特別寄稿本文の中で、リジーが頑にも自らの呼称としてフェノロサ夫人を使っているのは、肩肘をはっているようで痛々しい。リジーは一生を通じてフェノロサ夫人であったことを再確認する。

リジーのあげる証拠は、小説中の用語法にも及ぶ。『トゥルース・デクスター』本文一八七頁、「鱗のように重なった織物のような日本の蔦」という表現は、(16)フェノロサ以外の誰からも聞いたことはない、とリジーはいう。また他にも、「ブライアンの見窄らしい身なりの、(17)在郷軍人会」という彼の常套句も見つけたと。また、同書一九九頁に描写されている、濡れた小石といろいろな色の水晶は、フェノロサの癖である小石集めから得たイメージであるとする。

また、もっと確かにフェノロサが関わっていた証拠として、記事の最後に書かれる「二〇六頁に三国同盟の議論がある。これはフェノロサの趣味ともいえるものであった」をあげる。『トゥルース・デクスター』で描かれる三国同盟の論調は、

イギリスは目を覚ますべきだ。私はアングロサクソンの連盟に信頼をかける。そして、今、私は日本を、その中にいれねばならないと思い描く。日本は、魔法をかけられた中国を見守る運命をもった、しなやかな油断の無い龍である。

（『*Truth Dexter*』二〇六頁）

アングロサクソンの同盟に日本を含めるべきだというのである。これと同様のことが「来るべき東西の融合」という、フェノロサの雑誌掲載論文にも書かれている。

それがアングロサクソンと日本の監督の下での中国政府の完全な再興と防衛をもたらすであろうことは疑いない（以下略）

（「来るべき東西の融合」『ハーパーズ・ニュー・マンスリー・マガジン』、『フェノロサ社会論集』二四〇頁）

この相似は、少なくとも、この部分に対するフェノロサの関与があったことを示している。

小説の中で政治が語られる、それもフェノロサの持論ともいえるものである。女流作家ならば、たいてい政治を創作中に取り入れることに躊躇《ちゅうちょ》する。ほとんどの女性は政治に興味はなく、国際政治ともなればその知識は多くない。メアリーだけの執筆で、フェノロサが関わっていないとすれば、政治に関するこれらのことは書かれることがなかったはずだ。

『ニューヨーク・タイムズ』のような新聞において、「誰が『トゥルース・デクスター』を書いたか?」は新進の作家についての記事ではあったが、元妻と妻の、鍔迫り合いのような内容を取り上げていることは興味深い。二十世紀初頭の、おおらかさであろう。もちろんフェノロサは、この記事で『ニューヨーク・タイムズ』紙に名前が載る以前にも、ハーバード大学卒業の際に読んだクラスポエムや、ファイ・ベータ・カッパ（φβκ）ソサエティーでの詩の朗読、エール大学での講演、またケチャム主催の日本画と色刷り絵の展覧会、そして講演会の告知記事などで、同紙に名前が掲載されている人物ではあった。だから、その妻と前妻を加えた三つ巴の鍔迫り合いは、ニュースヴァリューがあったとも考えられる。

ところで、この記事を『ニューヨーク・タイムズ』に特別寄稿して掲載させるリジーの目的は何だったのか。単に子どもの喧嘩のように、メアリーには才能がない、と言いたかっただけではないのか。そして、事実如何にかかわらず、小説のほとんどはフェノロサが書いたものだと世間に知らしめたかっただけではないのか。しかし、この行為は皮肉にも書籍の販売促進に加勢することになったようだ。メアリーはケチをつけられたとしても、利益を得ることになる。彼女は、この小説から五〇〇〇〇ドルを受け取るのである。(18)

リジーの言い分である『トゥルース・デクスター』のほとんどをフェノロサが書いた、というのには一理ある。この小説と一九〇六年に出版されたメアリーの小説『ドラゴン・ペインター』の、はじめの数頁を比較するだけでも、異なった書き手が想像される。前者は論理的な、後者は女性にありがちな情緒的な文章である。

あくまでも推測であるが、この小説が共作であったり、フェノロサの作品であった場合、フェノロサ側には困った事が起こることになっていた。フェノロサとリジー間の、離婚慰謝料の取り決めには、年収が五六〇〇ドルを超えた場合、その半額を支払うという条項があった。シドニー・マッコール=メアリーとすることにより、彼らの収入は、リジーから守ることができたのではないだろうか。

いずれにせよ、『トゥルース・デクスター』は、現在でも出版され続ける作品となっている。

タッカーナック島

ポンカタックという島が、『トゥルース・デクスター』に登場する。『ニューヨーク・タイムズ』の記事で、小説に対するフェノロサ関与の根拠としてリジーがあげた部分の舞台となった島である。

ボストンの著名人が所有する、とされたポンカタック島は現実には存在していない。小説の中で、その場所を示すものとして、「ポンカタック島と、ナンタケット島の西岬を、二つにわけて突然、現れる波」[19]という表現がある。ポンカタック島とナンタケット島の西岬の間を通り、波が押し寄せてくるというのだ。これを手がかりに、地図で確かめると、メルヴィルの『白鯨』に登場する当時の捕鯨基地ナンタケット島の西岬に向かってあるのは、ポンカタック島ではなく、タッカーナックという島であった。

タッカーナック島は、フェノロサの、一時は無二の友であったビゲローが別荘を所有していた島である。

つまり、リジーによれば、ビゲローの別荘での出来事がモデルとなり、『トゥルース・デクスター』の一部は書かれたというのである。そして、その女人禁制の島で起こったことをメアリーは知るわけがない、というのがリジーの言い分であった。

現実のタッカーナック島に戻ろう。この島は夏の別荘地として私有されている約九〇〇エーカー（約三・六四キロ平方メートル）の広さをもつ島で、約三十五の別荘が建っている。古くは十八世紀の中頃に建てられた家もあり歴史は古い。にもかかわらず、この島には現在でも舗装された道はなく、ガスによる自家発電とソーラーパネルで電気をまかなっている。また、水は井戸からのものである。[20]

二十一世紀になっても、インフラの状態はこの程度である。これが十九世紀の終わり頃ならなおさらで、電気もない島であったことは間違いない。

ここにビゲローの別荘があった。そして、どうも不思議な生活が繰り広げられていたようなのである。『ニューヨーク・タイムズ』の記事では不明瞭なので、定期的にハーバード大学の卒業生や教員に配布されている隔月刊誌『ハーバード・マガジン』(一九九七年九月号)の「ウィリアム・スタージス・ビゲローの履歴書」により、不思議な生活をのぞいてみよう。

あらかじめ断っておくが、この島自体は女人禁制の島ではない。

不思議な生活は「ウィリアム・スタージス・ビゲローの履歴書」の中に、以下のように書かれている。

アメリカの中で、彼の一番のお気に入りの場所は、ナンタケット沖合の小さなタッカーナック島にある夏の家であった。そこで彼は男性客だけをもてなした。客たちは正装を求められる夕食時まで、パジャマを着て、または何も身につけず過ごした。召使いたちは食べ物と香り高いワインを提供して、そして図書室には三〇〇〇冊の本があり、その中にはフランス語やドイツ語の雑誌もスパイスのようにして混ざっていた。当時の状況をヘンリー・アダムズは「輝ける中世の光景」と報じている。

（「Vita：William Sturgis Bigelow」『*Harvard Magazine*』一九九七年九月）

なんだか様子がおかしい。島自体は女人禁制ではないが、ビゲローの別荘は女人禁制だった。そして男性客は、昼日中パジャマかまたは裸で、この別荘で過ごしたというのである。

まだも、気になることが、この「ウィリアム・スタージス・ビゲローの履歴書」には書かれる。

言われていることではあるが、ビゲローは、いくらか異性との交際を遠慮していたという。彼は一度、彼女（イザベラ・スチュアート・ガードナー）に、ためらいつつ、三人称で、「彼女はとても魅力的である」と書いたことがあった。（同誌）

ビゲローのホモソーシャル傾向は織り込み済みではあったが、このタッカーナック島のことを知ると深く頷けてしまう。彼は、間違いなく、ホモソーシャルの中に身を置くことが心地よい人間であったのだ。「輝ける中世」という言葉は、入会の意志の強さを問われるテンプル騎士団の秘密儀式をイメージさせ、タッカーナック島に流れていたであろう神秘性が漂う美しい時間を感じさせる。

異性とのつながりよりも、同性とのつながりを重視した結果なのであろう、ビゲローは結婚していない。しかし、異性に全く心を動かされなかったかと言えば、引用した「ウィリアム・スタージス・ビゲローの履歴書」にもあるように、ビゲローが美術品蒐集の相談にのっていた女性で、後に、その名を冠する美術館をボストンに創設するイザベラ・スチュアート・ガードナー夫人（一八四〇～一九二四）に魅力を感じていたようであるし、またクロアチア生まれの天才オペラ歌手、ミルカ・トルニア（一八六三～一九四一）とも交友関係があったとされている。[21]

横道にそれてしまった。それにしてもリジーが『ニューヨーク・タイムズ』の中で指摘するように、ビゲロー別荘での出来事をフェノロサは知っているのである。このような、どこか男同士の秘密基地のような場所でのことである。やすやすと人々の耳目に届くものではなく、行った者しか知りえない情報であったはずだ。フェノロサにも、このようなホモソーシャルの傾向がなかったとはいえない。

フェノロサの史料の中には、ビゲローの別荘を訪れたことを明らかにするものはない。[22]しかし、きっと、十二年にわたる御雇い外国人を務め上げ帰国した一八九〇年から、メアリーと結婚する一八九五年末までのどこかで、フェノロサは、この「輝ける中世」の空間を訪れ、美しい男同士の時間を過ごしたのだろう。そこには、落ち着いた、そして重厚な美しい時間が流れていたように思える。マサチューセッツ州選出の連邦上院議員ヘンリー・カボット・ロッジ（一八五〇～一九二四）や、曽祖父、祖父が大統領であったヘンリー・アダムズなど、錚々たる人々がタッカーナック島、ビゲロー別荘の客であった。

『ドラゴン・ペインター』、龍を描く人

『トゥルース・デクスター』に続き、もう一つ、メアリーの小説『ドラゴン・ペインター』の記事が、『ニューヨーク・タイムズ』に掲載されている。それによれば、シドニー・マッコールとメアリー・マクニールは同一人物であるというのである。

シドニー・マッコールは女性。
『トゥルース・デクスター』の著者はメアリー・マクニール・フェノロサである。
『トゥルース・デクスター』と『ブレス・オブ・ザ・ゴッド（神々のいぶき）』の作者である「シドニー・マッコール」の正体が、昨日、出版社の会見によって明らかになった。「シドニー・マッコール」はメアリー・マクニール・フェノロサ夫人である。アラバマ州の出身で、数年間を日本で過ごしたことがある。知人の内には、過去において、彼女の夫であるアーネスト・フェノロサ教授が、著者の、日本を舞台にした小説の共作者であると推測していた人もいたが、共作の事実はないと報じられた。

（『*The New York Times*』一九〇六年九月十一日付）

記事は、これに続けて、来月、この小説家による新しい本『ドラゴン・ペインター』が出版されるこ

とを報じている。これはどう考えても前評判を煽る記事、また、共作の推測を打ち消す記事であるように思われる。そして、少なくとも、メアリーがアメリカ文壇の寵児となりつつあったことがうかがえる記事である。

メアリーは、シドニー・マッコールとして二作品を世に出し、なおかつ、その二つ目の『ブレス・オブ・ザ・ゴッド（神々のいぶき）』は、シェークスピア作品でハムレットを多く演じていたウォーカー・ホワイトサイド（一八六九～一九四二）の出演によりブロードウェイ・ミュージカルになったという経歴があるにもかかわらず、(23)『ドラゴン・ペインター』は週刊誌『コリアーズ』の一万ドルの懸賞小説に応募し、賞を勝ち取っての出版であった。懸賞小説に応募するというのは、自らの実力を試す行為である。応募は、フェノロサの意向が多く反映される共作から抜け出そうと考えてのことだったのだろうか。

『コリアーズ』の懸賞小説は一万語（大学院の修士論文と同じ長さ）を規定の長さとする、いわばプロットのようなもので、授賞後加筆され出版されたのが、一九〇六年のリトル・ブラウン社による『ドラゴン・ペインター』である。出版社側とすれば、懸賞小説からデビューする作家に過去における共作の事実、またはゴーストライターかもしれぬ夫がいては、せっかくのデビューに傷がつくと考え、それならば、謎の作家シドニー・マッコールが、女性のメアリー・マクニール・フェノロサであるというセンセーショナルな種明かしをしたうえで、共作の推測を打ち消すコメントを出したと考えられる。

「構想は薩摩に暮らしていた頃に得たものです。そこで、私は清流のそばにある、感じの良い小さな家を見たのです」[24]と後にメアリーは『ドラゴン・ペインター』について回想している。そして、シドニー・マッコールとして書いた作品とは違ったバックグラウンドを、この小説が持つことを強調する。「薩摩に暮らしていた頃」とは、メアリーが初めて日本へ来て、二番目の夫、スコットとともに鹿児島で暮らした頃をさし、フェノロサと出会う以前のことである。

たしかに『ドラゴン・ペインター』は、前の二作品『トゥルース・デクスター』や『ブレス・オブ・ザ・ゴッド（神々のいぶき）』と比べ、情緒的で流れるような描写が女性の筆を感じさせる。日本人画家が主人公であるので、フェノロサの周りにいた絵を描く人々からインスピレーションを受け、メアリーが単独で完成させたように思える。物語のあらすじはこうである。

一人娘、梅子をもつ画家の狩野インダラが、後継者をさがしていた。そのとき、九州に、龍にされてしまった婚約者（龍の女王）を返してくれと神に叫びながら、その絵を描き続けている画家、タツのいることを知る。やがて梅子とタツは結婚する。しかし、タツは、結婚によりしあわせを手に入れたために、絵が描けなくなる。龍の女王（＝しあわせ）を求めることがタツに絵を描く力を与えていたことを知った妻の梅子は、遺書を残して失踪する。そして、タツも滝に身を投げるが、助かる。ある日、梅子のゴーストが庭に現れ、再びタツに龍の絵を描き始めさせる。タツの作品は国際的に受け入れられ、ついで失踪していた梅子も戻りハッピーエンドとなる。

日本人にしてみれば、跡目相続、自己犠牲など、目新しくないストーリーである。しかし二十世紀はじめのアメリカ人から見ると、ついこの間、日露戦争に勝利した東洋の小さな島国の、彼らとは異なる文化を基にする出来事はエキゾチックであり、興味はつきない。

アメリカで、この小説が評判を得たことは、一九一九年、ハリウッドで映画化されたことにより知ることができる。当時のハリウッド映画は、女性の手になる物語で、ロマンティックなもの、異国への旅行などを題材にすることが好まれたという。(25) まさしくメアリーの『ドラゴン・ペインター』はそれに当てはまる。無声映画はほとんど残っていないにもかかわらず、この映画はジョージ・イーストマン・ハウス博物館によってフランス語字幕付が発見され、(26) 今でもＤＶＤとなり販売されている。制作者は、ハリウッドでハワーズ・ピクチャーズ・コーポレーションという独立プロを立ち上げていた日本人俳優の早川雪洲《はやかわせっしゅう》（一八八九～一九七三）であった。早川が主役タツを演じ、早川の妻、青木鶴が梅子を演じていた。

ハリウッド制作の、この無声映画は、日本でも『蛟龍を描く人』として公開されている。作品が封切られた大正十一年（一九二二）の『キネマ旬報』には、以下のような批評を見つけることができる。

フェノルサ女史は面白い所を狙つて描いた幻想を追う時に天才の閃きを見せた者が、一朝愛を得た時に以前の天分を失つて了う（中略）米国の製作者達は此映画を作るに当つて庭の構造、人物の扮装、或は道具等現代の日本を写した物と思つているのであろうが、吾人には伝説めいた筋といい、どうしても明治初年位の感じがする。

（『キネマ旬報』第九五号、『キネマ旬報　第一号－第一四六号　復刻版』一二頁）

映画の中で、現実の日本を忠実に表していないことが『キネマ旬報』の批評家には不満のようである。とはいえ、メアリーの着眼点である、愛を得た後にそれまでの天才的ひらめきを失ってしまうというプロットには同感している。

『キネマ旬報』による批評は、こき下ろされてはいないが、絶賛されてもいないというもので、『ドラゴン・ペインター（蛟龍を描く人）』は、当時、数多く輸入された無声映画の一本に過ぎなかったようだ。日本で、後年に残る作品ではなかった。

映画は、公開される国の観客に受け入れられるように作るコンテンツである。日本からの移民である制作者の早川雪洲は、アメリカ人の異国趣味を満たすことが、制作にあたり、まずクリアすべきことであると考えたはずだ。それが扮装の後進性につながり、日本の映画批評家の不満を喚起したのだろう。後にエドワード・サイードによって批判的にとらえられた、東洋に後進性、官能性、神秘性という非欧米のイメージを引き受けさせるオリエンタリズムの眼差しをもって、日本人、早川雪洲がこの映画をつくっていたことは興味深いことである。

だとしてもメアリーの小説『ドラゴン・ペインター』ほど、当時の日本人にとって、ありがたかったものはなかったはずだ。無声映画にまでなって、後進性を表す扮装や小道具はしかたないとして、日本人の正しい心情をアメリカのみならずフランスにまで知らせてくれたのである。当時は、侍が横行する野蛮な国、また文明の発達していない国あたりが日本のイメージであったはずだ。それにもかかわらず、日本には洗練された芸術があり人々には細やかな心情があることを、他ならぬアメリカ女性が小説に書き、映画というメディアを通じて欧米の一般大衆社会に向け発信してくれたのである。

無声映画『ドラゴン・ペインター』は二〇一四年、米国議会図書館により文化的、歴史的、または美学的に重要なものとして年間二十五本まで選出される映画の一本に選ばれ、アメリカ国立フィルム登録として保存されることになった。


もう一度、覆面作家問題に立ち返ってみると、文章の違いから、どうしてもシドニー・マッコールとメアリー・マクニール・フェノロサが同一人物だとは思えない。しかし、シドニー・マッコールをアーネスト・フェノロサと読み替えることにも抵抗がある。シドニー・マッコールの名前で書かれた二つの作品の、かなりの部分がフェノロサの手になるものかもしれない。そして『ドラゴン・ペインター』ではメアリーの一万語の懸賞小説をプロットに、内容を豊かにする助言を与えたのがフェノロサであったようにも思えるのである。

これ以後も、メアリーは小説を書き続ける。四番目の小説『レッド・ホース・ヒル』（一九〇九年）は、後に映画『孤独な心』でアカデミー助演女優賞を受賞するエセル・バリモア（一八七九〜一九五九）出演で映画化されている。[27] しかし、『レッド・ホース・ヒル』以降、なぜかフェノロサ没後のメアリー作品は一様に低調であった。

メアリー・マクニールも、フェノロサと同じく、欧米での日本理解を深めるために尽くしてくれた人物である。日本の美術界や伝統を、その小説の中に取り入れた『ドラゴン・ペインター』を書き、また、フェノロサが生涯のほとんどをかけて辿った東洋美術史を伝える大書『*Epochs of Chinese and Japanese Art Vol.1,2*』を編集したのもメアリーであった。メアリーが情熱を傾けなければ、一九一二年にフェノロサの遺著が出版されることはなかった。

日本という情報を発信してゆくことに関して、フェノロサとメアリーは好一対であった。

第三節　私生活が記録されたものは少ない

メアリーの日記より

御雇い時代をフェノロサとともに華麗に生きたリジーと違って、メアリーは恵まれていなかった、という見方をする人がいる。たしかに金銭的には、自由闊達《かったつ》な生活をして困らない程度であった。としても、メアリーはフェノロサと関わることによって、自らを高め精神的に充実していた。そのしあわせな彼らの私生活を綴ったものに、一八九六年の、新婚旅行とも考えられる世界一周の旅の記録、メアリー・マクニール・フェノロサ著、村形明子編訳『フェノロサ夫人の日本日記』がある。メアリーの日記から彼らの生活を覗いてみよう。

『フェノロサ夫人の日本日記』を読み進めてゆくと、フェノロサ四十代の悲哀だったのだろう、十二歳年下のメアリーへ「与える」のに懸命な姿が見えてくる。そして、それは、いつしか滑稽とさえ感じられた。

一八九六年、彼らは、ヨーロッパ、アフリカ、アジアの国々を回り日本へ向かっていた。しかし、だんだん旅行資金が涸渇してくるのである。はじめのうちメアリーはこのことに気づかず、フェノロサと浪費を楽しんでいる。

ヴィオレー（中略）香水の女王ともいうべき最高級店に行き、ヴェレーヌ・エクストラクトと化粧水、パウダー、白檀の匂いの石鹸を買う。またクック旅行代理店にイタリア行きのチケットについて調べに行く。

（『フェノロサ夫人の日本日記』一八頁）

パリでの彼らは、お大尽である。その十年ほど前にオペラ座を手本に改装されたボン・マルシェ百貨店へは何度もゆき、オペラ座のボックス席で『ローエングリン』を鑑賞し、香水の最高級店でコスメティックスも買っている。やがて彼らはパリの夢のままヴェニスに到着、ゴンドラの客となる。ローマで、少し彼らの様子が変わる。メアリーにパリで買った緑の絹のドレスなどを着せ、二頭立ての馬車で出かけたりはするが、「悪質な小レストラン」へ行ったり「（馬車の）御者に、何かおいしい地元料理を出すイタリアンレストランへ連れて行くよう命じ」たりするようになる。

エジプトでは、現在も営業を続けている、四つ星ホテルのシェファードホテルに滞在。ピラミッドでは四人のガイドを雇い、マグネシウムを燃やして中へ入る。カイロでの通訳ガイド、アリ・ハッサンには、休んでもらった日もあったが、滞在全期間の料金を払う。思いのほか料金が嵩《かさ》んだらしく、

「彼は高価な贅沢」であった、というコメントをメアリーは残している。民芸品等の買い物は相変わらずである。

日本へ到着後、横浜では、こじんまりした日本旅館に投宿、そして、旅行者気分はそこそこに東京へ着いた当日から家探しをはじめる。即時に見つかるわけもなく、フェノロサの御雇い時代から開業していた上野精養軒に泊まろうとしたが空室はなかった。結局、フェノロサが十二年のお雇いを終え離日した四ヶ月後、一八九〇年十一月開業の帝国ホテルに泊まる。

外国人の彼らにとって、このホテルは過ごしやすかったらしく、翌年、アメリカへ帰国する前の十月二十二日から十一月六日までを、再び帝国ホテルで過ごしている。そして滞在中の十月二十六日には同ホテルで、当時のお歴々を前に、フェノロサは「日本における美術の発展」という講演も行っている。また、十一月三日には帝国ホテルでミカドの誕生日を祝う舞踏会が催されるのに遭遇し、その人々のざわめきをメアリーの日記は伝える。

東京へ足を踏み入れてすぐの帝国ホテル滞在中（七月十日から二十七日）に、岡倉天心が訪ねてきたあたりから、フェノロサの様子が徐々に変わっていく。日本での就職が上手くゆかない予測をもったようだ。そして、十八日間滞在した帝国ホテルを引き払い、旅館でもない柳光亭という料亭への逗留を決める。この場所を、浮世絵商の小林文七が昼時に偶然訪ね、フェノロサたちの食膳を一瞥《いちべつ》して、その淋しさに二品追加させたりするような暮らし振りであった。

京都での彼らは、外国人客の多い円山の也阿弥《やあみ》ホテルに泊まる。しかし、すぐに家探しを始め、一週間のホテル暮らしの後、二条木屋町の彼らが「常磐亭《ときわてい》」と名付けた家に移る。この也阿弥ホテルの支払いや新居のためだろう、八月十二日、フェノロサは神戸へ行き預金を引き出している。この頃から美術商山中商会の、山中定次郎との交流が深まってゆく。(28)

八月十二日、フェノロサが神戸で引き出したお金が、世界一周、新婚旅行のために用意していた最後のものだったのだろう。京都での家、常磐亭へ移ることによって、フェノロサの手持ち現金は、ほとんど底をついたと考えられる。

これから一ヶ月ほどの間に、フェノロサはどのような言葉でメアリーに自身の経済状態について報告したのか、どこにもそのようなことは記録されていない。家庭内の経済状態は、よほどのことがないかぎり公表されることはないのだ。

メアリーは、粛々と、それを受け入れたかのように八月二十一日、「靴下をかがった。一五足ほどの靴下を繕った」と書いている。日本では入手しにくい靴下ではあっただろう。それにしても十五足ということは、ほとんどのものに穴があいていたようだ。このような反応でしか、それが報告されただろうことを知ることはできない。そして、とうとう九月十一日、メアリーの日記にフェノロサ家の台所事情が明かされる。

私たちは懐がさびしいので、借金に追われ心細い思いをしている。毎日新しい請求書や出費が生ずるのに、ニューヨークから信用状がまだ届かない。そればかりか、最近の大嵐のため郵便が不通になり、(東京の) コービィから借りることもできない。

(『フェノロサ夫人の日本日記』一五六頁)

メアリーはフェノロサとの経済運命共同体として、信用状の到着を待ちこがれている。この後、九月十六日に、ニューヨークの浮世絵商ケチャム氏から書留が届き、五〇〇ドルを受け取る。「私たちはもうビンボーでない」というメアリーのコメントは、楽観的にすぎるのではないか。

ここで立ち止まって考えてみよう。彼らは浪費家ではないのか、という疑問について。この三日後の九月十九日には、コービィ(小林文七)からの前借金を二〇〇ドル受け取るが、翌日、フェノロサたちは、そのほとんどである一六五ドルを五、六十枚の布地代として支払うのである。アメリカで、それらを販売する心積りだとしても、さしあたりは必要のない多くの布地を購入して前借金で支払うというのは健全な感覚だっただろうか。資産としての美術品は多く持っていても、手持ち資金は少ない彼らである。

フェノロサの経済状態は、離婚訴訟に敗訴したことに原因があった。リジーに支払う慰謝料は半端なものではなかった。一八九五年十月二日、ミネソタ州ヘンネピンの地方裁判所は、フェノロサとリジーの離婚を認めている。これによって、フェノロサに対して多額の慰謝料が課され、また、それは長女ブレンダに対する扶養料も伴っていた。慰謝料の内容は、夫人が再婚するまで年額二六〇〇ドル（ボストン美術館の年俸とほとんど同じ）、また収入が五六〇〇ドルを超えた場合、その半額を支払うこと。そしてフェノロサ名義の五〇〇〇〇ドル信託基金の二分の一を支払うこと。加えて蒐集した版画の半分、そしてコレクションを処分した場合はその二分の一を支払う[29]、というものであった。これはフェノロサの買い集めた美術品の半分と、その時点で得ていた定期的な収入の全額をリジーに渡し、二五〇〇〇ドルの信託基金、また不定期収入から五六〇〇ドルを控除した半分を支払うということであった。

一八九六年四月、フェノロサはボストン美術館を辞任、ほとんど時を同じくして、メアリーと世界一周の旅に出た。ということは、これ以降、美術館からの収入がなくなった上に、慰謝料の支払いはすでに前年の秋よりはじまっていたのである。フェノロサには手持ちの資金がなくて当然だった。

元ＮＨＫプロデューサー堀田謹吾氏によって見出された、フェノロサとリジーの離婚裁判記録によれば、その項目五に、一八九五年八月六日イリノイ州クック郡シカゴ市の南公園通り二七一二番地のシャーマンス夫人のものという家で、被告はハリエット・マルカムと不倫を行なった。被告はまた一八九五年の八月五日から八月一〇日の間に名前はわからないが種々雑多な女性たちと先に述べたシカゴ市内に於て不倫行為を行った。

（『名品流転—ボストン美術館の「日本」—』一五二頁）

とある。これに対してフェノロサは全ての容疑を否認している。しかし、一八九五年九月十八日付「判決命令」では、不倫行為について原告の主張が全面的に認められた。

出張中の夫が、不特定多数の男性と関わる女性と一夜を過ごしただけで、離婚訴訟まで起こす妻はそう多くない。ただ、度重なる同様のことがあったか、または、それ以外に理由があれば考えられなくはない。フェノロサの場合は一八九五年三月にメアリーの離婚が成立しているので、その後、シカゴ出張にメアリーを、彼の秘書として同行させるようなことがあったのかもしれない。そして、それがリジーの逆鱗《げきりん》に触れたのではないか。しかし、あくまでこれは推測である。

コビナタという夢

一九〇一年、フェノロサとメアリーの共作と推測される『トゥルース・デクスター』が出版され、まとまった収入を得た後、一九〇二年二月、フェノロサたちはモービル郊外のスプリング・ヒルに家を購入する。この家は改装を経て十月完成、彼らによって「コビナタ」（図5）と命名される。コビナタという名前は、彼らが日本で最後に住んだ小石川区小日向によるものである。

史料にあるかぎりで、フェノロサは二度にわたり、日本で家の設計をしている。一度目は、時期は定かではないが「将来の住宅建築——少なくとも東京における」であり、[30]二度目はメアリーとともに過ごした一八九六年の京都でだった。京都ホテルで「ずっと家の設計に没頭していた」のは、[31]間違いなく自らの家を念頭においていたと考えられる。立地としては白川村が、ことのほか気に入ったようである。

東京での設計は、日本人の用途や生活様式にも気を配った様子がある。あるいは、西洋建築に憧れる日本人に向けて設計してみたのかもしれない。しかし、その広く豪華な造りから、明治二十二年（一八八九）に「一時新築見合せの姿に相成居る」となってしまった、[32]「ヘネローサ居館」の設計の可能性もある。帝国博物館設立に際し、博物館の機能と構想を記したものに、予算案を説明する「提要」という部分がある。そこに、「宮内省美術事業幹事御雇ヘネローサ居館金三万円を以て新築の約定なりし」[33]とあり、フェノロサは家を新築する約束を九鬼隆一と取り付けていたのであった。

そして、メアリーと来日した一八九六年には京都で、同じく一八九七年には東京で、フェノロサは自らの家の土地探しもしている。

フェノロサには、マサチューセッツ州セーラムのチェスナットストリートに、幼少期を過ごした家がある。しかし、これは彼の生まれた家ではない。フェノロサ二歳の一八五五年国勢調査では家屋番号の異なる家がフェノロサ家の居所として記録されている。これがフェノロサの生まれた家なのだろう。このように現在確認されているフェノロサの家は幼時に移り住んだ家である。そして十七歳でハーバード大学入学の後は寮暮らしとなり、それ以降住んでいない家でもあった。加えてその家は、フェノロサの大学入学の前年に父親が再婚して、新しい家族である継母そして兄弟たちが住む家となっていた。これらのことから推し量ると、父が没して以降、フェノロサは自分のつながるべき場、つまり十三歳までしか一緒に過ごせなかった母の、そして父の思い出の残る自らのリニエッジ(34)を感じられる場、「家」を完全に失っていたと考えられる。

フェノロサは、つながるべき「家」、帰るべき「家」を必要としたのだろう。トラスカラ族の末裔というイメージをもちスペインに思いを掛けるフェノロサには、アメリカで帰るべき家がなかった。自らの家を確保することによって、帰るべき故郷がない離散したディアスポラの状態から解放されたかったのではないだろうか。

コビナタに寄せるフェノロサの思いは、いかばかりだったかわからない。自分の場所を確保して地に足をつけ、そこに繋がるための家を手に入れたのだから。かたちとしてコビナタは実現した夢だった。だとしても、南部のモービルは文化の中心であるニューヨークやボストンに遠すぎ、またフェノロサは、多くの地方都市での講演に忙しかった。交通の便のよいニューヨークは魅力的だった。コビナタ完成の一九〇二年の十月とクリスマスシーズン、一九〇三年一月のどこかから二月末にかけてフェノロサは、コビナタに滞在して家族と過ごしている。しかし、完成から一年後の一九〇三年十月、フェノロサは一家で本拠地を、現在ではコロンビア大学のインターカルチュラル・リソース・センターも入居している**552 West 114th Street, New York**へと移すのである。

この移転については、フェノロサの一九〇三年十月二十日付フリーア宛書簡に詳しい。

妻と娘アーウィンは数日前に当地に来着、三人で快適な部屋に落ちつき冬の準備です。この建物は南側がコロンビア大学に接しています。（中略）アーウィンは大学附属のホレス・マン・スクールに通います（以下略）

（フェノロサ書簡、チャールズ・ラング・フリーア宛、一九〇三年十月二十日付、『フェノロサ（下）』二六二頁）

ニューヨークのフェノロサのもとへ、メアリーとともに彼女の娘、十一歳のアーウィンもモービルからやって来た。アーウィンはメアリーの離婚以降親権者であるレドヤード・スコットのもとに身を寄せていたが、この夏、メアリーの前夫スコットが事故死したことにより、メアリーのところへ戻っていた。
この手紙でフェノロサが「三人で快適な部屋に落ちつき」と書いているように、メアリーのもう一人の子ども、長男アランについてはニューヨーク暮らしの数に入っていない。メアリーとフェノロサが結婚してから、日本での三年間を除き、アランはボーディング・スクール等、他の場所で過ごしたようだ。

コビナタとフェノロサの関わりは、前述以外で、一九〇四年の夏に二ヶ月、その年末から一九〇五年にかけて一ヶ月半という短いものが記録されている。これ以降フェノロサが没するまで、彼のコビナタ滞在は確認することができない。しかし、彼がコビナタを大切な場所として位置づけていたことは、ほとんどの蔵書や、美術品の数々をその家に置いていたことからも推測できる。残されている写真によると、部屋は日本美術の蒐集品で飾りたてられ、古画や芳崖らの作品も壁に立てかけられていたようだ。(35)

心の中の「家」がモービルにあるフェノロサは、定まった自分の場所がある安心からなのだろう、ニューヨークではアパートメントを転々と移り住む。家族三人で住み始めた一九〇三年には二つの住所が残されている。同地に今もある、コロンビア大学に接する赤茶色の五階建てのアパートメント 552 West 114th Street, New York と、その年末に引越した、501 West 113th Street, New

York である。そして一九〇四年には 500 West 121th Street, New York へと移る。また、一九〇六年の住所として、マンハッタンの大通りである West 23rd Street, New York を、チゾムが前掲書にあげている。[36] これ以降、フェノロサは住所を変えた様子はない。フェノロサ最後の住所は、モービルのコビナタではなくマンハッタンのこのアパートメントなのだろう。

コビナタの夢は、フェノロサをディアスポラから救い出し、アメリカ人としてその土地にしっかりと結わえ付けてくれたのだろうか。どうも、そうではなかったようだ。フェノロサの晩年は、コビナタを訪れることもなく、またその家の内部までもが、南部の雨風に晒されそうであった顚末を知るにつけ、夢の残滓、そんな言葉がコビナタに重なる。フェノロサがディアスポラから抜け出すためには、コビナタの夢が実現したあと、そこに充実した生活があり、彼の人生がそこで円満に完結する必要があったのだろう。蔵書も美術品もそこにあり、妻もそこが故郷であり留まるべき人であったのだから。美しい時間が流れるはずであったコビナタの夢は、やはり夢でしかなかった。

御用美術商

フェノロサからチャールズ・ラング・フリーアに宛てた、四十六通におよぶ書簡がフリーア美術館にある。これらによって、頻繁なフェノロサの引越やコビナタで彼がすごした時間など、私生活の一端を知ることができた。書簡には、フェノロサのフリーアに対する、美術顧問としてのアドバイスだけではなく、彼らの関わりの親密さを示すプライベートの細かなことも書かれていた。

チャールズ・ラング・フリーア（一八五四～一九一九）（図18）は、デトロイトの列車製作工場を経営した実業家で、彼の資金とそのコレクションで、スミソニアン・インスティチューションの一部であるフリーアギャラリーが設立された。合併を繰り返すという手法で彼は企業を大きくしたために、ストレスが溜まり精神的に不安定となり、癒しを求めて始めたのが美術品の蒐集であったという。

一九〇〇年に日本からアメリカへ本帰国したフェノロサの生活を下支えしたのは、大富豪フリーアへ徐々に売り渡したフェノロサ・コレクションからの収入だったと言っても過言ではない。懐月堂の肉筆浮世絵、北斎の「山水図」六曲一双屏風、雅邦「寒山拾得図」などが、フェノロサによってフリーアにもたらされた。優美な美術品がフリーアの手に渡ると引き替えに、フェノロサのもとに莫大な金額が入ってきた。一九〇一年二月二十八日から一九〇二年十月二十七日までの間だけでも、フリーアよりフェノロサに支払われた額は、残っている書簡の記述などから計算すると一万三一八〇ドルになった。[37]

（図18）チャールズ・ラング・フリーア（フリーア美術館蔵）Freer Gallery of Art and Arthur M. Sackler Gallery Archives, Smithsonian Institution, Washington, D.C. FSA A.01 12.01.2.5

フェノロサが本帰国後、アメリカ各地を講演していたときに、二人はデトロイトで出会った。そして一九〇一年二月末、フェノロサは、フリーアが住む豪邸、デトロイト・イースト・フェリー通り七一番地の招客となったのである。その滞在は一週間に及んだ。フェノロサが同世代ということもあり、フリーアは親近感を持ったのだろう。フェノロサも、これ以後、心を許してか、

この手紙は石工の捲きあげる砂ぼこりにまみれながら、スプリングヒルで書いています。（中略）家屋のことはまだいろいろと手をかけねばならぬこととなり、費用が初めの予想よりかなり嵩みます。

（フェノロサ書簡、フリーア宛、一九〇二年九月十三日付、『フェノロサ（下）』二六八頁）

極めて、手の内を明かすようなことを、フリーア宛の書簡に書くようになるのであった。

フリーアにとってのフェノロサは、コレクションの売り手としてだけではなく、山中商会ニューヨーク支店に運び込まれる日本の美術品を、一番に目にすることができる特権を持った、彼の御用美術商としても有用な人物であった。微に入り細をうがつ分析を根拠として、フェノロサから作品の購入を勧められたフリーアは、そのかなりの数を買い上げていった。フェノロサのフリーアに対する助言は、山中商会のみならず、日本美術品を扱うアメリカン・アート・アソシエーションのトーマス・カービー（一八四六～一九二四）や、松木文恭などの持ち込む作品にも及んでいた。(38)

ただフェノロサがフリーアに提出していた美術品の分析は、現在の美術史において作者名などの鑑定に疑問符がつくものもある。だとしても、当時のフェノロサの知識と感性が結集されたものではあった。そして少なくともフリーアは、フェノロサが真摯《しんし》に鑑定、批評したものだと評価していたのである。その証拠として、

先週お手伝いさせていただきました些細な仕事のために、小切手二〇〇ドルも同封していただきました（以下略）

（フェノロサ書簡、フリーア宛、一九〇四年十月二十七日付、『フェノロサ（下）』二七七頁）

とフェノロサが謙《へりくだ》り礼を述べる文章が書簡に見えている。フリーアからフェノロサに、美術品購入にかかるコンサルタント料が支払われていたのだった。

商取引の基本から考えると、もちろん、売主である山中商会などからも、フェノロサに手数料が支払われていただろう。しかし、こちらの史料は出てこないので確かめることはできない。

このように多額の金額がフェノロサとメアリーのもとへ流れ込んでいた。メアリーの小説からの収入もあった。それでもフェノロサは講演を続け、美術顧問を続け、寄稿をして、ヨーロッパ美術研修

旅行クラス解説者という、ヨーロッパの美術館に学生を連れて行き、そこで解説をする仕事まで引き受け収入を確保していた。やはり、リジーに対する慰謝料は大きかったのだろう。一九〇二年三月二十六日に、フリーアから、フェノロサに対して支払われた美術品に対する代金一五〇〇ドルの受取人は、ボストンに住むリジーであった。また、前年二月の肉筆浮世絵八点の代金も、娘の養育費になっていた。[39] フェノロサは離婚訴訟の判決どおり、債務を履行していた。

【註】第四章　フェノロサと二人の妻

◎第一節　リジーからメアリーへ

(1)フィラデルフィア美術館　フェノロサ関係書類、二〇一一年十一月六日入手
(2)Lawrence W. Chisolm, *Fenollosa : The Far East and American Culture,* New Heaven and London, Yale University Press, 1963, 一七頁
(3)江戸東京博物館の鹿鳴館模型によると、舞踏室入口には、その写真と同じく屏風が立てられている。
(4)山口静一『フェノロサ(下)』三省堂、一九八二年、八一-八二頁
(5)フィラデルフィア美術館　フェノロサ関係書類、二〇一一年十一月六日入手
(6)梅澤精一『芳崖と雅邦』純正美術社、一九二〇年、一五三頁
(7)ハーバード大学ホートン・ライブラリー蔵、フェノロサ史料 MS Am 1759.3 (1)、手書き文書を読むのが不慣れなため、ビゲロー氏の縁者であるロジャー・ワーナー氏に読んでいただいた。

(8)一九二二年五月三日、メアリーのパスポート申請書より。ancestry.com (Source Citation : National Archives and Records Administration)
(9)山口静一『フェノロサ(下)』三省堂、一九八二年、八〇頁
(10)Lawrence W. Chisolm, *Fenollosa : The Far East and American Culture*, New Heaven and London, Yale University Press, 1963, 一二〇頁
(11)同書、同頁
(12)山口静一『フェノロサ(下)』三省堂、一九八二年、八〇頁
(13)ニューヨーク市による「結婚証明書」一八九五年十二月二十八日付
ボストン美術館でメアリーの後任者となり、また後日、フェノロサ夫妻と共に来日し、生活を共にしたアン・ダイアーというメアリーの友人が、結婚の証人の一人であった。
(14)山口静一『フェノロサ(下)』三省堂、一九八二年、八五－八七頁

◎第二節 『ニューヨーク・タイムズ』の中のフェノロサたち

(15)シドニー・マッコールとは、アーネスト・フェノロサとメアリー・マクニール、二人の関わる筆名であることが、伊藤豊「メアリ・フェノロサの『合作』疑惑」(伊藤 豊「メアリ・フェノロサの『合作』疑惑 —『トゥルース・デクスター』の評価をめぐって」『山形大学大学院社会文化システム研究科紀要』第七号、二〇一〇年、六一－七三頁)という論文によって日本でも知られることとなった。
(16)前掲の伊藤豊論文に指摘があるように、新聞記事の中では、「An imbricate roof」となっているが、小説『Truth Dexter』本文では「an imbricate woof」(Mary McNeil Fenollosa, *Truth Dexter*, General Books LLC 2012 : 五六頁)となっていることが確認できた。本書では小説本文より訳出した。
(17)ブライアンとは、テキサス州中東部の地名であろう。
(18)Caldwell Delaney, "Mary McNeil Fenollosa, an Alabama Woman of Letters" 日本フェノロサ学会編『LOTUS』第二号、日本フェノロサ学会、一九八二年、三二頁

(19) Sydney McCall, *Truth Dexter*, Little Brown and Company, 1906, 一九七頁（電子書籍）
(20) http://en.wikipedia.org/wiki/Tuckernuck_Island（2011-4-4 参照）
(21) 村形明子「ビゲロー略伝」『季刊　古美術』三五、三彩社、一九七一年、六二頁
(22) 伊藤 豊「メアリ・フェノロサの『合作』疑惑　―『トゥルース・デクスター』の評価をめぐって」『山形大学大学院社会文化システム研究科紀要』第七号、二〇一〇年、六五頁
(23) Caldwell Delaney, "Mary McNeil Fenollosa, an Alabama Woman of Letters" 日本フェノロサ学会編『LOTUS』第二号、日本フェノロサ学会、一九八二年、三二頁
(24) 同書、同頁
(25) Brian Hayashi 講義資料、二〇一二年十二月十九日、京都大学
(26) 板倉史明「メアリー・フェノロサの小説　*The Dragon Painter*（一九〇六年）の映画化」日本フェノロサ学会編『LOTUS』第二七号、日本フェノロサ学会、二〇〇七年、一一頁
(27) Caldwell Delaney, "Mary McNeil Fenollosa, an Alabama Woman of Letters" 日本フェノロサ学会編『LOTUS』第二号、日本フェノロサ学会、一九八二年、三四頁

◎第三節　私生活が記録されたものは少ない

(28) 村形明子編訳『フェノロサ夫人の日本日記』ミネルヴァ書房、二〇〇八年、一〇二頁以降
(29) Lawrence W. Chisolm, *Fenollosa : The Far East and American Culture*, New Heaven and London, Yale University Press, 1963, 一一九頁（脚注）、ならびに山口静一『三井寺に眠るフェノロサとビゲロウの物語』宮帯出版社、二〇一二年、一一二―一一三頁
(30) 村形明子編訳『アーネスト・F・フェノロサ文書集成(下)』京都大学学術出版会、二〇〇一年、二六〇―二六五頁
(31) 村形明子編訳『フェノロサ夫人の日本日記』ミネルヴァ書房、二〇〇八年、二二九頁
(32) 東京国立博物館編『東京国立博物館百年史』第一法規、一九七三年、二五二頁

(33)同書、同頁

(34)lineage: 血統、系統、家柄（研究社『新英和中辞典』）

(35)山口静一『フェノロサ(下)』三省堂、一九八二年、二六〇頁

(36)Lawrence W. Chisolm, *Fenollosa : The Far East and American Culture,* New Heaven and London, Yale University Press, 1963, 三頁

(37)山口静一『フェノロサ(下)』三省堂、一九八二年、二六六－二七二頁

(38)E・F・フェノロサ書簡、フリーア宛、一九〇三年三月八日付他、山口静一『フェノロサ(下)』三省堂、一九八二年、二七二－二七三頁

(39)山口静一『フェノロサ(下)』三省堂、一九八二年、二六八頁

第五章　安息の訪れ

第一節　一九〇八年九月二十一日

大英博物館での調査を最後に

希望者を募り一九〇八年夏、ヨーロッパ美術研修旅行に出かけたフェノロサは、解説者として実際の美術品を紹介しながらフランスやドイツの美術館をめぐった。そして、九月上旬、帰国の船が出るイギリスへ戻り、ロンドンでしばしの寸暇を惜しみ、大英博物館での調査を進めていた。

そこでフェノロサは、セイウチの牙に刻まれたアラスカの模様を見つけ驚喜する。それは、彼の持論であった「歴史の曙では一つの特定流派によるデザインが、環太平洋地域に広がっていて、それが東洋と西洋とを結んでいる」という考えを実証する決め手となるものだった。(1)

大英博物館で、セイウチの牙にフェノロサが何を見つけたのか、今のところわかっていない。彼の『*Epochs of Chinese and Japanese Art*』に書かれる環太平洋地域での、デザインの共有に対する説明を手がかりに、それがどのような彫刻であったのか考えてみた。

ブロンズの装飾に現れる太平洋地域の特色は、龍の始祖のような、魚または海中怪物の装飾であり、それは南太平洋の島々から北東アメリカにかけて発見されるものと同一である。その海中怪物は魚とは違う頭をもっていて、鼻は曲がり、鼻の穴は開き、時には牙を持ち、魚と違い尾は湾曲している。（中略）それはニュージーランドやミクロネシアで、道具のハンドルや瓢箪に彫られ、布にも織り込まれる。そして、その装飾は再びアラスカに、ほとんど同じようにして現れる。（中略）この水の精霊としての装飾は、古の中国の瓶《へい》に刻まれ、または造形され、後にはアステカの石の龍のように牙をもつ。

（『*Epochs of Chinese and Japanese Art vol.1*』一〇頁）

（図19）龍の始祖　初期の魚または海中怪物
（京都大学吉田南総合図書館所蔵『Epochs of Chinese and Japanese Art』1912年出版より）

文章中に列挙されたものを、古代の文物の中に探してみると、環太平洋を反時計回りに、古代中国の青銅器に現れる海中怪物の模様（**図19**）、ミクロネシア、ギルバート諸島に伝わる鰻《うなぎ》の神「リュキ」の模様[2]、アステカのケツァルコアトル（羽毛ある蛇）像、そして欠落したアラスカの装飾でほぼ一周するように思われる。

フェノロサは、おそらくこの欠落していた部分に当てはまる、セイウチの牙に刻まれた「水の精霊」にかかわるアラスカの模様を見つけたのである。これにより太平洋をとりまくそれぞれの地域で、同じような模様が特徴的に存在することになった。この事実で、彼は東と西のつながりを実証できたと思ったはずだ。とすれば、フェノロサが大英博物館で見つけたアラスカの彫刻は、龍または長さのある海中怪物の模様ということになる。

東洋と西洋が結びあったのちに、すべての人が人類共同体の一員、コスモポリタンとして平等の価値と尊厳をもつことを望んでいたフェノロサは、人生の最後に、持論である東洋と西洋が結び合う証左となるものを、大英博物館で見つけた。

フェノロサの人類共同体、そしてコスモポリタニズムに至る考えは、一八九二年、全米の大学優等・卒業生で構成されるファイ・ベータ・カッパ（φβκ）ソサエティで朗読した「東と西」という長詩にすでに表れている。この詩は東洋と西洋の精霊が別れることに始まり、時を経て東洋と西洋の結合者であるアレキサンダーが登場し、ガンダーラという地で東洋と西洋が結び合った芸術を残す。しかし、二つの洋は再び別れを告げる。次に、場面は日本へ移り狩野芳崖が登場、奈良でのことが語られ、桜井敬徳阿闍梨も登場する。そして、とうとう東洋と西洋は結婚というかたちで結ばれ、未来の東と西は涅槃の中に放たれる、という内容の長詩である。(3)

一九〇八年九月のある日、大英博物館で、セイウチの牙に彫られた模様を目の当たりにして――きっと、それは龍に近い模様だったはずだ――、特徴的な模様の分布が太平洋を取り巻いていることを強く思い、西と東はやはり結ばれていた、とフェノロサは確信したに違いない。

大英博物館での「発見」は、フェノロサ急死の直前であった。

ドラマの次の幕は開こうとしていた。ドラマならば舞台を設定しなければならない。しかし歴史の中にはわからないことが多すぎる。フェノロサが急死する一九〇八年九月二十一日についても、舞台となるホテルさえ明らかにされていないのである。フェノロサの長女、ブレンダがイギリスを訪れた際に、そこに立ち寄って支配人と言葉を交わしたことがあったという。(4) しかし、ここでもホテルの名称は明らかにされていない。

どこのホテルが、フェノロサの終焉の地であったのか特定したいとは思わない。ただ、物語の舞台として、このような場所であったというイメージは持ちたい。

ほとんど知らない国へ、ホテルの予約をしないで行った場合、普通どうするだろうか。まず、一度でも自分が泊まったことのあるホテルに足を向けるか、知り合いが泊まったホテルをあたるだろう。この推測からすれば、舞台となるホテルは、一八九六年、メアリーとの世界一周旅行で宿泊したことがあるチャーリング・クロス駅近くの、ゴールデン・クロス・ホテルの可能性が高くなる。もちろんフェノロサにしてみれば、政府の美術取調委員として欧州視察へ出かけたときに、リジーと泊まったホテルも記憶の中にあっただろう。しかし、リジーは前妻である。無用なわだかまりを持たないためにも、以前メアリーとともに泊まったゴールデン・クロス・ホテルを選ぶのではないだろうか。この

（図20）ゴールデン・クロス・ホテル 1930年
（The Survey of London蔵『Survey of London』第20巻〈図36b〉1940年出版〈British History Online〉より）

ホテルはチャーリング・クロス駅に近く、一九〇七年に開通していた地下鉄ハムステッド・チューブ（現在のノーザンライン）を使えば二駅で、大英博物館最寄りのトテナム・コート・ロード駅へ着く。博物館で調査をしたいと考えていたフェノロサには、おあつらえむきだったはずだ。

ゴールデン・クロス・ホテル（図20）とは、ロンドンの中心部ストランドにあったホテルで、一九三六年に取り壊され当時の建物は現存していない。残っている写真からすると、四階建てで、当時としては部屋数も多く瀟洒なホテルであった。[5]

メアリーの世界一周が記された日記の、一八九六年四月十七日には、ゴールデン・クロス・ホテルについて「祖父の家に似た匂いのする、感じのよい古い英国風ホテル」と書かれている。彼女は、このホテルに好感をもっていた。舞台は決まった。伝統が息づく、好感のもてる英国風ホテルで。

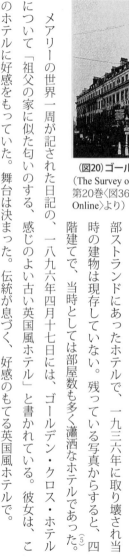

その日

すべての人に、その日はやってくる。フェノロサにも、その日はやってきた。劇的だったのは、旅先のロンドンからリバプール経由で、母国アメリカへ帰ろうとする前々日であったこと。病名はアンギナ・ペクトリス、狭心症であった。(6)現在では治療薬も進歩し、日を改めず三度目の発作で命を落とすことはなかっただろう。(7)

チゾムは『*Fenollosa : The Far East and American Culture*』の中で、その日の様子について、「アーネスト・フェノロサの死、『*Epochs of Chinese and Japanese Art*』の準備、エズラ・パウンドに関すること」というメアリーが一九四八年頃に書き残した史料から書き起こしている。

ある朝、それは九月二十一日、アメリカへ帰国、直前のことでした。フェノロサは、切り裂くような狭心症の痛みを覚えました。医者はフェノロサをベッドに寝かせ、絶対の安静を言い渡したものの、回復は完全なように思うので、航海の予定はそのまま進めてもよいだろうと指示しました。継娘アーウィンが『オックスフォード　イギリスの韻文』から何編かの詩を大きな声で読み、ベッドに休むフェノロサは、それを聞いていました。ほどなくフェノロサはロセッティの「ブレスド・ダモゼル」をアーウィンに頼み、彼女がそれを読んでいましたところ、「メアリー」とフェノロサが叫び、それが最後の発作でした。

（『*Fenollosa : The Far East and American Culture*』二一一頁）

「ブレスド・ダモゼル」（祝福されし乙女）の詩とともに、フェノロサはこの世から旅立っていったという。この詩の作者、イギリスのダンテ・G・ロセッティ（一八二八〜一八八二）は、ラファエル前派の耽美的な絵を描く画家であり詩人である。たしかに「ブレスド・ダモゼル」は美しい詩ではある。しかし、この詩をかいつまんでみると、天に上げられている乙女が恋人を天国へ導きたいという詩なのである。

天国へ導くということは、まず地上で死ぬことが前提であろう。このような内容の詩を、たとえ本人に懇願されたとしても、狭心症の発作にみまわれ小康状態を保っている人の枕元で読むものだろうか。どんなに美しい詩であっても、状況をわきまえるだけの常識があれば、読まないのではないか。ここで少し気になるのは、メアリーが小説家であるということである。夫の死を荘厳するために、キリスト教的な美しい天国のイメージを加味した可能性があるのかもしれない。

「ブレスド・ダモゼル」の一節を引用してみよう。

神聖な乙女は天国の、金の手摺に寄りかかり、身をのりだす
彼女の目は海より深く、一様に静か
手に三本の百合を持ち、髪には七つ星

（中略）

彼の頭に輝かしい光輪が、まつわりつき
白衣をまとわされた時
私は彼の手を引き、深き光の泉へ連れていこう
光の流れの方へ、私たちは降り
そこで、神に見守られ、沐浴する
（中略）
聖母は手に手を取って私たちを導き連れていくだろう
神と共にある、光輪をまとい頭を垂れ跪く数えきれない魂たちの居る場所へ
そして、エンゼルたちがやってきて、シターン(8)を奏で歌うだろう

（「Blessed Damozel」『A Victorian Anthology, 1837-1895』）

まばゆいばかりに美しい詩「ブレスド・ダモゼル」による、フェノロサの死に対するメアリーの荘厳を懸念してみたが、いまのところそれを裏づけるものを見つけることはなかった。反対に、ラファエル前派に興味をもつフェノロサの様子がいくつか見つかる。

フェノロサが、ラファエル前派やロセッティを意識した状況としては、まず、一八八六年十月、文部省の美術取調委員として、シティ・オブ・ペキン号でサンフランシスコへ向かう際に、画家のジョ

ン・ラファージが同船していたことがあげられる。ラファージとフェノロサの親交は、同年夏、避暑地日光ではじまっていた。二十日に及ぶ外界から遮断された船旅の間、知識の交換に多くの時間が費やされたと考えられる。ラファージは西洋美術の行き詰まりを認識して、ラファエル前派運動に特別な親近感をもっていたのであった。彼との交遊を通じて、フェノロサはラファエル前派への関心を高めたという。(9)

また、英文学者、平田禿木の回想の中には「錦木に非常な興味を有ち、(中略)何処となくロゼッティの面影があると云って喜んでいた」(10)、というものがある。たしかに能楽『錦木』は、男性が心を寄せる女性の家の前に立て、それが女性の家へ取り入れられると結婚が許されるという錦木のために、三年間、女の家に通い、思いを遂げることなく死んだ男の恋の話であり「ブレスド・ダモゼル」とどこか似ている。『錦木』も、最後に読経のおかげで、男は女の亡霊と盃を交わすことができ喜ぶという、「ブレスド・ダモゼル」同様、死後の男女の物語であった。

これらのことから、フェノロサは、ロセッティやラファエル前派の美意識に傾倒していたと考えられる。「ブレスド・ダモゼル」はメアリーによる荘厳というよりも、自分の身に起こっていることの重大さに気づかなかったフェノロサが、安静を言い渡され、その暇を紛らわすために、手元にあった本の中で気に入ったものをアーウィンに読んでもらっていた、というのが事実に近いだろう。そして、それが天国への誘いを謳いあげていたという偶然。

だが、そのとき、フェノロサは、「ブレスド・ダモゼル」に表現された甘美な天上の世界や、キリスト教のイメージに浸っていたのではなかったように思われる。産業革命によってもたらされた物質の豊かさと引き換えに、失われた精神的なものを求めるラファエル前派という、中世の耽美な世界の再現に浸っていたはずだ。

その日のことは、メアリー、アーウィン、そしてフェノロサ本人しか知らない。

最後の言葉とされる「メアリー」は、また、フェノロサが十三歳のときに亡くなった母の名でもあった。(11)

第二節　ハイゲート墓地

英国国教会の葬儀により

ロンドンで客死したフェノロサは、ハイゲート墓地に葬られた。

このように一行で書き表すことができる出来事の中に、いくつもの明らかにされていないことが含まれている。

まず、どうしてイギリスのハイゲート墓地なのかという疑問である。客死ならば、手だてをつくして母国へ連れ帰るというのが一般的ではないのだろうか。しかし、メアリーはそうすることはなく、ロンドン大学や大英博物館のあるブルームズベリーを含む地域であるセント・ジャイルズ（現在のカムデン・ロンドン特別区）に死亡届を提出、ロンドンの北部にあるこの墓地にフェノロサを埋葬した。

一九四〇年に彼女が雑誌『ライフ』へ書き送った書簡には、埋葬について「英国国教会の儀式をもって葬られ」たことと「娘と私は、その数日後に帰国」したことが書かれているだけで[12]、ハイゲート墓地への埋葬について、メアリーによる、直接理由を説明する言葉は残っていない。

この疑問を解く糸口となるかもしれない記述が、メアリー書簡に対するフリーアの返事にあった。

今ロンドンに眠っておられる先生をその地に安置しておいでになったことは、もの言わぬ遺骨として船に乗せ帰る苦しみを味わうことに較べれば、むしろずっとよかったことです。

（フリーア書簡、メアリー宛、一九〇八年十月二十八日付、『フェノロサ（下）』三一〇頁）

もの言わぬ遺骨として、フェノロサをアメリカへ連れ帰るよりは、ロンドンで埋葬した方がよかった、とフリーアはメアリーに賛同しているのである。そして「最終的な埋葬の場所や時間は、もっと慎重に取り決めることができる」という改葬の可能性も同じ書簡の中に書かれている。このようにハイゲート墓地はフェノロサの永遠に眠る地でないこともフリーアの手紙は示唆している。

書簡中の「遺骨として船に乗せ帰る苦しみ」とは、遺骨にすること、つまり火葬する苦しみを表しているのでは、と思いあたる。キリスト教の見地からしても心情からしても、すぐに火葬するというのは、メアリーにもフリーアにも抵抗があったのだろう。フェノロサは仏教徒なので、火葬することについて問題は無い。しかし、どのように考えても、そのまま埋葬するという選択肢があるとすれば、近親者なら火葬することを躊躇するだろう。そして、当時はまだ、キリスト教が火葬を禁止していた時代である。ローマ教皇パウロ六世が火葬禁止令を撤廃したのは、これから五十年以上後の、一九六三年のことである。

フェノロサを遺骨としてアメリカへ連れ帰らなかったのは、火刑を思わせる火葬をさけてなのかどうか、一九四〇年のメアリー書簡にも、一九〇八年のフリーア書簡にも書かれていない。フェノロサは、近い将来改葬される予定で、ロンドンのハイゲート墓地に埋葬されたことがわかるのみである。

当時、ロンドンにはハイゲート墓地以外に、タワー・ハムレット、ゴールダーズ・グリーンなどの公営墓地があり、またその他に教会墓地もあった。その中でハイゲート墓地が選ばれたのは、教会に属した墓地ではなく、また、比較的新しいために新規に墓地を求めやすかったからであろう。

次に、どのようにして埋葬されたかが気になるところである。前出の雑誌『ライフ』宛メアリー書簡によれば、「私の夫は英国国教会の儀式をもって葬られ」とあり、キリスト教の儀式によって埋葬されたことが明らかにされている。

少なくとも、フェノロサは仏教徒であり、法明院では桜井敬徳阿闍梨の弟子として「僧」であることが認められていた人間なのである。それが、英国国教会、つまりアングリカン・チャーチというイギリスで一般的な宗教の導きにより棺の蓋が閉じられ、埋葬の儀式が執り行われたのである。

仏教徒の葬儀を、他の宗教により行うことについて、法明院の現ご住職、滋野敬宣師にうかがってみた。それによると、その国で一番、流布している宗教によって、埋葬等の儀式が執り行われるのは問題ないということであった。また、一九〇八年、ロンドンには日本仏教の寺院はなかったと思う、とも仰っていた。[13]

客観的に仏教徒であり、「僧」と考えることもできるフェノロサたちではあったが、いかほどにフェノロサやメアリーが仏教徒であったのかは、忖度《そんたく》しがたい問題である。また、同じ十善戒を受けていた彼らではあるが、どうもメアリーの方は日本を離れて以来、仏教から日々疎遠になっていった感がある。フェノロサのハイゲート墓地での埋葬は、仏教から疎遠になったメアリーにより祭祀が執り行われたのであった。

アングリカン・チャーチの司祭により聖句が唱えられ、賛美歌がハイゲート墓地に静かに流れた。自らの身体の上を流れてゆく賛美歌についてフェノロサは、どう思っていたのか考えてみた。きっと異論はなかったはずだ。遠い昔の日本で、仏教を極めようとしていたフェノロサは、

ヨーロッパにキリスト教がふさわしければ、仏はキリストないし他のどんな人になってもよかった。救われる人の側の利点になれば、また彼らに因縁があれば、外道の中に仏が現れるであろう。（「仏教研究ノート」『アーネスト・F・フェノロサ文書集成―翻刻・翻訳と研究(上)』二七九頁）

と自身の「仏教研究ノート」に書いているのである。これはキリストも、仏の化身の一つであると理解していたことに他ならない。

既成の宗教を超越する考えをもち、ロセッティの「ブレスド・ダモゼル」の美しい言葉とともにこの世から旅立ち、賛美歌によって優しさの土をかけられたのがフェノロサであった。

「貧民埋葬所の悲惨」の現実

一九〇九年、山中商会のニューヨーク支店駐在員で同年八月に帝国ホテルの支配人となった林愛《はやしあい》作《さく》（一八七三〜一九五一）が、ハイゲート墓地は貧民埋葬所であるとして、有賀長雄にフェノロサ改葬の必要性を説いている。

フェノロサ第十三回忌法要における、有賀長雄の「開会の辞及報告」によると、

林愛作君が用務を以て支那より御帰朝になって私が御面会を致しました所、倫敦に於ける「ハイゲート」貧民埋葬所の悲惨の有様を懇々説明せられまして、私も慨然として改葬に尽力することに決しました（以下略）

（「開会の辞及報告」『校友会月報』第十九巻第六号、一五七頁）

とあり、よほど悲惨な状況が林愛作によって有賀に説明されたようである。

ほんとうに、ハイゲート墓地は林愛作の言うように「貧民埋葬所」だったのだろうか。

カール・マルクスが一八八三年にハイゲート墓地に葬られているのである。プロレタリアートの側に付いていた人とはいえ出自は良いマルクスであり、『資本論』を著し一部の人々に大いに支持されていた人であった。その墓を、滅多な場所に建てるとは考えられない。すくなくとも、ハイゲート墓地は敬意を示すことのできる場所であったはずだ。また、フェノロサが一時期傾倒していたハーバート・スペンサーも、ここに葬られている。

どうも林愛作の「貧民埋葬所」の言葉が宙に浮く。

メアリーは林愛作のもとへ手紙を届け、故人をロンドンに葬ってあるけれども不満足であるから、日本に改葬をしたいと思う、[14]と伝えたようだ。このメアリーの「不満足」という言葉が、「貧民埋葬所」という言葉に置き換えられていったのには、なにか事情があるはずだ。

その間のことを、メアリーの書いた三通の書簡、

①林愛作宛書簡　日付不明：書簡②に、この手紙の出された事実だけが記されている。つまり、一九〇九年三月十七日以前の日付となる。

②フリーア宛書簡　一九〇九年三月十七日付：文面が判明している。（『フェノロサ（下）』三三六―三三七頁）

③有賀長雄宛書簡　一九〇九年四月八日付：「開会の辞及報告」（『校友会月報』第十九巻第六号、

一五七頁）の中で、「フェノロサ先生の遺骨改葬の事を、日本に於ける知友に謀って心配をして呉れ」ということが書かれている四月八日付メアリー書簡を、有賀が受け取ったという報告がなされている。

これらの日付に注目して、読み解いてみよう。

有賀長雄が林愛作に面会して「貧民埋葬所」の言葉を聞き、改葬に協力することを決意したのは、メアリーの、遺骨改葬について書かれた一九〇九年四月八日付書簡（③）を受け取って以後のことである。

ところが、これ以前の、フリーア宛一九〇九年三月十七日付メアリー書簡（②）には、ロンドンへ短期出張中の林愛作に手紙（①）を書き、遺骨移送について「実行可能な準備作業を直ちに開始することを委任する旨」を伝えたことが、書かれている。

つまり、有賀長雄がメアリーの四月八日付書簡（③）を受け取って、林愛作と面会した時点で、すでにフェノロサの遺灰移送は、メアリーにとって決定したものであり、改葬の準備作業の開始が林愛作に委任されていたのである。

ということは、メアリーの決定を林愛作は知っていたことになる。そこで、日本側と仲介の労をとることになった林愛作は、なんとかメアリーの決定を実現するために一つの論を形成して、フェノロサの遺骨を受け入れる体制を日本で作ろうとしたのではないだろうか。
林愛作の言動の真意については計りかねる。しかし、まず「貧民埋葬所」という言葉を使い、ハイゲート墓地は日本美術を称揚、ひいては日本という国を世界に認識させるため、多くをなしてくれたフェノロサの葬られる場所ではないという論が、林愛作によって形成されたのだろう。それに応じるように、フェノロサが「貧民埋葬所」に安置されているというのは、いかにも気の毒だという合意が日本の美術関係者の中でなされ、ほどなく有賀たちの間でフェノロサを改葬すべく、経費の計算と捻出がはじまったという流れではなかっただろうか。経費は火葬に三、四〇ポンド、墓は三〇〇円。捻出する額は美術学校が二〇〇円、大学は四〇〇円というものであった。(15)

現実のハイゲート墓地は、決して「貧民埋葬所」ではない。むしろ、当時のロンドンの人々にとっては憧れの墓地であったはずだ。ロンドン中心部の教会墓地が手狭になり、衛生上の問題もあり少し離れた場所に一八三九年、設けられた墓地がハイゲート墓地である。そこにはライオンや犬の像を配すなど趣向をこらした墓も作られ、自然の樹木や野の花に蔽《おお》われる美しい墓地である。一九〇二年に設けられた当時のゴールダーズ・グリーン墓地ならば火葬を主としていて、「貧民埋葬所」という言葉があてはまったかもしれない。しかし少なくともハイゲート墓地は、そのような場所ではなかった。

三月十七日付フリーア宛メアリー書簡は、フェノロサ改葬費用の支出について以下のように書いている。

タイソン氏は私とブレンダとの最終的和解の際に両方から怨まれないように務めている弁護士です。彼からは実にきつい手紙が来ております。この最後の栄誉は日本人に支出させるべきだと主張しているのです。

（メアリー書簡、フリーア宛、一九〇九年三月十七日付、『フェノロサ（下）』三三六頁）

きっと、同じような文面が林愛作への書簡にも書かれていたはずだ。「最後の栄誉は日本人に」と、それも女性から言われれば、明治生まれの気骨ある日本人は受けて立つしかない。日本人の名誉のためにである。方便という言葉は、林愛作にとって、このようなときにこそ必要なものだっただろう。「貧民埋葬所」という言葉でハイゲート墓地を形容して、フェノロサがふさわしくない場所に埋葬されているという方便。

メアリーのフリーア宛書簡の改葬について書かれた箇所から少し読み進むと、フェノロサの死後メアリーは、フェノロサの長女であるブレンダと和解に向け話し合っていることが書かれている。フェノロサ没後六ヶ月、残された二つの家族は残されたものをめぐり、言い分が折り合わず和解へこぎつけられずにいたのである。

没後六ヶ月という時期に書かれたこの書簡の中で、一つ気になることがある。メアリーは、仮にでもあれ、夫を埋葬してきた墓地の名前を間違って書いている。ニューゲート墓地と書かれているのは、ハイゲート墓地の誤りであった。

やはり、フェノロサは淋しくなかったか。

墓不足のロンドンで

メアリーは一九一〇年春、フェノロサの遺著『*Epochs of Chinese and Japanese Art*』の完成のために、有賀長雄などの助言を受けるべく日本を訪れる。そして、その後ロンドンへ向かう。すでに改葬を終え主のいないこの墓でのことが、メアリーの、雑誌『ライフ』へ宛てた書簡（一九四〇年七月頃）に記されている。

ロンドンに着いて最初に私がやりましたことは、ハイゲート墓地の、一時夫の遺体が埋葬されたあの場所の上に、石碑を建てることだったのです。

（『フェノロサ（下）』三四七頁）

遺体が運び出された後、一年近くそのままであった墓地にメアリーは石碑を建てている。碑文は以下のように刻まれる。

しばし、この場所にアーネスト・フランシスコ・フェノロサが眠る。美術を愛し、説く人、また、詩人であり哲学者、そして先見者。マサチューセッツ州セーラムで一八五三年二月十八日に生まれ一九〇八年九月二十一日ロンドンに没す。今、彼は日本の友よりの愛と荘厳の中に安息する、永遠に、琵琶湖のほとり彼が横たわりたいと願った場所、三井寺で。この石碑は、彼の妻であるメアリー・マクニール・フェノロサにより建立された。

（一九一〇年ハイゲート墓地に建立された碑の写真より著者訳、『アーネスト・フランシスコ・フェノロサ』図版七）

改葬に立ち会えなかったメアリーは、なにかフェノロサのために思いやりをかけたかったのだろう。それは誰も埋葬されてはいない墓地に建てられた、石碑という思いやりだった。

ヨーロッパでは遺族が相応の負担をしない場合、墓地回転率を高めるために、一定期間の後、掘り起こして骨片を集め別の所へ納めるというが、(16) フェノロサの場合、埋葬後一年も過ぎていなかったので骨片を集めるというわけにはゆかず、掘り起こして火葬することを余儀なくされた。この作業は、どう考えてもきれいごとでは済まされない。石碑を建てるというメアリーの思いやりは、火葬等の手筈を整え実際に立ち会うということに比べると上っ面にすぎなかったか。

フェノロサ没後、メアリーはこのように夫の遺著を完成させるため、アメリカを振り出しに日本からイギリスへという長旅をする。そして夫のために、誰も埋葬されていない場所に石碑を建てている。この一連の行動を見る限り、メアリーは経済的に困窮していたわけではない。ならば、これと反対回りに地球を一周することもできたはずである。つまりロンドンで棺の掘り起こしやら火葬やらに立ち会い、メアリーがその遺灰と遺著を携えて日本まで来ることは可能だったはずだ。

だが、そうはしていない。彼女は改葬のすべてを山中商会の林愛作に頼み、ことを運んだ。これから日の目を見ようとする遺著のためなら世界を巡ることができ、すでに物質と化してしまった遺体や遺灰のためにはメアリーの足は向かなかった、と周りの人々から思われることが懸念される行動である。これは未来に目を向ける、メアリーのポジティブさであると理解したいと思う。

この頃のメアリーは「夫のため」を大義として、自らを顕示することが重なることを良しとして、行動の規範にしていたようであった。この規範からすれば、フリーア美術館に所蔵されているメアリーからフリーアに宛てた十通の書簡は、「夫のため」没後の整理を相談している書簡であり、また、大富豪フリーアにメアリー自身をアピールしているものでもあった。

メアリーとフリーア間の往復書簡では、様々な相談がなされている。埋葬にかかわること、所有美術品の今後のこと、スライドコレクションのこと、一八九六年、フェノロサがボストン美術館を辞した後、ウェルド・フェノロサ・コレクションという名称から消されてしまった「フェノロサ」の名前を復活させる要求のこと、遺産相続に対するブレンダの異議申立てのことなどである。フリーアは、その相談の一つ一つに真摯に助言を与え、親身になって相談に乗っている。フェノロサとフリーアにはホモソーシャルなつながりが考えられ、フリーアにしてみれば、メアリーをフェノロサの妻として、彼と一体であると思っていたのだろう。ただ一人アメリカの友人として、フェノロサの一周忌に法明院へ足を運んだのは、四度目になるアジア旅行の途中、日本を訪れていたフリーアであった[17]。彼らのつながりの深さがうかがえる。

これらの往復書簡の中に、フェノロサの墓が、なぜ日本にあるかの、隠れた理由かもしれないことを仄めかすものがある。前出の、メアリーのフリーア宛一九〇九年三月十七日付書簡中、フェノロサの墓についての部分に「あのこと――訳者注、遺骨移葬のこと――を直ちに、まるで駆りたてられるように、「承認」したとある[18]。これはアラバマへ移葬したいと考えていたメアリーが[19]、推測ではあるが、ブレンダ側からセーラムまたはボストンへの移葬を要求され、急遽、日本への移葬を決めたことを意味しているのではないだろうか。フェノロサを顕彰するために日本で墓を建立するのであれば、メアリーにもブレンダにも異論はないはずである。ブレンダによる遺産相続の異議申立てに墓の場所が入っていたとすれば、ありえる決定である。ブレンダ寄りでもメアリー寄りでもない法明院にフェノロサを移葬すれば、円満解決の方法となる。

ブレンダが、フェノロサの墓所についてセーラムやボストンを主張していたとすれば、それはそれで理解できる。フェノロサが南部のアラバマに埋葬されてしまうと、そこでの縁者は、メアリー自身の長女アーウィンや長男アランという血縁のない人々になってしまう。だとすれば、いずれ誰も訪れない無縁墓の扱いを受ける、とブレンダは危惧したのではないだろうか。

このように考えた場合、フェノロサの墓と妻たちの墓が、地球を半周するほど離れていることについて、一概に妻たちの薄情さの表れとは思えなくなる。遺灰を奪い合うような醜いことはせずに、栄光の地に葬って貰おうと考えたのであれば、思いやりある心遣いということになる。

軽々といいきることができないとして保留してきた、フェノロサが愛されていたかどうかを再び考えてみた。フェノロサの遺産相続の異議申立てで裁判を避け和解を求め、遺灰を、どちらの影響下にもない日本へ移送することをメアリーが決定したのだとすれば、リジー／ブレンダ母娘もメアリーも、フェノロサの墓を身近に置きたいと思っていたことになり、二人の妻はフェノロサへの気持ちを留め続けていたことになる。この間の事情は、公式記録には残らないことである。心情をそのままに記した史料が出てくるまで知ることはできない。

現時点で、メアリーのフリーア宛書簡からわかることは、急いでフェノロサの遺灰を日本へ運び、日本人によって顕彰してほしい「事情」があったということだけである。

ロンドンは、中心部で墓地が求められなくなった十九世紀の中頃も、また、今も墓不足である。夫婦墓として二段重ねに埋葬されるのはいい方で、ばら園周囲の地下に骨壺を埋め、その上に小さな銘板を設置したり、または何のしるしもなく芝生に散骨するという方法さえも[20]、現在ではなされている。百年と少し過ぎた今、まだ、メアリーの建てた石碑はあるのだろうか、墓不足のロンドンで。

墓地には期限というものがあるらしい。シティ・オブ・ロンドン墓地を例にとると、それは七十五年だそうだ。延長、再延長が可能だとされるが[21]、それも縁者がいてこその話である。シティ・オブ・ロンドン墓地の期限を援用すれば、フェノロサの埋葬が一九〇八年なので、一九八三年にはフェノロサの縁者が延長していないかぎり、この墓地は再利用されていることになる。

このことをロンドン在住の友人に確かめてもらった。

電話が鳴った。ナンバーディスプレイに番号がない。ロンドンの天久保氏からの電話だった。やはり、フェノロサの改葬後に建てられていた石碑は見あたらないという。墓の管理人さんに、電話帳のように厚いハイゲート墓地の埋葬者リストから探していただいたが、もうすでに、リストにもなかったそうである。

フェノロサの痕跡が、また一つ消えた。こうやって人は、記録の中から、そして人々の記憶の中からも消えていく。

第三節　マスメディアにあらわれる死

第一報

一九〇八年九月二十一日、ロンドンで逝去したフェノロサの訃報は、メアリーからマサチューセッツ州ケンブリッジの高級賃貸集合住宅リヴァーバンク・コートに住むリジーに電報で伝えられた。[22]慰謝料等の支払いは続いていたのだから、電報で知らせたのは義務感からであろう。ミセス・フェノロサを依然として名乗るリジーと、フェノロサの妻メアリーが、親族のように親密に連絡を取り合ったとは考えられない。

この知らせを受けたリジーは、現在でも発行を続けている地方紙の『セーラム・イブニング・ニューズ』に連絡する。そして、九月二十六日（土曜日）フェノロサの訃報は、[23]同紙に掲載された。記事は「フェノロサ教授ロンドンで死去　セーラム出身、生涯の多くをミカドの国で過ごした人、突然の死」というヘッドラインで、ケンブリッジ、リヴァーバンク・コートに住む「アーネスト・F・フェノロサ夫人」が、ロンドンでの夫の急死を伝える海外電報を受け取った、と続く。そして「この水曜日にはニューヨーク行きのウンブリア号で帰国する予定であった」と、二十三日にはフェノロサが母国へ向け、船上の人となるはずであったことも伝えていた。

このようにアメリカではフェノロサの縁者がいて、訃報が新聞に載せられた。しかし客死した終焉の地、ロンドンでは注目されることはなく、どの新聞にも彼の訃報は報道されなかった。ロンドンでのフェノロサは、ただの旅行者であり、ニュースヴァリューのない人間だったのだ。代わりに九月二十日にフランスで死去したヴァイオリニストで作曲家であるサラサーテ（一八四四〜一九〇八）の訃報がロンドンの紙面にはあった。(24)

日本での第一報は、九月二十七日の『東京朝日新聞』に掲載された。二十五日ニューヨーク特派員発の米国特電として、「フェノロサ博士逝去」という見出しで、本文たった三行の訃報である。

我国に縁故深きフェノロサ博士は此程倫敦の客舎にて死去せし由留守宅に通知ありたり
（『東京朝日新聞』明治四十一年九月二十七日付、『朝日新聞』（復刻版）明治編一八六巻、明治四十一年九月、二〇二頁）

日付変更線を跨ぐために日付は違うが、『セーラム・イブニング・ニューズ』と同じときに、日米でフェノロサの訃報は報じられたのである。

太平洋を挟んで、フェノロサの縁者もいない日本で、なぜアメリカと同時期にこのニュースが報じられることになったのだろう。

まず、『セーラム・イブニング・ニューズ』をキャッチして、『東京朝日新聞』のニューヨーク特派員が日本に伝えたとしたら、同時期の新聞掲載は無理である。それ以前に誰かが、日本の特派員に知らせたとしか考えられない。

掲載された本文の「留守宅」という言葉から、リジーが知らせた可能性が高い。もしそうだとすれば、この時点でも、まだ、リジーは自らの住む家をフェノロサの「留守宅」であるとして、対外的に、その言葉で語ったことになる。『セーラム・イブニング・ニューズ』記事の中でも、リジーは「アーネスト・F・フェノロサ夫人」であった。よほどその呼称に、また妻というステータスに固執していたに違いない。

たった三行ではあったが、日本の『東京朝日新聞』は、ロンドンで客死したフェノロサの訃報を掲載した。一般の人では、新聞に訃報が載ることはない。フェノロサが、華やかな御雇い外国人を務め上げ離日して十八年、日本人は御雇い外国人であったフェノロサを、特別な存在として記憶していた。

追悼記事は語る

『東京朝日新聞』によるフェノロサ逝去の第一報がなされてから、特別な存在、フェノロサの追悼記事が日本の新聞紙面を賑わす。

第一報に続いたのは、徳富蘇峰が一八九〇年に創刊した日刊新聞『国民新聞』に掲載された、「明治美術界の恩人フェノロサ博士逝く」という記事である。政治、社会、文学、宗教の改良を目指し発刊されていた同紙に掲載の、フェノロサ追悼記事を見てみよう。

明治四十一年（一九〇八）九月二十八日（月曜日）、『国民新聞』第三版の総頁数は四頁で、表、裏、見開きという体裁である。第一頁に、韓国政府予算が今年に比べ、二〇〇万円以上の増加などという記事があり、韓国統監府を設けていた頃の時代が見え隠れする紙面である。この第三頁に「明治美術界の恩人フェノロサ博士逝く」(25)という見出しが見つかる。この記事は、フェノロサを「米国審美学の耆宿《きしゅく》」、老いて徳望、経験のすぐれた人という意味の耆宿という言葉を使い賛美し、「今や英国倫敦の客舎において永眠に就いたとの西電に接した」と始まる。続いて小見出しがあり、フェノロサの市井での逸話が書き綴られてゆく。逸話の内容は、まず「▲痛ましき後半生」という小見出しで、フェノロサニューヨークにおけるフェノロサの生活について、正誤半ばするような情報が伝えられる。「財産を失い」「愛妻に別れ」「古美術の大半をも手離し」「健忘症の美術家よりは悪さまに評判されて」「最近殆ど二十年間は落莫の境に面白からぬ生活を為した」というのである。次に「▲砂中金を発見す」では、狩野芳崖を発見したことを書き、「▲荒物屋を訪問す」には、芳崖宅を訪問した折のことが書かれている。そして「▲毎月二十円の補助」では、フェノロサの芳崖に対する経済的援助のこと、また、その間に「仁王捉鬼の図」が描かれたことが明らかにされる。さらに「▲自ら狩野を名乗」の小見出しでは、「狩野永悳の門に束脩《そくしゅう》を執り狩野某と名乗った」とあり、外国人で日本画を学び、日本名を名乗った元祖であるとも書かれる。逸話の最後には「▲梅若門下に入る」として、能楽師、梅若実の下へフェノロサが稽古に行った際、妻のリジーが梅若実の下腹を叩き、謡の声はここから出す、とフェノロサに助言したことが書かれる。

この記事は、「最近殆ど二十年間は落莫の境に面白からぬ生活を為した」とフェノロサ後半生を総括する。ところが実際は再婚して世界を一周する新婚旅行をし、また、小説を共作し評判となり、希代の大富豪フリーアと、絵画の取引が中心であったとしても深い交遊があったのである。決して「痛ましき」「面白からぬ」とは思えない生活であった。去る者、日々に疎しの諺《ことわざ》どおり、明治時代のメディアに関わった人でさえも、日本を去ったフェノロサの動向は計りがたかったようだ。

また、日本での定説となっていることでも、フェノロサの史料と照らし合わせると食い違いが見られる。「砂中金を発見す」「荒物屋を訪問す」「毎月二十円の補助」という小見出しの下に描写される狩野芳崖のことはその例である。芳崖の発見について、明治三十五年（一九〇二）十月十二日付、フリーア宛のフェノロサ書簡には、このエピソードと違うことが書かれている。フェノロサが狩野芳崖の住む荒物屋を訪ねたのではなく、狩野友信に伴われて芳崖がフェノロサの家を訪ねて来たと、また毎月二十円の補助については、「私は芳崖を雇い入れ、月給を支払って私のために存分に画を描かせることにしました」と。二十円は、芳崖がフェノロサのために画を描く、その月給として払われたという。

記事中で検証できるものとしては、「梅若門下に入る」に書かれるリジーの武勇伝がある。梅若実の日記、明治二十九年（一八九六）六月一日に、若林氏という記者に話したこととして「へ子《ね》ロサの婦人謡の腹より出ると云手《て》ま子《ね》の事」とあり、その事実が確認できる。(26)

梅若実日記には、他にもフェノロサについての記述がある。それによれば、明治四十一年（一九〇八）九月二十七日に「国民新聞社より依頼に付（中略）米国フ子ロサ死去に付同人の写真を頼に参る一寸手元無き故断る」と。まさに前記の記事のために、フェノロサの写真を頼まれた梅若が断ったというのである。

『国民新聞』には、フェノロサの写真は掲載されていない。一時、フェノロサを門下に迎えいれていた能楽師、梅若実にまで写真を求め八方手をつくしたが、国民新聞社は写真を入手できなかったようだ。

もう一紙、フェノロサの追悼記事の載る『東京朝日新聞』、明治四十一年九月二十九日付の第四頁を見てみよう。

高嶺高等師範学校長談として掲載された二段にわたる記事は、『国民新聞』と違い、フェノロサの顔写真入りである。語り口調そのままの新聞記事は、現在では違和感がある。しかし明治の読み物として読むと味わい深い。これを語った高嶺《たかみね》秀夫《ひでお》（一八五四〜一九一〇）は、モースの助手を務めたこともあり、浮世絵など日本伝統美術への造詣も深く「師範学校の父」とよばれた人物である。

語り口調がどのようであったか、その冒頭を引用すると、

△日本美術最初の紹介者　フェ子ローサ博士が死んだそうだね気の毒なことをした、初めて日本へ来たのは明治十二年頃だ、ハーバート大学を卒業してまだ間もない頃でボストンの近所のセーラムから迎えた夫人と同行であったがまだ子は無かった（以下略）

（『東京朝日新聞』明治四十一年九月二十九日付、『朝日新聞』（復刻版）明治編一八六巻、明治四十一年九月、二二〇頁）

なんとも、横町のご隠居さんが、熊さん、八っつぁんを前に語るような談話である。

フェノロサ追悼記事の次の頁には、夏目漱石（一八六七〜一九一七）の小説『三四郎』が連載されていた。ふと、この頃、夏目漱石が『東京朝日新聞』の社員であったことを思い起こす。ことによる

と、この追悼記事を言文一致そのままに書いたのは。まさか、そんなことはないだろう。しかし、少なくとも『東京朝日新聞』の記事に、言文一致の文章があったことはたしかだ。

『東京朝日新聞』のこの記事は追悼文であるので、顕彰のため華やかな出来事で締めくくられている。

かってローズヴェルトが博士をホワイトハウスに招いて日本美術演説を聞いたときなどは演説終ってから博士の両手を握りしめて何とも云えぬ愉快な話だったと喜んだそうだ。

（同紙、同書、同頁）

この話には裏付けるものがある。それは、日露戦争開戦直後、アメリカに赴き日本の戦争遂行を有利にすべく外交工作を行った金子堅太郎子爵が、東京美術学校で行われたフェノロサ十三回忌建碑除幕式の講話で述べているセオドア・ルーズベルト（一八五八〜一九一九）とフェノロサの接点である。

ルーズベルトが手紙をフェノロサにやつてホワイト・ハウスに先生を招き、上流の紳士淑女をも招いて美術のことから日露戦争に説及ぼしたことがありました。

（金子堅太郎「余とフェノロサ氏」『校友会月報』第十九巻第六号、一六五頁）

第二十六代大統領セオドア・ルーズベルトと、ハーバード大学で面識を得ていた金子堅太郎によれば、大統領はフェノロサに日本の芸術についての話をさせ、また、日露戦争の兆しもありアメリカの聴衆を日本に同情させようとする意思があったというのである。この金子堅太郎の回想がそのままのものだとすれば、フェノロサは、アメリカに日本という国を理解してもらい、日露戦争に対するアメリカの世論で、日本の立場を有利にするため貢献したことになる。

日露戦争において、アメリカが親日であったのは、それがすべての理由ではないだろうけれど、日本でいうところの「判官《ほうがん》びいき」からだといわれている。しかし、ルーズベルト大統領の考えがこのようであり、フェノロサもそれに従い講演したのならば、アメリカ人はその講演を聴き日本の文化、そして美術とともにある歴史にも一目を置いたことになる。ただ単に、弱いものにアメリカ人が加勢したというだけではなかったことになる。

このようにフェノロサの追悼記事は、アメリカ大統領を引き合いに出し、政治的な国際理解の高みにまでフェノロサを引き上げ顕彰していた。

【註】第五章　安息の訪れ

◎第一節　一九〇八年九月二十一日

(1)Lawrence W. Chisolm, *Fenollosa : The Far East and American Culture*, New Heaven and London, Yale University Press, 1963, 二二一頁

(2)ミクロネシアのイカット(絣)模様に、龍を見つけることができたが、フェノロサの着眼している時代は、イカットのような技法の無かった時代だと思われる。それで鰻の神「リュキ」というものを例に引いた。(http://www.jiten.info/dic/ryuki.html)(2014-12-7 参照)

(3)E・F・フェノロサ「東と西」、山口静一編『フェノロサ社会論集』思文閣出版、二〇〇〇年、二六四－三一四頁

(4)今井雅治『アメリカにわたった仏教美術』自照社出版、一九九九年、四七頁

(5)http://www.british-history.ac.uk/report.aspx?compid=68412 (2014-5-18 参照)

(6)七歳を待たずして夭折したフェノロサの長男カノーにも、死亡記録として心臓の病気があった。

(7)メアリー書簡、有賀長雄宛、一九〇八年十月二十三日付、山口静一『フェノロサ(下)』三省堂、一九八二年、三二五頁

(8)オランダの画家、ヨハネス・フェルメールが一六六〇年代に制作した絵画『恋文』の中で、女主人が手にしている弦楽器。

(9)山口静一『フェノロサ(上)』三省堂、一九八二年、三二九頁

(10)矢野峰人「フェノロサと平田禿木」『矢野峰人選集　1』国書刊行会、二〇〇七年、七二頁

(11)欧米人の成人が、会話の中で「母」を表すとき、名前を使うのを聞くことがある。一般名称「おかあさん」でなくとも、この「メアリー」は母である可能性もある。

◎第二節　ハイゲート墓地

(12)メアリー書簡、雑誌『ライフ』宛、一九四〇年七月頃、山口静一『フェノロサ(下)』三省堂、一九八二年、二九八頁
(13)滋野敬宣師へのインタビュー、二〇一一年三月四日
(14)有賀長雄「開会の辞及報告」東京美術学校校友会『校友会月報』第十九巻第六号、一九二〇年、一五七頁
(15)同書、同頁
(16)鯖田豊之『火葬の文化』(新潮選書) 新潮社、一九九〇年、三九頁
(17)Thomas Lawton, Linda Merrill, *Freer A Legacy of Art*, Washington D.C., Freer Gallery of Art, Smithsonian Institution, 1993. 八七頁
(18)メアリー書簡、フリーア宛、一九〇九年三月十七日付、山口静一『フェノロサ(下)』三省堂、一九八二年、三三六頁
(19)メアリー書簡、有賀長雄宛、一九〇八年十月二十三日付、山口静一『フェノロサ(下)』三省堂、一九八二年、三二五頁
(20)鯖田豊之『火葬の文化』(新潮選書) 新潮社、一九九〇年、九四頁
(21)同書、九六頁

◎第三節　マスメディアにあらわれる死

(22)山口静一『フェノロサ(下)』三省堂、一九八二年、二九九頁
(23)『セーラム・イブニング・ニューズ』一九〇八年九月二十六日、山口静一『フェノロサ(下)』三省堂、一九八二年、二九九－三〇〇頁
(24)山口静一『フェノロサ(下)』三省堂、一九八二年、二九九頁
(25)『国民新聞』明治四十一年九月二十八日、第三版
(26)古川久『明治能楽史序説』わんや書店、一九六九年、一八六頁

第六章　法明院への道

第一節　遺灰輸送

シベリア鉄道経由、敦賀行き

フェノロサ没後五十年を機に、遺灰輸送にまつわる論争が起こった。一九〇九年当時、山中商会ロンドン支店員で、東京国立博物館に収蔵されている松方コレクションの浮世絵（アンリ・ベベール旧蔵）買い入れに助力したことで知られる岡田友次氏から、幾冊かの本の中に「フェノロサの遺灰が軍艦で運ばれた」と書かれていることに異議がとなえられた。

軍艦派遣説とは、フェノロサの没後出版された『'Noh' or Accomplishment』に付されたエズラ・パウンドの序文を元として、(1)矢野峰人《やのほうじん》氏が「フェノロサと平田禿木」の中で「日本政府は特に軍艦を派してこれを迎え移して」と書き、(2)また矢野峰人氏の言説を元に、佐々木満子氏が「E・F・フェノロサ」の中で、「日本政府は特に軍艦を派遣してこの地に迎え移した」と書いていたものである。(3)これに対し、ロンドンで火葬並びに輸送に必要な手続きをした岡田友次氏は、矢野、佐々木両氏に、手紙で遺灰輸送の事実を知らせたのであった。

岡田氏による遺灰輸送の詳細は、次のとおりである。一九〇九年八月、フェノロサはハイゲート墓地より掘り出され、ゴールダーズ・グリーン火葬場で、坂田重次郎総領事（?～一九一九）をはじめ十数人の在留日本人列席のもと、心ばかりの式典が執り行われ荼毘《だび》にふされた。その後、フェノロサの遺灰はロンドンで骨董商を営んでいた加藤八十太郎氏に託され、シベリア鉄道経由で日本へ向かった。(4)

フェノロサの遺灰は美しい遺灰箱（Cremation urn）（図21）に納められていた。現在の米国の埋葬関係カタログ掲載品に比べても、それは装飾性が高く豪華である。そのカタログ中、よく似た形のほとんどのものが木製であることから、フェノロサ遺灰箱の本体は木製であったと推定できる。また、遺灰箱の大きさに規格はないようであるが、おおむね三五×二二×二〇センチメートルほどのものが多い。

（図21）遺灰箱
（東京美術学校『校友会月報』19巻6号〈東京藝術大学付属図書館所蔵〉より）

遺灰箱を写真で見る限り、箱を取り巻く装飾が、ヴェネツィアの総督邸兼行政庁であったドゥカーレ宮殿にどこか似ている。透かし彫りにされたゴシック風の尖頭アーチが、箱の四方を囲み、上部の四隅には紡錘形の飾りがつけられている。海運業で栄華を極めた、ヴェネツィアの風景を思い起こさせるような遺灰箱である。

誰が、こんなに壮大な、華やかな遺灰箱を選んだのだろう。やはり、それは山中商会しか考えられない。美術品に造詣の深い山中商会が、火葬の後フェノロサを唯一荘厳できる遺灰箱に最高を求めたのは想像にかたくない。現在流通しているもの、また、アンティークの中にも、ここまで装飾性が高く美しい遺灰箱を見ることはない。

遺灰を運んだ加藤八十太郎氏の長女、花枝さんによれば、八十太郎氏が後日、フェノロサは日本政府から叙勲もされている美術界の恩人であることを知り、「そういう偉い人の遺骨だったらもっと大切にして持ち帰ればよかったのに」と恐縮していたという。(5) シベリア鉄道は長旅である。遺灰箱は、かなりの大きさがあった。さらに日本まで無事に着くよう厳重な梱包もされていたはずだ。八十太郎氏は、納められた人物の詳細な説明もなしで預けられた荷物を、大きいと感じたこともあったのだろう。

明治四十二年（一九〇九）九月二十二日の『大阪毎日新聞』は「フェノロサ氏　遺骨の到着」という見出しで、以下のように報じている。

遺骨は昨日午後四時四十五分馬場駅着車にて当地の貿易商林愛作氏等附添の上三井寺法明院に着

し院主直林敬円氏これを受取り一先ず本尊前に安置したり（以下略）

（『大阪毎日新聞』明治四十二年九月二十二日付）

今でこそ、ＪＲ特急を使うと一時間二十分もあれば到達する敦賀―大津間である。しかし、二十世紀のはじめには、敦賀からの鉄道を米原で東海道線に乗り継ぎ、当時、馬場駅と呼ばれていた膳所《ぜぜ》駅（ＪＲ大津の隣駅）に到達する道のりは近いものではなかった。九月二十一日、汽車に乗せられた遺灰は敦賀から馬場駅に到着、同日法明院の本尊前に安置された。

遺骨が、いつ敦賀に着いたのか、また、どの船に乗せられて日本へ着いたのかについて重久篤太郎氏が「フェノロサの遺灰と日本」の中で考察している。重久氏は九月十九日朝、敦賀に着く大阪商船の鳳山丸でフェノロサの遺灰が運ばれてきた、と断言できず苦渋している。(6) 十九日に到着していたのならば、大津へ運ばれる二十一日までの二日間、加藤八十太郎氏と遺灰の足取りが不明になるのである。

ウラジオストックから敦賀への連絡船が、予定時刻にほんとうについていたのだろうか。名前を残すような台風はなかったものの、九月といえば台風の影響で海が荒れていたことも考えられる。このような運行状況などを考えあわせると、鳳山丸でフェノロサの遺灰が運ばれてきた可能性はまだ残っている。そして他にも、この可能性を示すものがある。昭和三十四年九月十八日付、岡田友次氏の重久篤太郎氏宛書簡で、「加藤氏の乗船は多分鳳山丸であったようにと思いますが確かなことは申上げられません」とおぼろげな記憶が綴られている。(7) 鳳山丸という言葉が、岡田友次氏の脳裏に忘却の彼方から立ち返ってきている。もちろん、おぼろげではある。

新聞記事や岡田友次氏、加藤八十太郎氏の長女花枝さんの証言により、一つの事柄が事実に近づいた。フェノロサの遺灰は、ロンドンの岡田氏、シベリア鉄道をともに旅した加藤氏など、人々の手から手へと受け継がれ、ちょうど一周忌のその日、明治四十二年（一九〇九）九月二十一日、三井寺法明院へ到着した。

官でなく民が

フェノロサの遺灰をシベリア鉄道経由で運ぶ手筈を整えたのは、当時ロンドンやニューヨークに支店を持つ美術商、山中商会だった。このプロジェクト実行の中心人物であった山中商会の岡田友次氏が、通説になりつつあった日本政府の軍艦派遣という説に異を唱えたのは、官が関わり顕彰してもよかったフェノロサを、民が主体となり動いたことに対する不満があってのことだろう。

改葬や遺灰輸送について官による関与があったとすれば、ロンドンのフェノロサの墓が、「如何にも見すぼらしき様なればとて林愛作、有賀法学博士等深く之を慨き大使館などと交渉の上」と明治四十二年（一九〇九）八月三十日付の『大阪朝日新聞』が報じるように、林愛作や有賀長雄が、フェノロサの墓の見すぼらしさについて大使館と交渉したこと（しかし、その交渉による官からの動きはなかったようだ）、また、岡田友次氏の佐々木満子氏宛書簡に書かれている、ロンドンの坂田重次郎総領事が、遺灰を運ぶ加藤八十太郎氏のシベリア旅行に必要な特別扱いの査証等をとってくれたことであった。(8)

しかし、これらが官による手助けだったと言えるかどうか。大使館は交渉の席についただけであっただろうし、査証をとってくれた坂田重次郎総領事にしても、ロンドン総領事の当然の仕事として査証手続きをしてくれたとも考えられる。ただ、当時、シベリアの通過ビザは取得困難であったという情報もあるので、やはり便宜を計ってくれたのかもしれない。いずれにせよ、官の目に見える関与は、ゴールダーズ・グリーンの火葬場で行われた心ばかりの式典に、ロンドン総領事が列席してくれたことに留まっている。官は際立った動きを、ほとんどしなかったのである。

官は御雇い外国人に対して、政府との契約が終わり職が解かれた後、御雇いはその場限りの関わりであったとして一線を画していたらしい。

政府の態度がそうであったとしても、フェノロサは日本を離れて以降、アメリカ各地で行った講演会や雑誌への投稿論文のなかで、日本や日本美術を称揚している。前出のように一九〇三年三月二十一日と二十七日には、ルーズベルト大統領に招かれホワイト・ハウスで講演もしている。[9] 日露戦争の始まる前、日本に対するアメリカ人の気持ちを懐柔するのに一役かったのはフェノロサであったのかもしれない。

ホワイト・ハウス講演が具体的にどのようなものだったかを、明らかにする史料はない。これより以前にはなるが、一八九八年、アメリカの月刊誌『ハーパーズ・ニュー・マンスリー・マガジン』十一月号に、フェノロサがいかに日本を熟知し、それをアメリカのジャーナリズムに発信していたかを示す「来るべき東西の融合」という論文がある。ホワイト・ハウスでは日本美術史とともに、このような論調で日本という国が論じられたのではないだろうか。

その論文によると、論文発表当時の一八九八年、すでにフェノロサは一九〇二年に結ばれる日英同盟を予測していて「今、日本はアングロサクソン国家と同盟を結ぶ意志がある」と書き、「日本は外国資本導入の下地を作るため、教育制度を改正し、また全条約の全条項を見直している最中である。将来日本が非世界主義的方向へ道を踏み外すとは到底考えられない」と、[10] その時点の日本を、世界に向けて発信していた。

そしてまた、この論文は、一八九九年に一〇〇〇万ポンドの英貨公債を日本が出す前年に書かれてもいる。日本は投資先として、あやうい国ではないと明言するフェノロサ論文は、日本の国益に与するものであった。

さらには、日露戦争開戦直前の、一九〇四年一月、トレド、コロンバス、インディアナポリス、グランド・ラピズ、デトロイトなどでの講演では、

日本の政治的な確定的役割は、東洋の守護者であり、東と西、おたがいの仲介者である（以下略）
（『*Fenollosa : The Far East and American Culture*』一五八頁）

とフェノロサは日本を評価し、国際政治における日本の立場について述べている。この東洋の守護者という立場は、日露戦争から第二次世界大戦までの間、日本が建前として貫こうとした態度である。日韓併合にしても、大東亜共栄圏、八紘一宇《はっこういちう》にしても、これと同じ轍《わだち》の上にあるような気がしてならない。この頃のフェノロサは、いわば日本の立場をアメリカで広告するスポークスマンの一人であった。

この後もフェノロサ講演会の評判は高く、その地位は確立されたものとなる。シカゴ大学での連続講演やドレクセル・インスティチュートでの講演をはじめ、一九〇五年、一九〇六年連続で一月から二月にかけてオハイオ、インディアナ、ミシガン、そしてケンタッキーへの講演旅行が行われているのである。(11)

もちろん、毎回のレクチャーで、日本を擁護、称揚する内容が話されていたわけではないだろう。しかし、フェノロサは明治二十三年（一八九〇）の勲三等瑞宝章叙勲のさいに明治天皇から賜った「我々は、あなたがすでに日本で教えた如く、以後、西洋に日本美術の意義を教えることを望む」というお言葉を守り、[12]日本の美術、文化を日本の側に立って論じていたことは確かだ。

日本は、御雇い外国人に恩知らずと評されても仕方ないのかもしれない。技術や思想を、彼らに移植してもらい、吸収しつくしたらお引き取り願うというのが日本政府の態度であった。

フェノロサ以上にフェノロサを知っているかもしれない山口静一氏が、「日露戦争直前における彼の日本文化称揚論は、（中略）アメリカの対日政策に好影響を及ぼしたと考えることができよう」と書く。[13]当時の官は、フェノロサを顕彰する必要はなかったのだろうか。

顕彰されることのない、もう一つの顔

フェノロサは、日本美術を再発見した恩人、また、それを海外流出させてしまった張本人というアンビバレントな存在として語られる。しかし、フェノロサは、そのように美術だけと関わっていたのではない。戦争についても少なからず関わっていた。前出の日露戦争のみならず、戦争一般に敷衍されるある理論について、彼の関与を見ることができる。

戦争を正当化する根拠の一端となる社会進化論を、東京大学で教えたのはフェノロサであった。そして、それは一番の教え子である有賀長雄に引き継がれ、その思想は多くの著書に反映され、フェノロサの蒔いた社会進化論の種は日本で着実に育っていった。

社会進化論とは、イギリスのスペンサーが提唱したのにはじまる。進化論における単純なものから複雑なものへ進化するという考えは、社会進化論の中で変容して適者生存、優勝劣敗という考え方となり、強者の論理として採用され、また帝国主義による侵略や植民地を正当化する論理ともなった。

日本美術史にフェノロサは確たる位置を占めている。しかし、東京大学に政治学を教えるために来日した彼が、当然、場所を占めるべき社会思想史の中に位置づけられてはいない。フェノロサの墓の碑文を見ても、十三回忌に東京美術学校に建てられた石碑の顕彰文を見ても、日本美術に対する功績は刻まれるのに、フェノロサが御雇い外国人として、東京大学で教えたことの一つである社会進化論については触れられていない。

もちろん、遠くロンドンから遺灰を移し、墓を建て改葬し十三回忌法要に至るまで、関わった人々のほとんどが美術関係者であったことは否めない。そして、フェノロサが日本美術界の中で大きな存在であったことも理解できる。しかし、有賀長雄という社会進化論をフェノロサから後継した人物が改葬等に関わり続けていたにもかかわらず、御雇い外国人として東京大学で教えた彼本来の業績である社会思想については、碑文のどこにも刻まれなかったのである。

それが刻まれなかったにしても、美しい遺灰箱に納められ法明院に葬られ、ボストン美術館所蔵品の美術展では今も「フェノロサ・ウェルド・コレクション」として、その名が大書されるフェノロサには、もう一つの顔があった。社会進化論を、日本で講じた人物の顔である。

有賀長雄が満州経営論の一つである『満州委任統治論』を一九〇五年に著している。[14] これは日露戦争のさなかに、旅順に出かけた有賀長雄が雑誌に書いたものが元となる著作である。日本による満州統治のシナリオは、すでに燻《くすぶ》りはじめていた。戦争を是とし、また満州経営にもたどり着いてしまう思想を、この国に置いていったかもしれないフェノロサであった。

この顕彰されることのないフェノロサの一面を、官はある一時期、民にとって不幸な戦時という一時期、皮肉にも顕彰せねばならなかったはずだ。

第二節　山中商会とフェノロサ

ニューボンドストリート　一二七

三階、四階に特徴的な出窓があるニューボンドストリート一二七の建物、かつては山中商会ロンドン支店があった場所である。現在も建物は変わることなく、内装だけが改められイタリアの*Canali*という紳士服の店が入っている。

この場所に、林愛作や岡田友次など、フェノロサの改葬について具体的な打合せをする山中商会の社員たちがいた。

「そんなに惨めな墓にいるなら、ご家族の心痛いかばかりか、と坂田総領事も、ご心配くださっている。私は、ニューヨークの仕事が待っているので申し訳ない。メアリーさんに頼まれているので、なんとかしたかったのだが。ロンドンでのことは岡田君、よろしくたのむ」

林愛作が出窓を見上げると、果て知れぬ灰色の空から雪が舞い落ちていた。馬車の轍の音が近づいては遠ざかり、停まっては華やかな人の声が響いた。

岡田は、ポットの濃くなった紅茶に、ロシア製のサモワールから湯を注ぎ、空になった林のティーカップに注いだ。連綿と紅茶を飲み続けるイギリス人の風情を、岡田はもうすっかり身につけていた。

「あしたは、朝はよう、ロンドンを発たなあきませんな」

アイルランドのクィーンズ・タウン[15]経由ニューヨーク行きの船は、リバプールから出航するのであった。

「ああ、また十日の、囚われの身だ」

ソファーに深く身を沈めている林の端正な唇からため息が漏れた。そのとき、事務室の重い大きな扉が開き、一人の社員が駆け込んできた。

「林さん、まだいてくれはったんや。よかった。こないだ聞いてから、あっちこっちにたのんでましたんや。ほら、見て下さい。ええ、『骨壺』でっしゃろ。ヴェニスの有名な建てもんに似てる言うて、店の人が勧めてくれましたんや。どないです。まだまだ、日にちもあることですから、ほかのんも探せますし。ああ、これは、返品ききますよって、ご心配なく」

「骨壺」の言葉にためらいつつ、林は、小さな建物のようにも見える荘厳な箱を受け取った。

「ほう、ドゥカーレ宮殿か。奥さんのメアリーさんが、ヴェニスのことを忘れられない土地だとおっしゃっておられた。プロフェッサーと一緒に世界一周したおりに、立ち寄られたらしい。いいじゃないか。ほかにとびっきりのものが出てこなかったら、これで、決めてくれ」

テーブルの上に、ティーポットを乗せたサモワールと並べて、美しく荘厳な箱が置かれた。

思案顔の岡田は身を乗り出して、その蓋を開け閉めしていた。

「寒うなってきよった。石炭、足しといてくれるか」

岡田は現実の寒さより、これから起こる改葬という未知の出来事、ハイゲート墓地を振り出しに、ゴールダーズ・グリーンを経て日本へ、その道程の遠さに身震いした。

若い社員が、暖炉に石炭をいれると、一瞬、火の粉がまいあがった。

（図22）山中商会 ロンドン支店
（『山中定次郎伝』株式会社山中商会発行より）

一九〇九年、早春の山中商会ロンドン支店（図22）は、こんな想像をさせてくれる。メアリーの三月十七日付フリーア宛書簡により[16]、林愛作は、三月十七日以前のほど遠くない時期に、ロンドンを訪ねていたことが確認できている。

フェノロサ没後、遺灰輸送に始まり、墓の建立、各回忌の催しに、主体的に関わった山中商会とはどのような会社だったのか。

ジャーナリストで美術評論家である桑原住雄《くわばらすみお》（一九二四～二〇〇七）に「世界一の東洋古美術商」と称された山中商会は、もともと一族で、天山中、高山中、角山中という名のもと、それぞれに古美術商を営んでいた。それらが明治三十三年（一九〇〇）一月に合名会社となり、社長を山中吉郎兵衛、理事兼支配人を山中定次郎、山中繁次郎、山中六三郎がつとめることになった。このときすでに山中商会は世界進出をなしていて、北浜二丁目を本店に、支店を京都、ニューヨーク、ボストン、アトランティックシティ、そしてロンドンに構えていた(17)。

この後、一九一八年に山中商会が株式会社化されたとき、社長になったのは山中定次郎（図23）である。

（図23）山中定次郎
（『山中定次郎伝』株式会社山中商会発行より）

山中商会とフェノロサとの関わりは、彼の御雇い時代に端を発しているが、親密な関わりということになると、この定次郎の取り計らいによるところが大きい。

一八九六年の『フェノロサ夫人の日本日記』に定次郎が初めて登場するのは、フェノロサとメアリーが京都の店を訪ねた八月九日である。それ以後、フェノロサたちは山中から昼食に誘われ、彼らが「常磐亭」と呼んだ二条木屋町の新居に必要なものを貸すという提案をされ、また、アイスクリーム製造機をプレゼントされるなど便宜を受けている。メアリーの日記の中で山中定次郎は「ヤミー」という愛称で呼ばれ、フェノロサ夫妻との親しい間柄をうかがうことができる。

また、その年の九月には、フェノロサと山中商会や浮世絵商、小林文七との間でビジネスプランが持ち上がったらしく、九月七日の堺卯楼で行われたフェノロサ講演の草稿に、メモ書きの組織図が残る。それには、山中商会、小林文七、ケチャム、起立工商会社の執行弘道《しゅぎょうひろみち》（一八五三～一九二七）などの名前があがっている。このプランが、メアリーの日記に書かれる「山中計画」の内容だったのだろう。しかし、結局「山中計画」という言葉は九月二十三日を最後に(18)、メアリーの日記から消えてしまう。

メアリーと再婚後、日本での定住を目指し、フェノロサが計画した山中とのビジネスは頓挫した。しかし、これから五年後、山中商会はアメリカに本帰国したフェノロサを仲立ちとして、多くの美術品を大富豪のフリーアに納めることになる。そして、フェノロサの遺著の基となる、その書名と同じ名称の十二回連続講演「Epochs of Chinese and Japanese Art」は、山中商会の主催で、一九〇七年、アメリカン・インスティチュート・ホールで行われている(19)。このようにフェノロサと山中商会は一方ならぬ間柄であった。

山中商会とフェノロサの関わりの中に一つ疑問がある。前述の、フェノロサ没後まもなく書かれたフリーアのメアリー宛書簡にある、山中商会のフェノロサに対する貸付金のことである。[20] 何の貸付金だったのだろう。これには二つのことが考えられる。フェノロサ自身のコレクションのために買い取った美術品の支払代金が残っていたのか、または、経済に対するバランス感覚がないフェノロサのことである、生活一般への貸付けの可能性も捨てきれない。これについて山中商会、元代表取締役の山中潔氏に問い合わせてみたところ、フェノロサへの貸付けについてはご存知なく、史料もないということ。

シラエという男

一九二〇年一月、ニューヨークにあるウォルポール・ギャラリーズで行われた、前述のフェノロサ旧蔵書売り立ての出品者はメアリーであった。この売り立ての詳細については、メアリーからウォルポール・ギャラリーズのレノア・Y・ターンブル夫人に宛てた書簡三通と葉書一枚が、フォッグ美術館、東洋美術部書庫蔵の『セールスカタログ（ナンバー一三九）』に挟み込まれ残っていたことで明らかになる。それによれば、旧蔵書売り立ての理由は「フェノロサ博士の、特別の宝物すべてがダメになってしまう前に、処分したい」というものであった。[21] 南部の嵐は、絵画や本などをダメにしつつあったという。

嵐に拍車をかけるように、旧蔵書等の状態を悪くさせるものがあることも書簡は伝える。それは、保存する人の問題であった。フェノロサたちが「コビナタ」と呼んだ家は、この頃すでにメアリーの母、ローラ・シブリーに明け渡され、メアリーの妹ライラの家族も同居していた。ところが、ライラは美術品や本の価値が理解できなくて、それらは滅亡の道をたどっていたという。

この売り立ては、前出のように一九二〇年一月二十九日付、『ニューヨーク・タイムズ』に報じられている。その落札結果は、夕刻から始まったリンゼイ・ラッセル出品の浮世絵等の売り上げが九〇〇〇ドル、すべての合計は一万三七〇〇ドルであった。この記事の内容から計算すると、メアリーが出品した蔵書等の落札価格合計は四七〇〇ドルということになる。

しかし、なぜか、これは、メアリーが同年二月二十日の日記に書く、売り立てから実際に得たという金額、一三一一・〇一ドルと違っている。(22) 手数料はあったとしても、この金額の差は何なのだろう。

もう少し、メアリーの、ターンブル夫人への書簡を読んでみよう。一九二〇年一月上旬の一通に、「ミスター・シラエが本のために南部へ出かけた時」とあり、(23) 売り立ての書籍類はメアリーが南部から ニューヨークへ運ぶのではなく、ミスター・シラエという男が運ぶようである。また、書簡は、シラエに許可を与え、フェノロサの写りがよい写真を南部から運んでもらう手筈になっていることも伝えている。ここまで、メアリーの信頼を得ているシラエとは何者なのか。

答えは、山中潔氏よりいただいた、朽木《くちき》ゆり子著『ハウス・オブ・ヤマナカ』の中にあった。シラエとは白江信三氏のことで、一九三〇年代、山中商会ニューヨーク支店の店長となり、太平洋戦争開戦でアメリカ財務省から山中商会が閉鎖させられ米国政府の管理下に置かれたときも、引き続きニューヨーク店長であった人物である。また、山中商会のような大阪の同族会社の常として、彼は山中定次郎の姪の配偶者で姻戚でもあった。

ターンブル夫人宛のメアリー書簡により、白江氏がニューヨークとスプリング・ヒルのコビナタを行き来して、蔵書を運ぶなどのお膳立てをしていたこと、また、メアリーに与えられた仕事は蔵書票にサインをすること、そして、カタログの序文に間違いがないかチェックすることであったと知ることができる。結局、この売り立てはメアリーの依頼によって、山中商会の白江信三氏がウォルポール・ギャラリーズへ持ち込み、リンゼイ・ラッセルが出品した日本美術売り立てに相乗りする形で行われたと推測できる。

新聞記事に報じられた売り捌《さば》きの金額と、実際にメアリーが受け取った金額の差で思い当たるのは、フェノロサ没後に存在していた山中商会からの借金である。これについては、フリーアのメアリー宛書簡で、版画の売却などにより支払うプラン、また版画を山中商会に預けるプランなどが助言されていたが、(24) ことによると、十二年後の旧蔵書売り立て時点まで債務が残っていたのかもしれない。だとすれば、売り立ての仲介をした山中商会が、その収入から負債分を差し引いてメアリーに支払ったことも考えられる。

フェノロサの借金については、山中商会関係者も今となっては知るところではなく、何のための借金だったのか、いくらだったのか、返済されたかどうかなど、すべて不明である。古美術商の商習慣として、山中商会は記録をほとんど残していないこともあり、[25] 事実を確かめる方法は山中サイドにはない。

ならば、債務者側のメアリーは負債を返済できる状況にあったかどうか。

ウォルポール・ギャラリーズの売り立てに至るまでの、フェノロサ没後十二年間にわたるメアリーの活動をみると、小説『レッド・ホース・ヒル』、詩集『ブロッサムズ・フロム・ジャパニーズ・ガーデン』などが出版されているものの、フェノロサ存命の頃に書かれた『トゥルース・デクスター』や『ブレス・オブ・ザ・ゴッド（神々のいぶき）』『ドラゴン・ペインター』のように注目されるものは少なかった。ということは山中商会からの負債が大きかった場合、そのまま残り続けていた可能性は高い。

加えて、メアリーもフェノロサとともに暮らしたことにより、金銭感覚が通常と違っていたかもしれないという危惧をもつ。売り立ての際に、メアリーがターンブル夫人に宛てた打合せを内容とする書簡の差出人住所は 7 Dunmoyle place Pitsburgh であった。メアリーは、フェノロサとともに整えた自らが住むべき家であるスプリング・ヒルのコビナタには母親と妹一家に住んでもらい、一九二〇年の合衆国国勢調査によると、彼女は身軽にも、娘アーウィンの嫁ぎ先であるホワットレイ家の人々とともにピッツバーグで暮らしていた[26]。

やがてほどなく、メアリーはこの家からも離れる。一九二二年のメアリーのパスポート申請書によれば、レクリエーションという目的で、同年メアリーはイギリス、スコットランド、スイスへの旅に出ている[27]。そして、すべての史料が出てくるわけではないので、メアリーは途中何度か大西洋を渡ったのだろう、史料の中で見つかった乗客名簿によれば、一九二七年九月五日、フランスのル・アーブルからニューヨークに帰国していた[28]。

もしこのような金銭感覚が、すべてであったとしたら、お金は、いくらあっても足りない。だとすれば、メアリーが山中商会の負債を払い終わっていたとは考えられないのである。

メアリーは、ウォルポール・ギャラリーズでの売り立ての際、まだ狩野芳崖の「仁王捉鬼図《におうそっきず》」（**図24**）を手元に置いていた。大正九年（一九二〇）十月に出版された、フェノロサ十三回忌を記念する東京美術学校の『校友会月報』の表紙は、この絵であった。そして、写真の下には「狩野芳崖作　仁王フェノロサ未亡人蔵」と書かれている。「仁王捉鬼図」は、二〇〇七年、この絵

（図24）仁王捉鬼図　狩野芳崖筆
（東京国立近代美術館蔵）
Photo:MOMAT/DNPartcom 撮影:©上野則宏）

に対するX線調査が実証したように、フェノロサがフランスから絵の具を取り寄せ芳崖に描かせたほど、彼にとって思い入れのある絵であった。[29]

しかし、旧蔵書売り立てと同じ大正九年（一九二〇）、狩野芳崖の没後三十三年忌の展覧会に出品したこの絵と「桜下勇駒図」を処分したいという意向が、日本側にメアリーから示されたのである。言い値は三十万円であった。[30]フェノロサが狩野芳崖に目を止めることになった明治十七年（一八八四）、第二回内国絵画共進会に出品されていた「桜下勇駒図」と、制作中よりフェノロサの思い入れがあった「仁王捉鬼図」である。旧蔵書に続きこれらの絵も売却することで、メアリーの手からフェノロサゆかりのもののほとんどが、また主立った美術品も離れてしまった。

この二枚の絵は、このとき、秋田県の個人によって購入され里帰りし、現在日本にある。[31]

大正九年（一九二〇）、いったい何が、メアリーに起こっていたのだろう。この年にメアリーは、『*Christopher Laird*』という小説を最後に、筆を折っている。[32]ここで思い当たることが一つある。前年に亡くなった大富豪フリーアのことである。彼がメアリーの相談に、親身になって助言を与える様子が、残された書簡の中に散見されていた。そんな関わりの中で、メアリーの精神的な支えに彼がなっていたのではないだろうか。また、美術品をよい条件で買い取るという経済的な手助けを、フリーアは彼女にしてはいなかったか。彼女はフェノロサの妻なのである。フリーアとフェノロサの間にあったホモソーシャルなかかわりは、彼をメアリーの擁護者にしていたように感じる。一九二〇年、売り立てや絵画の処分をメアリーがせざるを得なくなったのは、フリーアという精神的、また経済的な後ろ盾をなくしたからなのかもしれない。だが、真実を示す史料は見いだされていない。

メアリーの評伝「Mary McNeil Fenollosa, an Alabama woman of letters」を書いた、モービル博物館の理事長であったデレーニーによれば、メアリーは一九二五年に、ピッツバーグからモービルへ戻ったあと、またどこか別の場所で暮らし始めたという。そして、アーウィンにモービル湾に面するモントローズへ連れ戻されたときには八十七歳になっていたと。(33) アラバマ州死亡埋葬記録によれば、メアリーはフロリダ州に隣接しモービル湾の東側に位置するボールドウィン郡で一九五四年一月十一日に没している。そして、モービルのマグノリア墓地に葬られた。

メアリーの後半生はミステリアスである。

饒舌《じょうぜつ》な絵画、「白衣観音図」

十九世紀末の、日本の社会や古美術市場を凝縮したような一幅の絵が、ボストン美術館にある。フェノロサが山中商会より買い入れ、チャールズ・ゴダード・ウェルドに売り渡し、現在はフェノロサ・ウェルド・コレクションとして収蔵される「白衣観音図」(**図25**) である。

美術史学者、秋山光夫氏が昭和八年（一九三三）に発見した、フェノロサの『日本絵画蒐集品解説目録』の一部であるノートブックに、フェノロサ自身による「白衣観音図」の説明がある。

色彩線描とも元信の最高技量を示す独創的作品である。（中略）絹本でこれほどの古さのわりには保存がよい。情調は極めて崇高、狩野氏は私のコレクションでは最優秀品という。（中略）衣裳の描線は極めて迫力に富む。静かなこの世ならぬ荘厳感が見る者の心に広がる。松浦は百五十円でこの画を譲り受けたいと申し出た。もと、阿波の大名蜂須賀家の蔵幅であった。（中略）山中はこれを兆殿司と考え、廉価で私に売却した。

（『日本絵画蒐集品解説目録』ノート、山口静一『フェノロサ（上）』一二七－一二八頁）

（図25）白衣観音図　狩野元信筆
（ボストン美術館蔵）
Fenollosa-Weld Collection 11.4267

「白衣観音図」は、フェノロサが山中商会の倉庫で見つけ、廉価で買い取ったものである。狩野派二代目にあたる室町時代の絵師、狩野元信（一四七六～一五五九）の筆になるこの絵は、もともと阿波の蜂須賀家につたわる掛け軸であった。

この絵の、市場へ出回ることになった理由が、『*Epochs of Chinese and Japanese Art*』の中に書かれている。

> 真筆が、一八八二年頃、大阪の山中商会の店で出てくる以前に、（中略）それは侯爵によって家臣に与えられたものであった。このようにして多くの大名の家宝は、十年前、その家臣との悲しみの別離に際して分与された、（中略）このようにして分け与えられた家宝は、すぐに質屋に出回りはじめ、当時は新しい貴族階級の趣味が確立しておらず、一般の市場にでることとなった。
>
> （『*Epochs of Chinese and Japanese Art vol.1*』一三五頁）

この記述によると、一八八二年の十年前に「白衣観音図」は家臣に与えられたという。一八七二年、明治五年というのは、廃藩置県の次の年である。明治四年（一八七一）七月十四日の廃藩の後、蜂須《はちす》賀《か》家の主、茂韶《もちあき》（一八四六〜一九一八）は家臣に美術品を、それも頭に家名と同音の「はちすの花」を戴く観音図までをも与えることで忠に応えた。現在、国宝の存在しない県は徳島県、宮崎県の二県である。[34] もし、廃藩置県の後に、少なくとも、この「白衣観音図」が蜂須賀家に残っていれば、あるいは徳島県も国宝のある県になっていたかもしれない。

日本政府は、廃藩置県にともなう秩禄処分の費用として、一八七三年に二四〇万ポンドの英貨国債を出して備え、また藩主も、蜂須賀藩のように離れざるを得ない家臣にできるだけのことをしたと考えられる。廃藩置県は、官にも民にも大きな負担を強いることであった。当時、官職を得ていた以外の士族に対して、家禄奉還と引き換えに授産資金という名の退職金が出されている。その額は禄の種類により違い、年収の一年分から六年分ほどであり、また、その半分は現金、残りは秩禄公債という利付国債（年八分、七年償還）で支給された。この措置は社会的安定をはかるためのものであったが、授産資金を得たとしても彼らは士族としての安定した身分を失い、収入も不安定となったのである。背に腹は代えられず、過去に士族階級に属していた人たちは伝来の調度品や、かつての主より与えられた美術品を手放すことになったと考えられる。

このようにして放出された日本の上質な美術品は、「白衣観音図」のように、目利きであるはずの山中商会でさえも、格式高い藩主ではなくそれを与えられた家臣から、または質流れの品として持ち込まれたために、正当な評価をすることができなかったようだ。先入観のない外国人が見出し、廉価で海外へ持ち去られるより他に脚光を浴びる道はなかった。

蜂須賀家とフェノロサの接点は、蜂須賀家旧蔵より彼のコレクションに加えられた「白衣観音図」や「雅楽助筆鷹図（松枝に大鷹の止まる絵）」という美術品以外にもあった。天台宗の中での縁である。

蜂須賀夫人とフェノロサは、同じく桜井敬徳阿闍梨から受戒していた。

フェノロサとビゲローが受戒したと同じ時、東京小梅町の町田久成邸で、蜂須賀茂韶夫人（継室）も受戒している。[35] 蜂須賀家の夫人は、江戸幕府最後の将軍、徳川慶喜の実父徳川斉昭《とくがわなりあき》（一八〇〇～一八六〇）の孫の随子《よりこ》である。この受戒もフェノロサやビゲローに劣らず人々に注目されたらしく、記録に留められている。彼女に思う所があって受戒したとすれば、夫がフランス公使という安定した要職についていても、徳川家の人間として江戸から明治への激動は受け止めがたい出来事であったのだろう。また、彼女個人としても、婚約破棄後の偽装とも思える蜂須賀茂韶継室という結婚生活は、苦悩を伴うものであったのだろう。

饒舌な絵画「白衣観音図」は、太平洋を挟む物語をも喋《しゃべ》らずにはおかない。

日光で、湯元温泉までリジーと遠出したヘンリー・アダムズと画家のジョン・ラファージ（一八三五～一九一〇）は、一八八六年、七月二日から十月二日まで日本に滞在し、日本の美を愛で、また骨董品の蒐集などをした。同行したラファージによれば、彼らの旅はニルヴァーナを探す旅であるといい、[36] 仏教への憧れを抱く旅でもあった。ニルヴァーナとは涅槃《ねはん》のことで、涅槃とは煩悩から解き放たれた絶対的な静寂の状態を表し、仏教における理想の境地とされる。そして、また聖者の死をも意味する。前にも触れたように、この前年ヘンリー・アダムズの妻、マリアンは自死していた。後に国務長官

となり、また、リンカーンの伝記を著すことになるジョン・ヘイに宛て、ヘンリー・アダムズは、

日本はアメリカから遠く離れているけれど、その距離は私が家庭の問題を考えすぎることを、遠ざけてくれる程、離れてはいない。

（『*Letters of Henry Adams*（*1858-1891*）』三七二頁）

と書き送る。日本滞在中の彼は、まだ、妻の死を引きずっていた。

そして、アメリカへ帰国後、ヘンリー・アダムズは妻マリアンの墓を著名な彫刻家、セントゴーデンスに依頼する。セントゴーデンスは、ボストン美術館にある「白衣観音図」を、ラファージに見せられ影響を受け彫像を作ったという。[37] 時を経て一八九一年、アダムズ・メモリアルと呼ばれるこの墓は完成する。たしかに、頭に頭巾をかぶり、衣紋の美しい彫像は「白衣観音図」を彷彿とさせるものである。

明治維新という激動の政治を原因として社会構造が変わり、富のありかが変わってしまった。近世を通じて武家社会の富に支えられてきた日本の美は、特権階級から離れ、山中商会のような美術商や、フェノロサなど日本美術愛好家の手を経て欧米の美術館に収められていった。そして、その中の饒舌な絵画、「白衣観音図」は、日本の美に目を向けたヘンリー・アダムズやジョン・ラファージにより、マリアンの死を荘厳する彫像に面影を残すこととなった。

ボストン美術館にある「White Robed Kannon」(「白衣観音図」)という掛け軸は、明治期だけでも、これだけの歴史を背負い、昇華した精神の「かたち」のような観音を、地味な色合いの中に仄白く浮かび上がらせている。

終幕

日本美術と明治国家のために世界を駆け巡ったフェノロサを顕彰しようと、人々は集まった。三井寺、法明院におけるフェノロサ一周忌法要(図26)である。フェノロサの物語に登場した人々が、カーテンコールのように現れる。

明治四十一年(一九〇九)十一月十四日、法明院墓地の一画にある新しい五輪塔の前で、法要が行われている。まさに、発起人総代、本山彦一大阪毎日新聞社社長の祭文が読まれているところである。[38] 墓の真横の少し高くなった所には、二人の外国人が立っている。向かって左がチャールズ・ラング・フリーアである。彼が手筈を整えた灯籠や花瓶や香炉は、まだフェノロサの墓に設えられてはいない。フリーアは、フェノロサが改葬されることを知り、日本国外の友人として大英博物館のローレンス・ビニョン(一八六九~一九四三)、ルーヴル美術館のガストン・ミジオン(一八六四~一九三〇)、画家のアーサー・W・ダウ(一八五七~一九二二)に呼びかけ、連名のもと灯籠等を献じたのであった。[39]

（図26）フェノロサー周忌法要（法明院蔵）

フリーアの隣にいる外国人は、神戸の米国総領事ジョージ・H・シドモアである。彼ら外国人の斜め前には、日本人で一番フェノロサと関わったと思われる有賀長雄がいる。彼の頭は、すでに白髪となり幾星霜が感じられる。有賀の後ろには、東京美術学校校長の正木直彦の精悍な顔も見える。

数人離れたところに紋付袴で立つ長身の老人は、山中商会の社長、山中吉郎兵衛である。必ずいるはずの小柄な山中定次郎は、木に隠れているのだろうか、見つけることができない。

大僧正直林敬円阿闍梨をはじめ五人の僧侶が参列し、宮内大臣公爵岩倉具定《いわくらともさだ》（一八五二～一九一〇）の祭文を正木直彦が代読するという、格式の高い法要である。

日本美術称揚と国際相互理解の責務を担い、地球を五周するほどに移動したフェノロサの旅は、法明院へたどり着くことで終わりを告げた。コスモポリタンが、生まれた場所にかかわらず活躍の場を心の「祖国」とするならば、フェノロサの墓（図27）は「祖国」日本にある。

フェノロサの生きてきた道を、不完全ではあるがなぞってみた。それを通して、彼がコスモポリタンとしてしか生きられなかった理由に、出会ってしまったような気がする。史料探しの最後に、一枚の乗客名簿が出てきた。

一九〇八年九月二十三日、フェノロサはウンブリア号という船でアメリカへ帰国する予定であった。その二日前、ロンドンで人生を終えたために、この船に乗ることはなかったフェノロサである。

その九月二十三日リバプール発、ウンブリア号の乗客名簿「LIST OR MANIFEST OF ALIEN PASSENGERS FOR THE UNITED STATES IMMIGRATION OFFICER AT PORT OF ARRIVAL」（図28）が出てきた(40)。フェノロサの名前は乗船しなかったために線で消されていたが、間違いなくFenollosa Ernest F.と書かれている。名前に続く国籍はUSA、そして人種はスパニッシュであると。

目を疑いたくなる文字で

（図27）法明院墓地　フェノロサの墓（著者撮影）

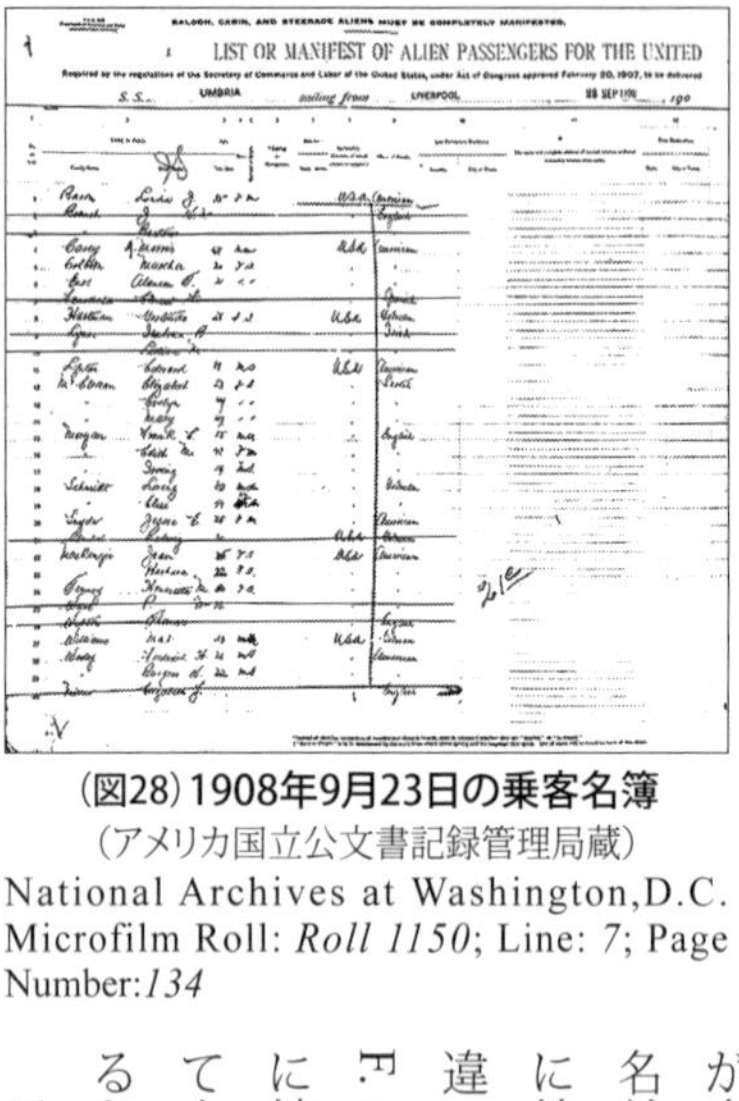

（図28）1908年9月23日の乗客名簿
（アメリカ国立公文書記録管理局蔵）
National Archives at Washington, D.C. Microfilm Roll: *Roll 1150*; Line: 7; Page Number: *134*

あった。漫然と見ていた乗客名簿の標題を再度確認すると、「入国審査官のための外国人乗客（Alien Passengers）リスト」と記されている。一緒に帰国予定であった、両親が二人ともアメリカ人のメアリーは、そのリストにはなかった。どうして、このようなことが起こったかの手掛かりは、一八九六年、フェノロサが提出した合衆国パスポート申請書にあった。この頃の申請書では、申請者がネイティブ市民かナチュラライズド（帰化）市民かの区別がなされていたのである。つまり、アメリカの国籍には表面化していない二つの種類――生まれながらのアメリカ人と帰化したアメリカ人――があったことになる。フェノロサの申請書を見ると、フェノロサはアメリカで生まれたのだから、ネイティブ市民であると申請書の初めのパラグラフには記されていた。ところが、二つ目のパラグラフには父親が帰化市民であるという言葉が出現する。入国審査において、きっと、父親世代のスペイン国籍からの帰化まで遡及し、フェノロサの名をスパニッシュとして、外国人乗客名簿に連ねたのだろう。

フェノロサがスペイン人の父をもつ移民二世であるから、アメリカで生き辛かった、また、思うような就職ができなかった、と定説どおり根拠を求めることなく理解してきた。しかし、百年と少し前のアメリカの現実は、その国籍に表面化していない二つの種類があり、また、国籍に内包される人種が乗客名簿に書かれるまでの区別がなされていたのだった。フェノロサはアメリカ人になりきれなかったのだ。東と西の融合を理想として長詩「東と西」を言葉に紡いだフェノロサは、コスモポリタンとなり心の「祖国」をもつしかなかった、と一枚の乗客名簿より知った。

【註】第六章　法明院への道

◎第一節　遺灰輸送

(1)Ernest Fenollosa and Ezra Pound, *'Noh' or Accomplishment a study of the classical stage of Japan,* Macmillan and Co. Limited, St.Marcin's, London, 1916, 三頁

(2)矢野峰人「フェノロサと平田禿木」、矢野峰人『矢野峰人選集　1』国書刊行会、二〇〇七年、七〇頁

(3)佐々木満子「E・F・フェノロサ」昭和女子大学近代文学研究室『近代文学研究叢書　第十巻』一九五八年、八四頁

(4)岡田友次書簡、『学苑』二二七号、昭和女子大学光葉会、一九五九年、四三頁

(5)重久篤太郎「フェノロサの遺灰と日本」『比較文学』第二巻　別冊、一九五九年、八三頁

(6)同書、八三‐八四頁

(7)岡田友次書簡、重久篤太郎宛、昭和三十四年九月十八日付、重久篤太郎『明治文化と西洋人』思文閣出版、一九八七年、三三〇頁

(8)佐々木満子「フェノロサの遺骨輸送について」『学苑』二二七号、昭和女子大学光葉会、一九五九年、四三頁

(9)Lawrence W. Chisolm, *Fenollosa : The Far East and American Culture,* New Heaven and London, Yale University Press, 1963, 一五六頁（脚注）
チゾムは、一九五五年九月十四日から二十一日にかけて、フェノロサの継娘アーウィンと面談している。

(10)山口静一『フェノロサ社会論集』思文閣出版、二〇〇〇年、二三八頁

(11)Lawrence W. Chisolm, *Fenollosa : The Far East and American Culture* New Heaven and London, Yale University Press, 1963, 一五八頁

(12)明治天皇のお言葉は、一八九四年の「ハーバード大学卒業生の紳士録」にフェノロサが書き送った文章より訳出。（ancestry.com）

(13)山口静一『フェノロサ（下）』三省堂、一九八二年、二六〇頁

(14)有賀長雄『満州委任統治論』早稲田大学出版部、一九〇五年

◎**第二節　山中商会とフェノロサ**

(15)現在のコーヴ。コーク州の南海岸にある港町。
(16)メアリー書簡、フリーア宛、一九〇九年三月十七日付、山口静一『フェノロサ(下)』三省堂、一九八二年、三三六頁
(17)商業興信所編『日本全国諸会社役員録　第九冊　明治三十四年』一九〇一年、三四六頁、近代デジタルライブラリー（電子書籍）
(18)村形明子編訳『フェノロサ夫人の日本日記』ミネルヴァ書房、二〇〇八年、一五二－一八〇頁
(19)山口静一『フェノロサ（下）』三省堂、一九八二年、四三七－四三八頁
(20)チャールズ・ラング・フリーア書簡、メアリー宛、山口静一『フェノロサ(下)』三省堂、一九八二年、三一一頁
(21)メアリー書簡、ターンブル夫人宛、一九一九年十一月二十五日付、村形明子『ハーヴァード大学ホートン・ライブラリー蔵　アーネスト・F・フェノロサ資料I』ミュージアム出版、一九八二年、一頁（英文頁）
(22)同書、一七頁
(23)メアリー書簡、ターンブル夫人宛、一九二〇年一月十日以前付、同書、三頁(英文頁)
(24)フリーア返信、メアリー宛、一九〇八年十月二十八日付、山口静一『フェノロサ(下)』三省堂、一九八二年、三一一頁
(25)朽木ゆり子『ハウス・オブ・ヤマナカ』新潮社、二〇一一年、二四頁
(26)1920 United States Federal Census, ancestry.com
(27)一九二二年五月三日発給のパスポート申請書より。Passport Applications, Source Citation : National Archives and Records Administration, ancestry .com
(28)New York Passenger Lists, ancestry.com

（29）「狩野芳崖筆「仁王捉鬼」の蛍光X線分析による顔料調査報告」『東京学芸大学紀要　芸術・スポーツ科学系』二〇〇七年　http://hdl.handle.net/2309/70611
（30）奈良恭三郎氏のインタビューより、ＮＨＫドキュメンタリー『アーネスト・フェノロサ　日本美術再発見者の素顔』一九九一年九月十二日放送
（31）平成二十三年度、（独）国立美術館　東京国立近代美術館によって、「仁王捉鬼図」が一億五千万円で購入されている。
（32）Caldwell Delaney, 'Mary McNeil Fenollosa, an Alabama Woman of Letters' 日本フェノロサ学会編　『LOTUS』第二号、日本フェノロサ学会、一九八二年、三五－三六頁
（33）同書、三六頁
（34）http://ja.wikipedia.org/wiki/ 国宝
（35）佐々木月樵全集刊行会『佐々木月樵全集　第五巻　仏心と文化』（第十章　明治仏教文化と其発祥地）、一九二八年、七一三頁
（36）Worthington Chauncey Ford, *Letters of Henry Adams*（*1858-1891*）Houghton Mifflin Company, Boston and New York, 1930,　三六六頁
（37）http//en.wikipedia.org/wiki/Adams_Memorial_（Saint-Gaudens）

◎**終　幕**

（38）写真からは、本山彦一氏本人であることが確認できない。顔の形は、そのようであるが、髪の毛の様子が違うのである。代読である可能性もある。大阪毎日新聞社以外の祭文を読んだ人々は、取り囲む人垣の中にいる。
（39）Thomas Lawton, Linda Merrill, *Freer A Legacy of Art* , Washington D.C., Freer Gallery of Art, Smithsonian Institution 1993, 一五一頁
（40）Passenger Lists of Vessels Arriving of New York, New York, Records of the Immigration and Naturalization Service, National Archives, and Records Administration, Washington, D.C.Microfilm Roll: *Roll 1150*; Line: *7*; Page Number:*134*

本書の制作にあたり左記の機関、個人の方々にご協力いただきました。末筆ながら謝意を表します。

アメリカ国立公文書記録管理局、石恒、茨城県天心記念五浦美術館、大津市立図書館、大西法衣仏具店、園城寺法明院、京都大学吉田南総合図書館、サーベイ・オブ・ロンドン、聖護院門跡、スタージス図書館、ＤＮＰアートコミュニケーションズ、東京藝術大学附属図書館、東京国立近代美術館、同志社大学人文科学研究所、西尾市岩瀬文庫、日本フェノロサ学会、ハーバード大学ホートン・ライブラリー、ハーバード美術館／アーサー・Ｍ・サックラー美術館、フィラデルフィア美術館、フリーア美術館、ブリティッシュ・ヒストリー・オンライン、ボストン美術館、山中商会、ラトガース大学図書館、東宏治、天久保憲一郎、井野美代子、ローラ・Ｌ・カメレンゴ、草分俊顕、桒島淳二、佐藤雅士、滋野敬宣、杉本淑彦、アン・ニシムラ・モース、山登義明、山中潔、山中謙、ロジャー・ワーナー（五十音順、敬称略）

資料　――フェノロサ・ウェルド・コレクション――

ボストン美術館、フェノロサ・ウェルド・コレクション蒐集カード等から、描かれるテーマにより、仏教絵画、風俗画、動物画、山水画、花鳥画、歴史画、美人画、物語絵、見立絵、信仰の絵画、人物画、故事絵画という12分類を試みた。

①仏教絵画

11.4003　鳥窠禅師図　元代　14c（額装）
11.4016-4031　仏画模写　明治時代　19c（売却）
11.4032　如意輪観音像　平安時代　12c（一面）
11.4033　尊勝曼荼羅図　鎌倉時代　13c 前半（一面）
11.4034　千手観音像　平安時代　12c（一面）
11.4035　馬頭観音像　平安時代　12c（一面）
11.4036　普賢延命菩薩像　平安時代　12c（一面）
11.4037　大威徳明王像　鎌倉時代　13c 前半（一面）
11.4038　聖衆来迎図　鎌倉時代　13-14c（掛幅）
11.4039　一字金輪仏頂像　鎌倉時代　13c（一面）
11.4041　文殊菩薩像（五髻文殊）　鎌倉時代　13c 後半（額装）
11.4042　毘沙門天像　鎌倉時代　13c、明治時代の模写（掛幅）
11.4043　毘沙門天像（吉祥天・童子を配す）　江戸時代　19c（掛幅）
11.4044-4045　十六羅漢図（羅漢に鹿、羅漢に虎）　鎌倉時代　13c（額装 2 面）
11.4046　十一面観音菩薩来迎図　鎌倉時代　13c（掛幅）
11.4047　阿弥陀三尊像　南北朝－室町時代　14c（一面）
11.4048　普賢延命菩薩像　鎌倉時代　13c（額装）
11.4050　北斗供養曳行図　鎌倉時代　13c（一面）
11.4051　羅漢像（第五の羅漢　膝に雀、頭に蛇）　室町－桃山時代　16c（額装）
11.4052　十二天曼荼羅　鎌倉時代　13c 後半（額装）
11.4053　法相宗曼荼羅（弥勒菩薩の周囲に祖師らと四天王）　平安後期－鎌倉時代　12c（一面）
11.4054　地蔵菩薩像　室町時代　15c（額装）
11.4055-4057　釈迦三尊に十大弟子　鎌倉時代　13c（額装三面）
11.4059　不動明王像（不動明王に二童子）　南北朝時代　14c（額装）

11.4060　十一面観音像　鎌倉時代　14c（額装）
11.4061-4064　四天王像（内山永久寺旧蔵）　鎌倉時代　13c（額装四面）
11.4066　文殊騎獅像（善財童子祈る）　鎌倉時代　14c、明治時代の模写（額装）
11.4067　羅漢像　室町時代　14c（掛幅）
11.4068　釈迦三尊像　室町時代　15c（掛幅）
11.4070　釈迦・十六善神像　室町時代　15–16c（掛幅）
11.4071　十一面観音菩薩像　室町時代　15–16c（掛幅）
11.4073-74　法相八祖図　室町時代　14–15c（双幅）
11.4076　文殊騎獅像（二童子を配す）　明治時代　19c（掛幅）
11.4080　地蔵菩薩来迎図　室町時代　15c（一幅）
11.4082　釈迦三尊像　室町時代　15c（掛幅）
11.4084　十仏図　鎌倉－南北朝時代　14c（掛幅）
11.4085　羅漢像　室町時代　15c（掛幅）
11.4090　十一面観音来迎図　江戸時代　17c（掛幅）
11.4093　釈迦如来像　室町時代　15c（掛幅）
11.4094-4095　十八羅漢像　室町時代　15c（双幅）
11.4096　不動明王像（不動明王・二童子・倶利伽羅明王）　室町時代　16c（掛幅）
11.4097　善光寺阿弥陀三尊像　室町時代　15–16c（額装）
11.4100　釈迦三尊・十羅刹女像　鎌倉時代　14c（額装）
11.4101　普賢菩薩像（十羅刹女を伴う）　鎌倉時代　13c（額装）
11.4102　釈迦三尊像　室町時代　15c（額装）
11.4103　釈迦三尊像　室町時代　15c（額装）
11.4104　薬師如来・十二神将像　室町時代　16c（額装）
11.4105　仏涅槃図　江戸時代　17–18c（額装）
11.4106　当麻曼荼羅図　南北朝時代　14c（掛幅）
11.4108　地蔵菩薩来迎図　室町時代　15c（額装）
11.4110　白衣観音像　15c　（掛幅）一之筆
11.4113　観音像　室町時代　印章 破草鞋（明兆）（一幅）、明治時代の模写
11.4114　白衣観音像　室町時代　15c（掛幅）明兆筆、江戸時代後期の模写
11.4115　蘆葉達磨図　室町時代　15c（一幅）
11.4116　四睡図　江戸時代後期の模写　18–19c（掛幅）

11.4117　達磨図　江戸時代後期の模写　18–19c（掛幅）
11.4123　拾得観月図　室町時代　15c　芸阿弥派（掛幅）、江戸時代後期の模写
11.4128　白衣観音像　室町時代　15c　祥資風（一幅）
11.4129　文殊騎獅像　室町時代初期（一幅）賢正筆、江戸時代後期の模写
11.4130　文殊騎獅像　室町時代　16c（一幅）伝黙庵筆
11.4136　洞窟釈迦像　室町時代　落款 四明天童第一座雪舟（一幅）、18–19c の模写
11.4170　寒山拾得図　江戸時代　19c 前半（掛幅）狩野舜川昭信筆
11.4196　維摩像　江戸時代　18c（掛幅）伝狩野秀信筆
11.4197　牧牛図　16–17c（掛幅）伝狩野秀頼筆
11.4198　寒山拾得図　桃山時代　16–17c（掛幅）伝狩野秀頼筆
11.4221　涅槃図　江戸時代　1713 年（掛幅）英一蝶筆
11.4231　四睡図　江戸時代　17c 後半（掛幅）狩野清信筆
11.4233-4234　群仙禅機画屏風　江戸時代　17c（六曲一双）狩野興似筆
11.4260　豊干禅師図　桃山時代　16–17c（三幅対の中幅）伝狩野元信筆
11.4267　白衣観音図　室町時代　16c 前半　狩野元信筆（単幅）
11.4354-4355　釈迦如来・白衣観音図　江戸時代（双幅）狩野（？）筆
11.4383-4385　観音に鯉図　江戸時代　17c（三幅対）　狩野探幽他筆
11.4421　維摩図　江戸時代　17c（単幅）狩野氏信筆
11.4462　稚児文殊図　桃山－江戸時代　17c（単幅）伝狩野養拙筆
11.4497　雲中文殊菩薩図　室町時代　16c（単幅）
11.4498-4500　赤仁王・釈迦騎牛図　明治時代？（三幅対）
11.4501　不動明王（岩座）二童子図　室町時代　14c（一面）
11.4503　文殊菩薩騎獅像　江戸時代　17–18c（単幅）　山口雪渓筆
11.4534　維摩図　江戸時代　17c　（単幅）海北友雪筆
11.4541　五大虚空蔵菩薩図　江戸時代　19c（単幅）
11.4542　愛染明王図　明治時代　19c（単幅）
11.4543　愛染明王図　江戸時代　18c（単幅）
11.4544　青面金剛図　江戸時代　17c（単幅）
11.4545　実清和尚図　江戸時代　1644 年（単幅）

11.4546　阿弥陀三尊来迎図　江戸時代　1657年（額装）
11.4547　薬師三尊図　江戸時代　19c（単幅）
11.4560　不動明王に童子図　覚猷筆、江戸時代　19c（単幅）　山本光一模写
11.4646　羅漢図　江戸－明治時代　19c（単幅）
11.4654　達磨図（文人画）　江戸時代　17c後半（単幅）伝逸然筆
11.4684　羅漢図屏風　二曲一隻（キャンバス画）
11.4687　達磨図　江戸時代　17c（掛幅　油彩）
11.4705　牧童図　江戸時代　1853年（単幅）岸岱筆
11.4712　寒山拾得図　江戸時代　19c（単幅）望月玉川筆
11.4714-4715　文殊菩薩図・釈迦図　江戸時代　18c末期（双幅）松村呉春筆
11.4720　仏閣（平等院）図　江戸時代　19c（単幅）西山芳園筆
11.4779　魚籃観音図　江戸時代　19c（単幅）石垣東山筆
11.4780　白衣観音図　明治時代　19c（単幅）菊池容斎筆
11.4789　達磨図　江戸時代　1830年（単幅）谷文晁筆
11.4810　羅漢図　鎌倉時代　13c（十六羅漢図の一）（掛幅）
11.4811-4814　天部図扉絵　室町時代　14–15c　板画（四面）
11.4822　薬師如来十二神将図　江戸時代　18c（単幅）
11.4848-4849　寒山拾得図　室町時代（双幅）（売却）
11.4850　観音菩薩図　中国画　元代（売却）
11.4885　頂相　室町時代（売却）
11.4941-4942　羅漢図屏風　江戸時代（六曲一双）狩野山楽筆（売却）
11.4957　釈迦如来図　唐画（呉道子筆）、明治時代　19c　安藤広近模写
11.4958　文殊菩薩図　唐画（呉道子筆）、明治時代　19c　狩野友信模写
11.4961　羅漢図　宋画（禅月筆）、明治時代　19c　狩野友信模写
11.4964　白衣観音図　宋画、明治時代　19c　狩野友信模写
11.4972　羅漢図　宋画、明治時代　19c　安藤広近模写（売却）
11.4984　鳥窠禅師　元画（単幅）、明治時代　19c　安藤広近模写
11.4985　釈迦如来図　宋画、明治時代　19–20c（一面）安藤広近模写
11.4986　文殊菩薩騎獅図　唐画（呉道子筆）、明治時代　19c（一面）安藤広近模写

11.4987　普賢菩薩騎象図　唐画（呉道子筆）、明治時代　19c　安藤広近模写
11.4988　羅漢図（大徳寺五百羅漢の一）　宋画、明治時代　19c（一面）狩野友信模写
11.4990　地蔵菩薩図　鎌倉時代、明治時代　19–20c　安藤広近模写
11.4996-4997　羅漢図（双幅）　宋画（李龍眠筆）、江戸時代　狩野派模写

②風俗画
11.4167　韃靼人狩猟図屏風　江戸時代　17c　狩野派（六曲一双）ビゲロウ・コレクション 11.6367 と合わせて一双
11.4168-4169　南蛮人渡来及唐人交易図屏風　江戸時代　17c 前半（六曲一双）
11.4218　夕立図　江戸時代　18c 前半（掛幅）　伝英一蝶筆
11.4219-4220　月次風俗図屏風　江戸時代　18c 前半（六曲一双）英一蝶筆
11.4222　唐人飴売り図（笛吹き図）　江戸時代　18c 前半（掛幅）英一蝶筆
11.4223　雨図　江戸時代　18c 前半（掛幅）伝英一蝶筆
11.4265-4266　韃靼人狩猟図　室町時代　16c（襖絵）伝狩野元信筆
11.4294　呂洞賓図　明治時代　19c（掛幅）木村立嶽筆
11.4312　泰西王侯図屏風　桃山時代　17c 初期　（六曲一隻）
11.4363-4364　四季耕作図屏風　江戸時代　17c 中期（六曲一双）狩野宗秀筆？
11.4435-4436　四芸図　江戸時代　18c（双幅）狩野栄川典信筆
11.4443　韃靼人朝貢図屏風　桃山時代　16c（六曲一隻）　伝狩野永徳筆　ビゲロウ・コレクション 11.6829 とあわせて一双
11.4450　韃靼人朝貢図屏風　桃山時代　16c 後半（二曲一隻）伝狩野永徳筆
11.4511-4512　琴棋書画図屏風　江戸時代　18c（六曲一双）曽我蕭白筆
11.4520　中国騎馬武人図　江戸時代　18c 末期（単幅）曽我蕭亭筆
11.4554　賀茂競馬図　江戸時代　18c（単幅）板谷桂舟（広当）筆

11.4568-4569　行幸図屏風　江戸時代　19c（六曲一双）吉村周圭筆（売却）
11.4591-4592　四条河原遊楽図屏風　江戸時代（寛文 1661–73）（六曲一双）
11.4606　遊女と若衆図　江戸時代（享保 1716–36）（単幅）鳥居清春筆
11.4607　桜下洗い張り図　江戸時代（宝暦－明和 1751–72）（掛幅）鳥居清満筆
11.4609　五代目市川団十郎扮する工藤祐経図　江戸時代（文化 4–6年 1807–09）（単幅）歌川豊国筆
11.4612　諸芸尽し図屏風　江戸時代（安政 1854–60）（二曲一隻）歌川国芳筆
11.4617　上野花見図屏風　江戸時代（元禄 1688–1704）（六曲一隻）伝菱川師宣筆
11.4618　遊女道中図　江戸時代（天和 1681–84）（単幅）伝菱川師宣筆
11.4619　遊楽図巻　江戸時代　18c 初期（巻子）宮川長春筆
11.4621　柿山伏と遊女図　江戸時代（享保 1716–36）（単幅）宮川長春筆
11.4623　中村座舞台図屏風　江戸時代　1675 年頃（六曲一隻）
11.4624　吉原風俗図屏風　江戸時代（宝永－享保 1704–36）（六曲一隻）伝宮川長春筆
11.4626-4627　春秋婦女行楽図　江戸時代（天保 1830–44）（双幅）月岡雪斎筆
11.4628　新年雪中遊女図　江戸時代（文化 1804–18）（単幅）窪俊満筆
11.4639　向島行楽図　江戸時代（天明後期・寛政前期）（単幅）歌川豊春筆
11.4662　芸妓図　江戸時代（天保 3–5 年 1832–34 頃）（掛幅）渓斎英泉筆
11.4686　驟雨待晴図　江戸時代　18c（額装）司馬江漢筆
11.4721　農家図　江戸時代　19c（単幅）西山芳園筆
11.4745　神社雪景図　明治時代　19c（単幅）西山完瑛筆
11.4747　婦女演奏図　江戸時代　19c（二曲一隻）
11.4750　月次花鳥風俗図押絵貼屏風　江戸時代　1780 年（六曲一隻）月岡雪鼎筆

11.4818-4819　舞楽図　江戸時代　19c（双幅）田中訥言筆
11.4823　琴棋書画図のうち画の図　江戸時代　17–18c（掛幅）狩野探信筆
11.4846　婦人弾琴図（売却）
11.4970　相撲図（肉筆浮世絵）　江戸時代　19c　北泉筆（売却）
11.4993　年中行事絵巻模写　鎌倉時代（十二巻）土佐光長筆？（売却）
11.4995　元代風俗図模写　明治時代　19c　安藤広近模写（売却）

③動物画
11.4013-4014　懸巣図　李氏朝鮮時代後期（双幅）
11.4140-4141　猿猴・鷹図屏風　室町時代　1491年　落款 備陽雪舟七十二之夏（六曲一双）伝雪舟筆
11.4142-4143　鷲鷹図押絵貼屏風　江戸時代　18c（六曲一双）式部筆
11.4146　猿猴図　室町時代　15–16c（一幅）周耕筆、江戸時代後期の模写
11.4174　燕図　江戸時代　18c前半（掛幅）伝狩野周信（如川）筆
11.4238　鷺図　江戸時代　17c後半（掛幅）狩野洞雲益信筆
11.4246　雀図　江戸時代　17–18c（掛幅）狩野岑信筆
11.4262　鷹図　江戸時代　17c（掛幅）伝狩野元信筆
11.4279-4280　鶏図　江戸時代　17c（双幅）狩野尚信筆
11.4290　飛雁図　江戸時代　17c　野々村仁清筆
11.4306　鷹図屏風　江戸時代　18c（六曲一隻）伝狩野山楽筆
11.4346　鶴図　江戸時代　19c後半（単幅）狩野勝川雅信筆
11.4356　雉図　江戸時代　19c前半（掛幅）狩野素川章信筆
11.4370-4371　唐獅子図屏風　江戸時代　18–19c（六曲一双）佐脇嵩雪筆
11.4373　蓮に白鷺図　江戸時代　19c前半（掛幅）狩野休円筆
11.4374-4375　鶴図・雁に白鳥図　江戸時代（双幅）狩野探牧筆
11.4382　鶴に波図　江戸時代　18–19c（掛幅）鶴沢探泉守之筆
11.4402　唐獅子図　江戸時代　1617年　伝狩野探幽筆
11.4415　葦雁図　江戸時代　17c（単幅）狩野時信筆
11.4416　松に鳩図　江戸時代　17c（掛幅）狩野時信筆
11.4427-4428　葦雁図　江戸時代　17c（双幅）狩野永納筆

11.4449　厩図屏風　江戸時代　17c　印章 友信（六曲一隻）ビゲロウ・コレクション 11.6835 と合わせて一双
11.4492-4493　鷹図屏風　江戸時代　17c（六曲一双）曽我二直庵筆（1939 年売却、14c 朝鮮銀器 39.591 購入のため）
11.4494-4495　架鷹図屏風　江戸時代　19c 初期（六曲一双）曽我二直庵筆
11.4496　鶏図　江戸時代　18c（単幅）フジシュチュウ筆
11.4505　野菊と馬図　江戸時代　18c　印章 蕭白（単幅）ショウコウ筆
11.4522　啄木図　江戸時代　17–18c（単幅）忠武筆
11.4526　馬図　江戸時代　17c（単幅）伝長谷川等伯筆
11.4527　岩に鷺図　江戸時代　17c（単幅）雲谷等的筆
11.4530　岩に鶺鴒図　江戸時代　17c（単幅）雲谷等益筆
11.4535　狻猊図屏風　江戸時代　17c（六曲一隻）海北友雪筆
11.4537-4538　蘆雁図　桃山時代　17c（双幅）海北友松筆
11.4563-4564　鶴図　江戸時代　17–18c（双幅）
11.4660　鯉魚図　江戸時代　19c（単幅）中井藍江筆
11.4667　雉図　江戸時代　18c 後半（掛幅）方西園筆
11.4668　洋犬図　江戸時代　1740 年（単幅）沈南蘋筆
11.4674　孔雀図　明治時代　19c（掛幅）尾口雲錦筆
11.4683　白鷹図屏風　江戸時代　18c（二曲一隻）熊代熊裵筆
11.4698　虎図　江戸時代　18c（掛幅）岸駒筆
11.4701　鹿図　江戸時代　19c　岸駒筆
11.4713　鴉図　江戸時代　18c（単幅）伝松村呉春筆
11.4722　孔雀図　江戸時代　19c（単幅）西山芳園筆
11.4724　狸図　江戸－明治時代　19c（単幅）森一鵬筆
11.4742　雉図　江戸時代　19c（単幅）谷口カメイ筆
11.4743　猫に蝶図　明治時代　19c 後半（単幅）森寛斎筆
11.4746　家鴨図　江戸時代　18–19c（単幅）万寿（吉岡茂喬）筆
11.4748　猿図　江戸時代　19c 初期（単幅）渡辺南岳筆
11.4763　鼠図　江戸時代　18c（単幅）長沢蘆雪筆
11.4768　猿猴図　江戸時代　19c（単幅）森狙仙筆
11.4769　孔雀図屏風　江戸時代　19c（二曲一隻）森狙仙筆
11.4772　狐図　江戸時代　19c 初期（単幅）森徹山筆
11.4773　月下双鴉図　江戸時代（掛幅）トウケイ筆
11.4774-4775　鯉図　江戸時代　18–19c（双幅）黒田稲皐筆

11.4781　山羊図　江戸時代　19c 初期（単幅）森春渓筆
11.4786　鷹図　明治時代　19c 後半（単幅）柴田是真筆
11.4794　闘牛図　明治時代　19c（一面）橋本雅邦筆
11.4809　鷲鷹図屏風　江戸時代　17c（六曲一隻）曽我二直庵筆　ビゲロウ・コレクション 11.6912 とあわせて一双
11.4821　虎豹図　江戸時代　19c（単幅）森徹山筆
11.4900　白狐図　江戸時代　1779 年（単幅）伝円山応挙筆
11.4947　鹿図　江戸時代　18–19c（単幅）森狙仙筆（売却）
11.4959　虎図　宋画、明治時代　19c　安藤広近模写

④山水画
11.4015　山水人物図　室町時代　16c　文清筆
11.4122　山水図 月夜に湖水・船　室町時代　16c（掛幅）山田道安二世筆、江戸時代後期の模写
11.4124　山水図 橋を渡る主従　室町時代　16–17c（掛幅）、江戸時代後期の模写
11.4127　山水図　室町時代　15–16c（掛幅）賢江祥啓筆
11.4131-4133　山水図　室町時代（三幅対）能阿弥、江戸時代後期の模写
11.4135　山水図 水中に楼閣　室町時代　16c（一幅）式部輝忠筆
11.4139　山水図 橋を渡る人物　室町時代　落款 雪舟等揚（一幅）、江戸時代後期の模写
11.4144　山水図　室町時代　印章 元信（一幅）周文風、江戸時代後期の模写
11.4147　山水図 清見関より富士を眺む　室町時代　15–16c　印章 相阿弥（真相）相阿弥筆、江戸時代初期の模写
11.4149-4150　瀟湘八景図屏風　室町時代　16c 前半（六曲一双）蔵三筆
11.4154　山水図 岩石に家屋　室町時代　16c（一幅）等芸筆
11.4159　山水図　室町時代　16c （一幅）
11.4178　瀟湘八景図　江戸時代　18c 前半（アルバム）狩野周信筆
11.4188-4189　山水図 江天暮雪・遠寺晩鐘　桃山時代　16c　印章 玄也（双幅）狩野玄也筆
11.4199-4201　山水図 郭子儀　江戸時代　18c（三幅対）狩野栄川古信筆

11.4212-4214　山水楼閣図　江戸時代　19c 前半（三幅対）狩野伊川栄信筆
11.4215　雪景楼閣図　江戸時代　19c 前半（掛幅）狩野伊川栄信筆
11.4216　山水図（円窓）　江戸時代　19c 前半（掛幅）狩野伊川栄信筆
11.4232　山水図　江戸時代　17c（掛幅）狩野興以筆
11.4263-4264　山水図　室町時代　16c（双幅）伝狩野元信筆
11.4268　山水図　室町時代　16c（単幅）伝狩野元信筆
11.4274-4276　山水人物図　桃山－江戸時代　17c（三幅対）伝木村永光筆
11.4291　山水図　江戸時代　17c 前半（掛幅）渡辺了慶筆
11.4299-4300　和漢古画写貼交屏風　江戸時代　19c 中期（六曲一双）狩野貞信筆
11.4301-4302　西湖図屏風　江戸時代　18–19c（六曲一双）伝狩野貞信筆
11.4318-4319　十雪図屏風　江戸時代　17c 前半（六曲一双）狩野山雪筆
11.4333　山水図　江戸時代　19c 前半（単幅）狩野晴川養信筆
11.4338-4340　仙人山水図　江戸時代　19c 後半（三幅対）狩野勝川雅信筆
11.4344-4345　富士筑波図屏風　江戸時代　19c 後半（六曲一双）狩野勝川雅信筆
11.4369　三囲神社図　江戸時代　18c（単幅）高嵩谷筆
11.4386-4387　四季山水図　江戸時代　17–18c（双幅）狩野探信守政筆
11.4389　山水図　江戸時代　19c　狩野探淵筆　ビゲロウ・コレクション 11.6877 とあわせて双幅
11.4408-4410　四季山水図　江戸時代　1849 年（三幅対）狩野永悳立信筆
11.4411-4413　波に日輪・滝図　江戸時代　18c 後半（三幅対）狩野テルノブ筆
11.4429　山水図　江戸時代　17c（掛幅）狩野永納筆
11.4432-4433　滝に桜楓図　江戸時代　18c　印章 栄川典信（双幅）狩野栄川典信筆
11.4434　渓谷翡翠図　江戸時代　18c 後半　狩野栄川典信筆

11.4437-4439　滝・山水図　江戸時代　18c 前半（三幅対）狩野永叔主信筆
11.4455　山水図 雨景　江戸時代　18–19c（単幅）狩野養川惟信筆
11.4456-4458　人麿山水図　江戸時代　18c（三幅対）狩野養川惟信筆
11.4471　竜田川図屏風　江戸時代　18c 後半（六曲一隻）石田幽汀守直筆
11.4472-4473　山水図　江戸時代　18–19c（双幅）伝狩野光信筆
11.4474-4475　山水図（円窓）　室町時代　16c（双幅）
11.4486-4487　海浜楼閣図屏風　江戸時代　17c（六曲一双）葉山朝湖筆
11.4507-4508　楼閣山水図屏風　江戸時代　1760 年代（六曲一双）曽我蕭白筆
11.4509　山水図 西湖　江戸時代　17c　雲谷等璠筆
11.4528-4529　山水図　江戸時代　19c　印章 雲谷等益（双幅）伝雲谷等益筆
11.4532-4533　楼閣山水図屏風　桃山時代　16–17c（六曲一双）雲谷等顔筆
11.4561-4562　春秋山水図　江戸時代　19c（双幅）土佐光清筆
11.4566　玉川図　江戸時代　17c（単幅）土佐光起筆（売却）
11.4575　山水図 春　江戸時代　19c（単幅）田中訥言筆
11.4584　松島図屏風　江戸時代　18c（六曲一隻）尾形光琳筆
11.4652-4653　山水図屏風　明治時代　1870 年（六曲一双）田能村直入筆
11.4656　山水図　江戸時代　18c　横井金谷筆（売却）
11.4657　山水図　江戸時代　17–18c（単幅）横井金谷筆
11.4688　山水図　江戸時代　19c 後半（単幅）塩川文麟筆
11.4691　山水図　江戸時代　1865 年（単幅）塩川文麟筆
11.4695　山水図　江戸時代　19c 前半（単幅）大原呑舟筆
11.4716　山水図 せせらぎと農家　江戸時代　18–19c（単幅）松村呉春筆
11.4725-4726　山水図 春の嵐山・秋の竜田川　明治時代　1869 年（双幅）森一鳳筆
11.4732　雪景山水図　江戸時代　19c（単幅）横山華山筆
11.4751　山水図 炭焼小屋の図　江戸時代　19c（単幅）田中日華筆
11.4753　雪松図屏風　江戸時代　18c（六曲一隻）円山応震筆

11.4754　雪図屏風　江戸時代　18c（六曲一隻）円山応挙筆、明治時代の模写
11.4755　嵐山図　江戸時代（単幅）円山応震筆
11.4760-4761　山水図屏風　江戸時代　19c（六曲一双）岸連山筆
11.4762　滝図　江戸時代　19c？（単幅）石橋李長筆
11.4764　山水図　江戸時代　19c（単幅）横山晴暉筆
11.4765　通天橋図　明治時代　19c（単幅）岡島清曠筆
11.4770-4771　雪景山水図　江戸時代　18c（双幅）駒井源琦筆
11.4776　箕面の滝図　明治時代　19c（単幅）久保田桃水筆
11.4777-4778　山水図 雨中釣船　江戸時代　19c（双幅）岡本豊彦筆
11.4782　滝図（単幅）伝原在中筆
11.4783　京八景図　江戸時代　19c（一巻）原在中筆
11.4784　滝図　江戸時代　19c（単幅）伝原在中筆
11.4785　月光図　明治時代　19c（単幅）柴田是真筆
11.4787　雪景図　明治時代　1884年（単幅）柴田是真筆
11.4790　山水図　江戸時代　19c（単幅）遠坂文雍筆
11.4791　山水図　江戸時代　19c（単幅）墨江武禅筆
11.4792　山水図　江戸時代　1812年（単幅）島田元旦筆
11.4802　山水図 隅田川　江戸時代　19c前半（単幅）品川ユウセン筆
11.4805　山水図　明治時代　1885年頃（一面）狩野芳崖筆
11.4851　山水図　室町時代　（売却）
11.4856　山水図　室町時代　（売却）
11.4890　山水図　室町時代　（売却）
11.4891　山水図　桃山時代　16c（単幅）伝狩野永徳筆
11.4931　山水図　室町時代　15c（単幅）如拙筆？（売却）
11.4949　人物山水花卉図屏風　江戸時代　18c（六曲一隻）池大雅筆
11.4952　山水図　宋画、明治時代　19c　安藤広近模写
11.4953　山水図　宋画（夏珪筆）、明治時代　19c　安藤広近模写
11.4954　山水図画巻　宋画（夏珪筆）、明治時代　19c　安藤広近模写
11.4955　山水図　室町時代　雪舟筆、明治時代　19c　安藤広近模写
11.4999　雪景山水図　明治時代　19c（額装）狩野友信筆

⑤花鳥画

11.4072　花鳥図　元信風　印章 雅楽助（売却）
11.4120　幼鷹図　室町時代　16c（掛幅）
11.4121　枇杷に栗鼠図　室町時代　16c（一幅）楊月筆
11.4148　牡丹に小禽図　室町時代　15-16c（一幅）　芸愛筆
11.4151　牡丹に小禽図　室町時代　15c　印章 宗湛（掛幅）小栗宗湛筆、江戸時代後期の模写
11.4156　鯉に蓮図　室町時代　16c　（双幅の一幅）　筆禅筆、江戸時代後期の模写
11.4157　白蓮図　室町時代　16c　落款 雲渓筆　印章 永怡（掛幅）雲渓永怡筆
11.4162　瓜に虫図　室町時代　16c（一幅）是庵筆
11.4182　花鳥図屏風　江戸時代　18c 後半（二曲一隻）狩野洞春美信筆
11.4184　四季花鳥図　江戸時代　19c（掛幅）狩野憲信筆
11.4190　花鳥図　室町－桃山時代　16c（掛幅）伝狩野玉楽筆
11.4192　百合に虫図　江戸時代　18c　狩野玉燕季信筆
11.4209　雪柳に白鷺図　江戸時代　19c 前半（掛幅）狩野伊川院栄信筆
11.4210-4211　牡丹図　江戸時代　19c 前半（双幅）狩野伊川院栄信筆
11.4217　柳下群燕図　江戸時代　17-18c（掛幅）伝英一蝶筆
11.4236　月夜鳩図　江戸時代　17c 中期（掛幅）狩野興也筆
11.4241-4242　花に蝶図　江戸時代　17c（双幅）狩野洞雲益信筆
11.4245　花鳥図　江戸時代　17–18c（掛幅）狩野岑信筆
11.4247　雪に雀図　江戸時代　17–18c（掛幅）狩野岑信筆
11.4271　松に小禽図　桃山－江戸時代　17c（単幅）伝狩野元信筆
11.4272　松に鶴図屏風　室町時代　16c 中期（二曲一隻）伝狩野元信筆
11.4277-4278　滝に鯉図（鯉・波・桃花）　江戸時代　19c 後半（双幅）狩野薫川中信筆
11.4298　梅に鶫図　桃山－江戸時代　（単幅）狩野定信筆
11.4328　双鶴図　江戸時代　17–18c（掛幅）狩野探雪筆
11.4329　花鳥人物画　江戸時代　17–18c　狩野探雪筆
11.4334-4336　獅子に牡丹図　江戸時代　19c 前半　落款 晴川法眼養信（三幅対）狩野晴川養信筆

11.4347　春夏花鳥図屏風　室町時代　16c（六曲一隻）狩野松栄筆
11.4367　花鳥図　江戸時代　18–19c　落款 高嵩谷（単幅）伝高嵩谷筆
11.4376　朝日松図　江戸時代　18c（単幅）木村探元筆
11.4379-4380　梅に尾長図　江戸時代　18c 中期（双幅）狩野探常筆
11.4395-4397　楊貴妃に牡丹・鳥図　江戸時代　17c 後半（三幅対）狩野探幽筆
11.4417　花鳥図（松と桜）　江戸時代　17–18c（単幅）狩野常信筆
11.4418-4419　牡丹に獅子図　江戸時代　17–18c（双幅）狩野常信筆
11.4420　紅白芙蓉図　江戸時代　17–18c（単幅）伝狩野常信筆
11.4422-4423　四季花鳥図屏風　桃山時代　16c 後半（六曲一双）伝狩野雅楽助筆
11.4426　桃花図屏風　江戸時代　19c 中期（六曲一隻）狩野永岳筆
11.4430-4431　四季花鳥図屏風　江戸時代　17c 後半（六曲一双）落款 狩野縫殿助永納　狩野永納筆
11.4444　楓に杉図屏風　桃山時代　16c（六曲一隻）伝狩野永徳筆
11.4452-4453　花鳥画（雉・花・虫）　江戸時代　18-19c（双幅）狩野養川惟信筆
11.4468　流水に菊図　江戸時代　19c 前半（単幅）狩野融川寛信筆
11.4519　竹に雀図　江戸時代　17c（単幅）松花堂昭乗筆
11.4548　鶉に牡丹図　（売却）
11.4558　鶉に粟図　江戸時代　17–18c（単幅）
11.4570-4572　花鳥図　江戸時代　18c（三幅対）土佐光芳筆（11.4571 と 11.4572 は売却）
11.4574　花に虫図　江戸時代　19c 前半（単幅）田中訥言筆
11.4576　四季花鳥図　江戸時代　19c（額装）尾形洞霄筆
11.4577　梅図　江戸時代　18–19c　酒井抱一筆？（売却）
11.4578-4579　春秋草花図　江戸時代　19c（双幅）伝酒井抱一筆
11.4580　花卉図　江戸時代　19c　酒井抱一筆？（売却）
11.4581　菊図屏風　江戸時代　19c（二曲一隻）鈴木其一筆
11.4582-4583　松に四季草花図屏風　江戸時代　19c　落款・印章 光琳（六曲一双）伝尾形光琳筆
11.4585　向日葵・鶏頭図　江戸時代　18c（単幅）伝渡辺始興筆

11.4586-4587　四季草花図屏風　江戸時代　18–19c　落款 宗達法橋（六曲一双）伝俵屋宗達筆
11.4647　牡丹図　江戸時代　19c（単幅）山本梅逸筆（売却）
11.4648　柳に鶯図　江戸時代　19c（掛幅）山本梅逸筆
11.4655　牡丹に雀図　江戸時代　19c（単幅）小田海僊筆
11.4658　梅に薔薇図　明治時代　19c 後半（単幅）
11.4663　花鳥山水図屏風　江戸時代　18c（六曲一隻）池大雅筆
11.4664　鶏に花図　江戸時代　1857 年（単幅）村田東圃筆
11.4665　花鳥図（雀・木瓜・百合・白薔薇）　江戸時代　1852 年（単幅）池田雲樵筆
11.4666　鷹に梅図　江戸－明治時代　19c 後半（掛幅）中村晩山筆
11.4669-6670　花に孔雀図　江戸時代　1801 年（双幅）増山雪斎筆
11.4672　嵐に牡丹図　江戸時代　19c（掛幅）宋紫岡（宋琳）筆
11.4673　牡丹に孔雀図　江戸時代　18c（単幅）宋紫山筆
11.4674　孔雀図　明治時代　19c 後半（掛幅）尾口雲錦筆
11.4711　四季花鳥図　江戸－明治時代　19c（単幅）倉淵玉峰筆
11.4736　松に鹿・蝙蝠図屏風　江戸時代　19c（二曲一隻）松村景文・岡本豊彦・東東洋筆　ビゲロウ・コレクション 11.8174 とあわせて一双
11.4737　花鳥図　江戸時代　19c（単幅）河村埼鳳筆
11.4741　花鳥図（百合・鶏）　江戸時代　19c 初期（単幅）徳川ツナカタ筆
11.4744　紅葉に鹿図　明治時代　19c 末期（単幅）森寛斎筆
11.4758　花鳥図（花に鴨）　江戸－明治時代　19c（単幅）中島来章筆
11.4793　花鳥図（白鷺と梅）　江戸時代　19c（単幅）大西圭斎筆
11.4796　竹鹿桜図　江戸時代　1667 年（双幅の一）狩野探幽筆 11.4825 とあわせて双幅
11.4804　四季松に鶴図屏風　江戸時代　18–19c（六曲一隻）石田友汀叔明筆
11.4806　柳に鷺図　江戸時代　18c 後半（単幅）狩野洞琳由信筆
11.4815　鶉に粟図　江戸時代　17c（単幅）土佐光成筆
11.4820　花鳥図　江戸時代　1764 年（単幅）宋紫石筆
11.4825　竹鹿桜図　江戸時代　1667 年（双幅の一）狩野探幽筆 11.4796 とあわせて双幅

11.4826　花鳥図（売却）
11.4864　花鳥図　室町時代（売却）
11.4908-4910　花樹図　江戸時代　17c（三幅対）（売却）
11.4936　花卉図　本阿弥光悦筆（売却）

⑥歴史画
11.4183　武人図（源義経？）江戸時代　18c　狩野洞春義信筆（売却）
11.4230　唐人物図屏風（石崇、金谷園に招宴の図）江戸時代　17c前半（六曲一隻）
11.4307-4308　丈王の庭、玄宗、開花をうながす図屏風　江戸時代　17c 前半（六曲一双）伝狩野山楽筆
11.4326-4327　歴史図（和漢十二史話図屏風）江戸時代　17c（六曲一双）狩野山雪筆
11.4361　帝鑑図（玄宗・楊貴妃）桃山－江戸時代　17c（掛幅）狩野タネヒロ筆
11.4362　帝鑑図（武帝）桃山－江戸時代（掛幅）狩野ミツマサ筆
11.4516　朝比奈図屏風　江戸時代　1763–64 年（二曲一隻）曽我蕭白筆
11.4613　楠公父子桜井の別れの図　江戸時代（元禄 1688–1704）（単幅）菱川師房筆
11.4735　東本願寺火災図　江戸時代　1858 年（単幅）横山華渓筆
11.4950　三国志図　江戸時代　19c（単幅）狩野伊川筆、狩野友信模写

⑦美人画
11.4237　王昭君図　江戸時代　19c 前半（掛幅）狩野邦信筆
11.4303　椅子に座す美人図　江戸時代（寛永－慶安 1624–52）（単幅）
11.4640-4641　遊女と禿図・縁台遊女図　江戸時代（享保－元文 1716-41）（双幅）川又常行筆
11.4642　三味線を弾く美人図　江戸時代（文化 1–3 年 1804–06）（単幅）喜多川歌麿筆
11.4729　京美人図屏風（花魁と芸妓）江戸時代　19c（六曲一隻）三畠上龍筆　ビゲロウ・コレクション 11.8403 と一双
11.4766　婦人図（中国女性）江戸時代　18–19c（単幅）山口素絢筆

11.4816　桜樹婦人図（宮廷女性）　江戸時代　17c（単幅）土佐光成筆

⑧物語絵

11.4000　平治物語絵巻（三条殿夜討）　鎌倉時代　13c 後半（掛幅）
11.4179　三論画巻（茶・酒・米）　江戸時代　17c　狩野派（一巻）伝藤田竹翁筆
11.4470　伊勢物語図屏風（在原業平、富士を見る）　江戸時代　18c 後半（六曲一隻）石田幽汀守直筆
11.4551-4552　中将姫絵巻　江戸時代　17c（二巻）
11.4555-4556　源氏図（松風若紫）　江戸時代　19c（双幅）渡辺広輝筆
11.4557　五条橋牛若図　江戸時代　19c（単幅）浮田一惠筆（売却）
11.4610　修紫田舎源氏図（秋）　江戸時代　1839 年（単幅）歌川国貞筆　同題春・冬はビゲロウ・コレクション 11.7579・11.7580
11.4733　常磐御前雪行図屏風　江戸時代　19c（六曲一隻）横山華山筆
11.4983　平治物語絵巻　鎌倉時代、江戸時代　1814 年（一巻）狩野探信守道模写

⑨見立絵

11.4629　見立 松風と村雨図　江戸時代（寛政－文化 1789–1818）（単幅）窪俊満筆
11.4630　見立 琴棋書画図（七美人図）　江戸時代（寛政 1789–1801 前半）（単幅）勝川春章筆
11.4638　見立 四睡図　江戸時代　1844 年（単幅）

⑩信仰の絵画（神道、土着信仰、想像上の生き物）

11.4040　春日興福寺曼荼羅図　南北朝時代　14c（一幅）
11.4049　弁財天像　南北朝時代　14c（額装）
11.4058　妙音天像　室町時代　15c（掛幅）
11.4065　毘沙門天像　南北朝時代　14c（額装）
11.4075　赤童子像　室町時代　15c（掛幅）
11.4077　弁財天・十五童子像　室町時代　14c（掛幅）
11.4078　弁財天・十五童子像　室町時代　16c（掛幅）
11.4081　弁財天像（毘沙門天・大黒天を伴う）　室町時代　15c（掛幅）

11.4083　小島荒神像　室町時代　16c（掛幅）
11.4086　風天像　室町時代　15c（掛幅）
11.4087　毘沙門天像（眷属を伴う）　鎌倉時代　14c（掛幅）
11.4088　如来荒神像　江戸時代　17–18c（掛幅）
11.4092　聖徳太子供養図　江戸時代　17c（掛幅）
11.4098　弁財天・十五童子像　室町時代　15c（額装）
11.4099　吉野曼荼羅図（蔵王権現に眷属）　室町時代　15–16c（額装）
11.4107　弁財天・十五童子像　室町時代　15c（額装）
11.4118-4119　雲龍図屏風　室町時代　16c（六曲一双）
11.4126　雲龍図　室町時代　16c　印章 鑑貞（奈良法眼）（掛幅）
11.4134　布袋唐子図　室町時代　16c　印章 能阿弥（一幅）伝能阿弥筆
11.4137　鍾馗騎驢図　室町時代　落款 雪舟等楊（一幅）、模写？
11.4138　寿老図　室町時代　1502 年　落款 雪舟八十三歳（一幅）伝雪舟等楊筆
11.4152　布袋唐子図　室町時代　16c（一幅）曽我宗誉筆、江戸時代後期の模写
11.4155　龍図　江戸時代　18–19c（掛幅）森狙仙筆
11.4158　鍾馗騎虎図　室町時代　16c　落款　雲渓永怡（一幅）雲渓永怡筆
11.4160　布袋図　室町－江戸時代　16–17c（一幅）伝楊月筆
11.4163　富士図　室町時代、江戸時代後期の模写（一幅）
11.4175　布袋大国恵美須像　江戸時代　18c 前半　落款 周信(掛幅）狩野周信筆
11.4176-4177　東方朔・西王母図屏風　江戸時代　18c 前半（六曲一双）狩野周信筆
11.4180　布袋図　江戸時代　19c 前半（一幅）狩野洞白愛信筆
11.4185-4187　鍾馗に竹図　江戸時代　18c 前半（三幅対）狩野元仙方信筆
11.4193-4195　西王母に花鳥画　江戸時代　18c 前半（三幅対）狩野典信筆
11.4206-4208　寿老人山水図　江戸時代　18c 前半（三幅対）狩野栄川古信筆
11.4227　鍾馗騎馬図　江戸時代　1858 年（掛幅）狩野一信筆
11.4228　鍾馗に虎図　室町－桃山時代　16c（掛幅）官南筆

11.4229　布袋唐子図　江戸時代　17c 前半（掛幅）狩野長信筆
11.4240　邢和璞　福禄寿図　桃山時代　印章 正信（一面）伝狩野正信筆
11.4243　富士図　江戸時代　17c 後半（一面）狩野洞雲益信筆
11.4244　布袋唐子図　室町時代　1479 年（掛幅）正信筆？
11.4248-4250　布袋・鴨・栗鼠図　江戸時代　17c　落款（久隅）守景（三幅対）久隅守景筆（11.4248 は売却）
11.4254-4256　邢和璞・福禄寿・山水　江戸時代　19c 前半（三幅対）狩野探信守道筆
11.4257　西王母図　江戸時代　19c 前半（掛幅）狩野探信守道筆
11.4273　布袋図　室町時代　16c（単幅）狩野宗信筆
11.4293　富春景図　江戸時代　18c 中期（単幅）鶴沢探鯨守美筆
11.4316-4317　西王母・穆王図屏風　江戸時代　17c 前半（六曲一双）狩野山雪筆
11.4330-4332　邢和璞・福禄寿・山水図　江戸時代　19c 前半（三幅対）狩野晴川養信筆
11.4337　寿老人図　江戸時代　19c 前半（単幅）狩野晴川養信筆
11.4368　福禄寿唐子図　江戸時代　18–19c（単幅）高嵩谷筆
11.4378　雲龍図　江戸時代　18c 中期（単幅）木村探元筆
11.4390　鍾馗図　江戸時代　18–19c（単幅）森徹山筆
11.4391　福禄寿図　江戸時代　19c 中期（単幅）狩野探淵筆
11.4392-4394　雷神に雲龍図　江戸時代　17c 後半（三幅対）狩野探幽筆
11.4407　富士図　江戸時代　17–18c（単幅）鶴沢探山筆
11.4440-4442　寿老人・山水図　江戸時代　18c 前半（三幅対）狩野永叔主信筆
11.4445-4446　龍虎図屏風　桃山時代（六曲一双）伝狩野永徳筆
11.4454　孔子図　江戸時代　18–19c（単幅）狩野養川惟信筆
11.4469　富士図　江戸時代　18–19c（単幅）石田友汀叔明筆
11.4504　七福神図　江戸時代　18c 中期（掛幅）長谷川雪江筆
11.4549　恵美須大黒図　（売却）
11.4550　恵美須図　（売却）
11.4553　弁財天図　江戸時代　19c（単幅）住吉広賢筆
11.4559　七福神図　江戸時代　19c（掛幅）土佐光文筆
11.4565　弁財天図　江戸時代　17c（掛幅）土佐光起筆

11.4604　唐人物図（孔子図）　江戸時代　18c 前半（単幅）橘守国筆
11.4605　雷神図　明治時代　19c（双幅の一）河鍋暁斎筆　風神図はビゲロウ・コレクション 11.7514、あわせて双幅
11.4650-4651　龍図　陳所翁筆、江戸時代　19c（双幅）中林竹洞模写
11.4661　西王母図　江戸時代　18-19c（単幅）林閬苑筆
11.4692　鍾馗図　明治時代　1868 年（単幅）塩川文麟筆
11.4693-4694　龍図屏風　明治時代　19c（六曲一双）塩川文麟筆
11.4697　龍図　江戸時代　19c（単幅）大原呑舟筆
11.4709　大黒天図　江戸時代　19c（単幅）柴田義董筆
11.4719　富士図　江戸時代　19c（単幅）西山芳園筆
11.4723　富士図　江戸時代　19c（単幅）西山芳園筆
11.4727　七福神図　江戸時代　17–18c（掛幅）狩野探信守政筆
11.4730　七福神に天宇受売命図　江戸時代　19c（単幅）横山華山筆
11.4731　鍾馗図　江戸時代　19c（単幅）横山華山筆
11.4739　西王母・八仙図　江戸時代　19c（単幅）八田古秀筆
11.4740　西王母図　江戸時代　19c（単幅）長山孔寅筆
11.4749　龍図　江戸時代　19c（単幅）田中日華筆
11.4795　飛龍昇天図　明治時代　1887 年頃（一面）狩野芳崖筆
11.4797-4801　聖徳太子絵伝　鎌倉－南北朝時代　14c（五幅対）住吉家旧蔵
11.4803　大黒天図　江戸時代　18c 中期（単幅）高田敬輔筆
11.4807　七福神図　江戸時代　19c（単幅）三世堤等琳筆
11.4808　龍虎図屏風　桃山時代　1606 年（六曲一隻）長谷川等伯筆　ビゲロウ・コレクション 11.7073 とあわせて一双
11.4863　布袋図　室町時代（売却）
11.4956　雲龍図　元画、明治時代　19c　安藤広近模写
11.4960　雷神図　明治時代　19c　安藤広近模写（売却）
11.4962　寿老人図　室町時代　雪舟筆、明治時代　18c　狩野友信模写
11.4971　毘沙門天図（知恩院蔵）平安時代　巨勢金岡筆、明治時代　19c　安藤広近模写
11.4973-4975　北野天神縁起絵巻　鎌倉時代、明治時代　19c（八巻揃のうち三巻）狩野友信または安藤広近模写

11.4977　北野天神縁起絵巻　鎌倉時代、明治時代　19c（八巻揃のうち一巻）狩野友信または安藤広近模写
11.4979-4982　北野天神縁起絵巻　鎌倉時代、明治時代　19c（八巻揃のうち四巻）狩野友信または安藤広近模写
11.4989　聖徳太子　鎌倉時代　14c、明治時代　19c　安藤広近模写
11.5004-5008　北野天神縁起絵巻　鎌倉時代、明治時代　19c（五巻揃）狩野友信または安藤広近模写

⑪人物画
11.4079　人物画　李氏朝鮮時代　17c 末期
11.4125　潘閬図　室町時代　16c　驢馬に乗る人間（掛幅）
11.4161　騎驢図　室町時代　15c（掛幅）足利義持筆、江戸時代後期の模写
11.4252-4253　人物図　江戸時代　17c　落款（久隅）守景（双幅）
11.4296-4297　唐人物図　江戸時代　18c（双幅）狩野柳栄筆
11.4323　義家図　江戸時代　17c 後半（単幅）伝狩野山雪筆
11.4325　黄初年図　江戸時代　17c 前半（掛幅）狩野山雪筆
11.4357　李白観瀑図　江戸時代　19c 後半　狩野素川彰信筆　ビゲロウ・コレクション 11.6686 とあわせて双幅
11.4372　李白観瀑図　江戸時代（単幅）伝狩野高信筆
11.4377　李白観瀑図　江戸時代　18c（単幅）伝木村探元筆
11.4381　蘇軾図　江戸時代　18c 後半（単幅）鶴沢探索筆
11.4463　頼政図（鵺退治褒賞の図）　江戸時代　18c 後半（掛幅）狩野常川幸信筆
11.4465　東方朔図　江戸時代　18c 後半（単幅）狩野常川幸信筆
11.4466　楊貴妃図　江戸時代　17c（単幅）狩野雪信（幸信？）筆（売却）
11.4467　楊貴妃図　江戸時代　17c 後半　狩野派（単幅）清原雪信筆
11.4515　芭蕉鶏図屏風　江戸時代　1770 年（二曲一隻）曽我蕭白筆　ビゲロウ・コレクション 11.7032 とあわせて一双
11.4518　山部赤人図　江戸時代　18–19c　落款 松花堂（単幅）伝松花堂昭乗筆
11.4567　井手の玉川図　江戸時代　17c（単幅）土佐光起筆
11.4659　東方朔図　江戸時代　19c（単幅）中井藍江筆

11.4685　洋人調馬図　江戸時代　18c 末期（単幅）司馬江漢筆
11.4939-4940　人物図屏風　江戸時代　17c（六曲一双）狩野山雪筆（売却）

⑫故事絵画
11.4112　三聖吸醋図　江戸時代（一幅）伝狩野雅楽助筆
11.4145　林和靖図　室町時代　16c　周文風（一幅）
11.4153　林和靖図　室町時代　15c（一幅）土岐洞文筆、江戸時代後期の模写
11.4171　三聖吸醋図　江戸時代　17−18c（掛幅）狩野寿石敦信筆
11.4181　虎渓三笑図　江戸時代　18c 後半　（掛幅）狩野洞春美信筆
11.4191　閔損仲裁図屏風　桃山時代　16c　（六曲一隻）　伝狩野玉楽筆
11.4203-4205　竹林七賢人図　江戸時代　18c 前半（三幅対）狩野栄川古信筆
11.4224-4226　堯帝図　江戸時代　18c（三幅対）狩野閑川昆信筆
11.4239　商山四皓図　江戸時代　17c　印章 正信（掛幅）伝狩野正信筆
11.4270　許由奇瓢図　室町－桃山時代　16c 後半（扇面）伝狩野元信筆
11.4281　伯夷叔斉　江戸時代　17c 前半（六曲一隻）狩野尚信筆
11.4305　二十四孝図屏風　桃山－江戸時代　17c（六曲一隻）伝狩野山楽筆
11.4309　麻姑仙人図　江戸時代　17c（単幅）伝狩野山楽筆
11.4314　藍采和図　江戸時代　17c 前半（掛幅）狩野山雪筆
11.4324　琴高仙人大鯉に乗る図　江戸時代　16c 中期（単幅）狩野雅楽助筆
11.4341-4343　八仙図　江戸時代　19c 後半（三幅対）狩野勝川雅信筆
11.4351-4353　菊慈童図　江戸時代　18c（三幅対）狩野春風軒筆
11.4358-4360　琴棋書画図・琴高仙人図　桃山時代　狩野宗秀筆、江戸時代後期の模写（三幅対）
11.4399-4401　杏壇孔子図（孔子・顔回・曽参）　江戸時代　17c（三面対）狩野探幽筆

11.4424-4425　張良・黄石公図　江戸時代　17c 後半（双幅）狩野安信筆
11.4448　霊昭女図　桃山－江戸時代　17c（単幅）狩野永徳筆
11.4464　范蠡西施図　江戸時代　17c 後半　落款 清原氏雪信　狩野派（単幅）清原雪信筆
11.4510　風仙図屏風（旋風の中の仙人）　江戸時代　1764 年頃（六曲一隻）曽我蕭白筆
11.4513-4514　商山四皓図屏風　江戸時代　1768 年頃（六曲一双）曽我蕭白筆
11.4523-4524　東坡・潘閬図屏風　桃山時代　17c（六曲一双）雲谷等顔筆
11.4573　蓬莱山図　江戸時代　19c（単幅）土佐光孚筆
11.4649　聖人仙人図屏風　江戸時代　18c（六曲一隻）与謝蕪村筆
11.4937 とあわせて一双
11.4696　天狗図　江戸時代　1854 年（掛幅）大原呑舟筆
11.4707　楚蓮香に仙人図　江戸時代　18-19c（単幅）張月樵筆
11.4708　仙人図　江戸時代　19c（単幅）柴田義董筆
11.4710　西王母に虎図　江戸時代　19c（単幅）柴田義董筆
11.4717　唐子遊戯図　江戸時代　19c（単幅）西山芳園筆
11.4759　養老滝図　江戸時代　1859 年（単幅）蘭渓宗瑛筆
11.4817　董仲舒図　江戸時代　19c（単幅）住吉弘貫筆
11.4937　聖人仙人図屏風　江戸時代　18c（六曲一隻）与謝蕪村筆
11.4649 とあわせて一双

Museum of Fine Arts, Boston の website に、資料の作品は収められています。Museum of Fine Arts, Boston → Collections → Asia とたどり、Art of Asia のページで上記作品に付されている番号（Accession Number 例：11.4003）で検索すると、それぞれの画像と説明が表示されます。

なお非力ではありますが、ボストン美術館 website 掲載のフェノロサ・ウェルド・コレクションにより、作品説明のアップデート（2015年6月）をしました。

人名索引

【タ行】

【参考文献】

Brooks,Van Wyck. *Fenollosa and His Circle*. New York : E.P.Dutton & Co.,1962.

Chisolm, Lawrence W. *Fenollosa : The Far East and American Culture.* New Heaven and London : Yale University Press,1963.

Edkins, Joseph. *Chinese Buddhism*. London : Kegan Paul, Trench, Trubner, & Co. Ltd.,1890.

Fenollosa, Ernest F. *Epochs of Chinese and Japanese Art vol.1*. London : William Heinemann,1912.

Fenollosa, Ernest, and Ezra Pound. '*Noh' or Accomplishment*. London : Macmillan and Co., Limited, 1916.

Fenollosa, Mary McNeil. *Truth Dexter*. Memphis : General Books LLC, 2012.

Ford, Worthington Chauncey. *Letters of Henry Adams*（*1858-1891*）. Boston and New York : Houghton Mifflin Company, 1930.

Lawton, Thomas, and Linda Merrill. *Freer A Legacy of Art*. Washington D.C : Freer Gallery of Art, Smithsonian Institution, 1993.

McCall, Sydney.*The Breath of the Gods*. Boston : Little Brown and Co.,1905.（電子書籍）

McCall, Sydney. *Truth Dexter*. Boston : Little Brown, and Company, 1906.（電子書籍）

Fenollosa, Mary McNeil. *The dragon painter*. Boston : Little Brown and Co., 1906.（電子書籍）

Sotheby's. *SALE LN3355, Japanese Works of Art*. London : Sotheby's, 1998.

Whitehill, Walter Muir. *Museum of Fine Arts Boston : A Centennial History Vol.1*. Cambridge, Mass. : The Belknap Press of Harvard University Press, 1970.

青木 茂　復刻版『大日本美術新報　第二巻』ゆまに書房、一九九〇年

有賀長雄『満州委任統治論』早稲田大学出版部、一九〇五年

板倉史明「メアリー・フェノロサの小説 The Dragon Painter（1906）の映画化」『LOTUS』第二七号、日本フェノロサ学会、二〇〇七年
井上哲次郎『懐旧録』春秋松柏館、一九四八年
今井雅晴『アメリカにわたった仏教美術』自照社出版、一九九九年
ドロシー・G・ウェイマン著、蜷川親生訳『エドワード・シルベスター・モース（上）』中央公論美術出版、一九七六年
内田樹『街場のメディア論』光文社、二〇一〇年
梅澤精一『芳崖と雅邦』純正美術社、一九二〇年
梅渓昇『お雇い外国人①概説』鹿島研究所出版会、一九六八年
梅渓昇『お雇い外国人の研究　上巻』青史出版、二〇一〇年
大内兵衛他編『明治前期財政経済資料集成』第十七巻、改造社、一九三一年
観世左近（二十四世）『定家』檜書店、一九三二年
久我なつみ『フェノロサと魔女の町』河出書房新社、一九九九年
朽木ゆり子『ハウス・オブ・ヤマナカ』新潮社、二〇一一年
ジェームス・E・ケテラー著、岡田正彦訳『邪教／殉教の明治』ぺりかん社、二〇〇六年
佐々木月樵『佐々木月樵全集　第五巻　仏心と文化』佐々木月樵全集刊行会、一九二八年
佐々木満子「E・F・フェノロサ」昭和女子大学近代文学研究室『近代文学研究叢書　第十巻』一九五八年
佐々木満子「フェノロサの遺骨輸送について」『学苑』二二七号、昭和女子大学光葉会、一九五九年
アーネスト・サトウ著、坂田精一訳『一外交官の見た明治維新（上）』（岩波文庫）岩波書店、一九六〇年
鯖田豊之『火葬の文化』新潮社、一九九〇年

重久篤太郎「フェノロサの遺灰と日本」『比較文学』二巻別冊、日本比較文学会、一九五九年
重久篤太郎『明治文化と西洋人』思文閣出版、一九八七年
商業興信所編『日本全国諸会社役員録　第九冊　明治三十四年』一九〇一年、近代デジタルライブラリー（電子書籍）
鈴木透『実験国家アメリカの履歴書』慶応義塾大学出版会、二〇〇三年
イヴ・セジウィック著、上原早苗・亀澤美由紀訳『男同士の絆』名古屋大学出版会、二〇〇一年
高木博志『陵墓と文化財の近代』山川出版社、二〇一〇年
高田良信『「法隆寺日記」をひらく』日本放送出版協会、一九八六年
瀧悌三『日本近代美術事件史』東方出版、一九九三年
瀧井一博編『伊藤博文演説集』（講談社文庫）講談社、二〇一一年
谷川正己「Wright の帝国ホテル設計受注の経緯と、林愛作との交友」『日本建築学会東北支部研究報告集』日本建築学会、一九九一年
東京国立博物館編『東京国立博物館百年史』第一法規、一九七三年
東京国立博物館他編『万国博覧会の美術』NHK、二〇〇五年
東京国立博物館他扁『ボストン美術館　日本美術の至宝』NHK、二〇一二年
東京国立博物館編『内山永久寺の歴史と美術　資料篇』東京美術、一九九四年
東京大学史史料研究会編『東京大学年報　第一巻』東京大学出版会、一九九三年
東京美術学校校友会『校友会月報』第十九巻第六号、一九二〇年
富田幸次郎「ボストン美術館五十年」『芸術新潮』（昭和三十三年八月）新潮社、一九五八年
内閣記録局『法規分類大全　第二十五巻　外交門（4）』原書房、一九七七年

内閣記録局『法規分類大全　第二十六巻　社寺門』原書房、一九七九年
中村愿編『岡倉天心アルバム』中央公論美術出版、二〇〇〇年
日本フェノロサ学会編『LOTUS』第一六号、日本フェノロサ学会、一九九六年
Caldwell Delaney "Mary McNeil Fenollosa, an Alabama Woman of Letters"『LOTUS』第二号、日本フェノロサ学会、一九八二年
久富貢『アーネスト・フランシスコ・フェノロサ』中央公論美術出版、一九八〇年
久富貢『フェノロサ　日本美術に捧げた魂の記録』理想社、一九五七年
E・F・フェノロサ著、山口静一訳「ルイ・ゴンス著『日本の美術』絵画篇批評」『LOTUS』第一八号、日本フェノロサ学会、一九九八年
アーネスト・F・フェノロサ著、有賀長雄訳『東亜美術史綱（上）（下）』フェノロサ氏記念会、一九二一年
ドクトル・フェノロサ「奈良の諸君に告ぐ!!」真島正臣他『光雲』第十七号、奈良仏教青年会、一九八七年
府中美術館編『かわいい江戸絵画』求龍堂、二〇一三年
ヴァン・ワイク・ブルックス著、石川欣一訳『小春日和のニューイングランド』ダヴィッド社、一九五三年（復刻版、名書普及会、一九八七年）
クララ・ホイットニー著、一又民子訳『クララの明治日記（上）（下）』講談社、一九七六年
堀田謹吾『名品流転』日本放送出版協会、二〇〇一年
毎日新聞『毎日新聞縮刷版　昭和五十五年九月号』毎日新聞社、一九八〇年
馬渕明子『ルイ・ゴンス著『日本美術』別冊付録』Edition Synapse、二〇〇五年
宮本正尊『明治仏教の思潮』佼成出版社、一九七五年
村形明子編・訳『ハーヴァード大学ホートン・ライブラリー蔵　アーネスト・F・フェノロサ資料　第Ⅰ巻』ミュー

ジアム出版、一九八二年
村形明子編・訳『ハーヴァード大学ホートン・ライブラリー蔵　アーネスト・F・フェノロサ資料　第Ⅱ巻』ミュージアム出版、一九八四年
村形明子編・訳『ハーヴァード大学ホートン・ライブラリー蔵　アーネスト・F・フェノロサ資料　第Ⅲ巻』ミュージアム出版、一九八七年
村形明子編著『アーネスト・F・フェノロサ文書集成―翻刻・翻訳と研究（上）（下）』京都大学学術出版会、二〇〇〇年
村形明子編訳『フェノロサ夫人の日本日記』ミネルヴァ書房、二〇〇八年
明治文化研究会　復刻版『明治文化全集　第十二巻　宗教篇』日本評論社、一九九二年
エドワード・シルベスター・モース著、石川欣一訳『日本その日その日　下巻』科学知識普及会、一九二九年
エドワルド・エス・モールス口述、石川千代松筆記『動物進化論　全』萬巻書楼蔵版、一八八三年（電子書籍）
森喜一『労働者の生活』（岩波新書）岩波書店、一九六四年
矢野峰人「フェノロサと平田禿木」『矢野峰人選集　1』国書刊行会、二〇〇七年
山口静一『フェノロサ―日本文化の宣揚に捧げた一生―（上）（下）』三省堂、一九八二年
山口静一『フェノロサ社会論集』思文閣出版、二〇〇〇年
山口静一「ボストン美術館　フェノロサ・ウェルド・コレクション目録　その（一）」『LOTUS』第三〇号、日本フェノロサ学会、二〇一〇年
山口静一「ボストン美術館　フェノロサ・ウェルド・コレクション目録　その（二）」『LOTUS』第三一号、日本フェノロサ学会、二〇一一年

山口静一『三井寺に眠るフェノロサとビゲロウの物語』宮帯出版社、二〇一二年
ジョン・ラッセル・ヤング著、宮永 孝訳『グラント将軍日本訪問記』雄松堂書店、一九八三年
ユネスコ東アジア文化研究センター編『資料御雇外国人』小学館、一九七五年
横山利明『日本進化思想史』新水社、二〇〇五年
吉川 久『明治能楽史序説』わんや書房、一九六九年
渡邊源三『山中定次郎翁伝』故山中定次郎翁伝編纂会、一九三九年

復刻版『朝日新聞』明治編一八六、明治四十一年九月、日本図書センター、二〇〇〇年
『キネマ旬報』第九五号、一九二二年、岩本憲児他解説　復刻版『キネマ旬報　第一号－第一四六号』雄松堂出版、一九九三年
『季刊　古美術』三五、三彩社、一九七一年
『太陽』Vol.2, No.20（明治二十九年十月）博文館、一八九六年
『ダンマパダ』（電子書籍）
復刻版『日本　第十五巻』ゆまに書房、一九八八年
『山形大学大学院社会文化システム研究科紀要』第七号、二〇一〇年
復刻版『横浜毎日新聞』不二出版、一九九〇年

【参照ウェブサイト】

http://en.wikipedia.org/wiki/Nathan_Haskell_Dole（2011-11-05 参照）

http://tobifudo.jp/newmon/tatemono/toba.html

http://ja.wikipedia.org/wiki/ 泉州石工（2012-12-15 参照）

http://www.harusan1925.net/0403.html

http://ja.wikipedia.org/wiki/ 民撰議院設立建白書

http://weather.jp.msn.com/monthly_averages.aspx?wealocations=wc:USND0256&q=（2012-8-20 参照）

http://www.h4.dion.ne.jp/~jssf/text/doukousp/pdf/200708/0708_8084.pdf

http://www.encyclopedia.chicagohistory.org/pages/733.html（2011-03-19 参照）

http;//ja.wikipedia.org/wiki/ 教会法

http://www.weblio.jp/content/ 法号？dictCode ＝ SSDJJ

http://ja.wikipedia.org/wiki/ 十善戒

http://en.wikipedia.org/wiki/Harmony_Grove_Cemetery

http://www.mytrees.com

The NewYork Times Nov. 18 1901 http://query.nytimes.com/mem/archive-free/pdf?res=F60914FC3E5911738DDDA10994D94158818CF1D3（2011-3-24 参照）

http://en.wikipedia.org/wiki/Tuckernuck_Island（2011-4-4 参照）

http://harvardmagazine.com/1997/09/vita.html（2012-9-18 参照）

The New York Times september 11, 1906 http://query.nytimes.com/mem/archive-free/pdf?res=F50A15F9345A12738DDDA80994D1405B868CF1D3（2011-3-24 参照）

Edmund Clarence Stedman, ed. “Victorian Anthology, 1837-1895” in www.bartleby.com/246/719.html

http://hdl.handle.net/2309/70611

http://ja.wikipedia.org/wiki/ 国宝

http//en.wikipedia.org/wiki/Adams_Memorial_（Saint-Goudens）

http://www.dd.e-mansion.com/~ruins/Mexico/Mex030.html

http://ja.wikipedia.org/wiki/ 狩野元信

http://www.trulia.com/homes/Pennsylvania/Pittsburgh/sold 他

http://en.wikipedia.org/wiki/Charles_Goddard_Weld（2013-12-05 参照）

http://ja.wikipedia.org/wiki/ 岡倉天心（2014-05-09 参照）

http://ja.wikipedia.org/wiki/ 式子内親王（2014-05-09 参照）

http://fujita-museum.or.jp/collection004.html（2013-12 参照）

http://www.asia.si.edu/SongYuan/F1902.224/F1902.224.asp（2013-12 参照）

http://en.wikipedia.org/wiki/Tuckernuck_Island（2014-05-09 参照）

http://www.smith.edu/artmuseum/On-View/Past-Exhibitions/Collecting-Art-of-Asia/Traditional-Art（2014-05-09　参照）

http://en.wikipedia.org/wiki/Charles_Lang_Freer_House（2014-05-09 参照）

http://www.british-history.ac.uk/report.aspx?compid=68466（2014-05-09 参照）

http://home.ancestry.com

http://www.mesuringworth.com（2013-12-29 参照）

http://www.jiten.info/dic/ryuki.html（2014-12-7 参照）
http://www.asia.si.edu/collections/singleObject.cfm?ObjectNumber=F1902.224（2015-1-12 参照）
http://www.mfa.org/

【ドキュメンタリー番組】

ＮＨＫドキュメンタリー『アーネスト・フェノロサ　日本美術再発見者の素顔』一九九一年九月十二日放送

【新聞 他】

『大阪朝日新聞』明治四十二年八月三十日　同志社大学今出川図書館蔵
『大阪朝日新聞』明治四十二年十月十三日　同志社大学今出川図書館蔵
『大阪毎日新聞』明治四十二年九月二十二日　同志社大学今出川図書館蔵
『国民新聞』明治四十一年九月二十八日（第三版）　同志社大学人文科学研究所蔵
『東京日日新聞』明治十五年十月三十日　マイクロフィルム、同志社大学社会学部蔵
MS Am 1759.3（11）Brenda（Fenollosa）「Account of her childhood in Japan」ハーバード大学ホートン・ライブラリー蔵
MS Am 1759.3（1）ビゲローのリジー宛書簡一九〇八年十二月九日付　ハーバード大学ホートン・ライブラリー蔵

【インタビュー】

二〇一一年三月四日、法明院現ご住職　滋野敬宣師への三井寺でのインタビュー
二〇一一年七月七日、大西法衣仏具店　佐藤雅士氏へのインタビュー
二〇一一年十月十三日、石恒六代目　桒島淳二氏へのインタビュー
二〇一二年十二月十九日、聖護院　草分俊顕師へのインタビュー

【メール他】

アン・ニシムラ・モース氏、二〇一一年十二月二十三日付メール
滋野敬宣師、二〇一二年一月四日付メール
滋野敬宣師、二〇一二年一月十六日付メール
フィラデルフィア美術館　ローラさん、二〇一一年七月六日付メール
フィラデルフィア美術館、フェノロサ関係書類（ローラさんからのメール添付）二〇一一年七月六日入手
フィラデルフィア美術館　ローラさん、二〇一一年七月十一日付メール
Louis C. Mroz 氏、一九九七年七月二十四日付　田中みか氏宛書簡、大津市立図書館蔵
Louis C. Mroz 氏所蔵の資料（前掲書簡付録）大津市立図書館蔵
田中光得寺文書０７２－２７８、谷川穣先生講義資料より
Brian Hayashi 先生講義より

〔著者紹介〕
平岡ひさよ（ひらおか ひさよ）
徳島県生まれ。同志社大学文学部卒業。
朝日放送テレビ制作部勤務を経て、
2000年、ロンドン大学SOAS大学院にてMA（芸術史・考古学）取得。
2014年、京都大学大学院文学研究科修士課程修了。
現在、同大学院博士後期課程に在学中。

コスモポリタンの蓋棺録《がいかんろく》
フェノロサと二人の妻

2015年11月25日　第1刷発行
著　者　平岡ひさよ
発行者　宮下玄覇
発行所　株式会社宮帯出版社
京都本社　〒602-8488
京都市上京区寺之内通下ル真倉町739-1
営業（075）441-7747　編集（075）441-7722
東京支社　〒102-0083
東京都千代田区麹町6-2 麹町6丁目ビル2階
電話　（03）3265-5999
http://www.miyaobi.com/publishing/
振替口座 00960-7-279886
印刷所　モリモト印刷株式会社

　ISBN978-4-8016-0015-7 C0023